Juliane Weibring
Die Waldorfschule und ihr religiöser Meister

W0189483

FrauenDenkArt

Band 3

Juliane Weibring

Die Waldorfschule und ihr religiöser Meister

Waldorfpädagogik aus feministischer und religionskritischer Perspektive

ATHENA

Umschlagabbildung: Foto der Verfasserin

Die Deutsche Bibliothek – CIP-Einheitsaufnahme

Weibring, Juliane:
Die Waldorfschule und ihr religiöser Meister : Waldorfpädagogik
aus feministischer und religionskritischer Perspektive / Juliane
Weibring. - 1. Aufl. - Oberhausen : Athena, 1998
    (FrauenDenkArt ; Bd. 3)
    ISBN 3-932740-21-1

1. Auflage 1998
Copyright © 1998 by Athena Verlag,
Mellinghoferstraße 126, 46047 Oberhausen
Alle Rechte vorbehalten
Druck: Difo-Druck GmbH, Bamberg
Printed in Germany
ISBN 3-932740-21-1

Wenn man heute herumgeht und hat sich bloß durchdrun-
gen mit anthroposophischem Bewußtsein, man findet nicht
mehr Menschen, man findet Maulwürfe, die sich im engsten
Kreise desjenigen bewegen, worin sie hereingesteckt sind,
die sich benehmen so, daß sie denken im allerengsten Kreise,
und nicht hinausdenken über diesen Kreis, auch gar kein
Interesse haben, sich zu bekümmern um dasjenige, was au-
ßerhalb dieses Kreises vorgeht. Wenn wir nicht die Möglich-
keit finden, aus diesem Maulwurfdasein gründlich heraus-
zuwachsen, wenn wir nur immer dieselben Urteile von ei-
nem anderen Standpunkt zustande bringen, die uns anerzo-
gen sind durch die Vorgänge vom Ende des 19. Jahrhunderts
und Beginn des 20. Jahrhunderts, dann können wir nicht ir-
gendwie fruchtbar teilnehmen an demjenigen, was gemacht
werden soll, um aus der Misere hinauszukommen.[1]

Aber mitten aus der Zwangsordnung heraus erheben sich die
Menschen, die freien Geister, die sich selbst finden in dem
Wust von Sitte, Gesetzeszwang, Religionsausübung und so
weiter. Frei sind sie, insofern sie nur sich folgen, unfrei, inso-
fern sie sich unterwerfen. Wer von uns kann sagen, daß er in
allen seinen Handlungen wirklich frei ist? Aber in jedem
von uns wohnt eine tiefe Wesenheit, in der sich der freie
Mensch ausspricht.[2]

In diesem Sinne müßte der freie Mensch dann auch die
Abhängigkeit von seinem Meister überwinden und im
wortgetreuen »anthroposophischen«, d. h. im menschen-
weisheitlichen Sinne nur *seiner inneren Stimme* folgen,
mag sie auch im Gegensatz zur meisterhaften Waldorf-
theorie und -praxis stehen.

Juliane Weibring

---

[1] Rudolf Steiner, Pädagogischer Ergänzungskurs für die Lehrer der Freien Waldorfschule in Stuttgart vom 12.-19.6.1921, 6. Vortrag, 17. Juni 1921, Kopie eines unver-
öff. Manuskripts, S. 7 f.

[2] Rudolf Steiner, Die Philosophie der Freiheit (GA 4), Dornach 1987, S. 167

Inhalt

Einleitung

Die Waldorfschule hat den Ruf, alternativ, wissenschaftskritisch, progressiv und kreativitätsfördernd zu sein. Doch die Lehrinhalte sind bei genauer Analyse oftmals mit längst überholten, stereotypen Rollenklischees behaftet, konservativen Handlungsmustern und einer christlich fundamentalistischen Volksfrömmigkeit. In den Geschichten, Mythen und Märchen finden sich einseitig männliche Identifikationsfiguren, und in den jährlich zu Weihnachten aufgeführten Paradiesspielen wird immer noch Gott mit langem weißen Rauschebart präsentiert.

Inhaltliche Schwerpunkte der Studie sind somit neben der Auseinandersetzung mit Steiners Frauenbild, seiner Mädchen- und Jungenerziehung, ganz konkrete Lehrinhalte an Waldorfschulen.

So werden in dem vorliegenden Buch

- ausgewählte Märchen,
- Rittergeschichten,
- Michaelsgeschichten,
- Theaterstücke und
- anthroposophische Erziehungsratgeber

auf ihren weltanschaulichen Hintergrund, ihre Stereotypen und ihre Moral hin untersucht und kritisch hinterfragt.

Es geht darüber hinaus jedoch auch um Steiners Christologie, seine Rolle bei der Gründung der Christengemeinschaft und der Einrichtung des Freien christlichen Religionsunterrichts an Waldorfschulen.

Grundlage dieser Arbeit sind:

- wissenschaftliche und geisteswissenschaftliche Studien,
- persönliche Gespräche mit etlichen AnthroposophInnen, WaldorflehrerInnen, Mitgliedern und PriesterInnen der Christengemeinschaft, sowie konfessionellen und Freien christlichen ReligionslehrerInnen an Waldorfschulen,
- eine anthroposophische Zusatzausbildung für Waldorfpädagogik, und
- langjährige Unterrichtserfahrung an Waldorfschulen.

Die vorliegende Studie versteht sich also *nicht* als »GegnerInnenschrift«. Ihr Anliegen ist *nicht*, Waldorfschulen generell zu diskreditieren und ihre pädagogisch wichtige und im einzelnen wertvolle Arbeit, besonders auf heilpädagogischem Gebiet, abzuqualifizieren oder in Frage zu stellen.

Waldorfschulen stellen im Gegenteil als Korrektiv zu Staats- und Konfessionsschulen ein wichtiges, unverzichtbares Politikum dar. Etlichen Eltern bieten deutsche Waldorfschulen aus den unterschiedlichsten Gründen, auch im Hinblick auf die Vermassung und den Trend zu multikulturellen Förderprogrammen mit zweifelhaftem Integrationserfolg, eine echte und oftmals bessere Alternative.

Mein Anliegen ist vielmehr, die überholten doch weiterhin konservierten Rollenbilder und Klischees innerhalb der Waldorfpädagogik (trotz des Häkel- und Strickunterrichtes auch für Jungen) aufzuzeigen und gegebenenfalls aufzubrechen.

Ein zentraler Schwerpunkt der Arbeit ist deshalb die Auseinandersetzung mit der Androzentrik (Mannzentriertheit) Rudolf Steiners und der Waldorfpädagogik.

Seit zwei Jahrzehnten setzt sich die Frauenforschung der unterschiedlichsten wissenschaftlichen Disziplinen mit den patriarchal tradierten Rollenbildern speziell für Mädchen und Frauen auseinander. Linguistinnen fordern eine frauengerechtere Sprache (Senta Trömmel-Plötz und Luise Pusch), in der Frauen und Männer gleichermaßen vorkommen, Schulbücher werden zunehmend daraufhin analysiert und revidiert, inwieweit die Geschichten und Lehrinhalte rollenstereotyp und auf einseitig männliche Identifikationsmodelle ausgerichtet sind. Selbsthilfegruppen, Selbstverteidigungskurse, Mädchentreffs und Mädchengruppen werden regional und überregional aufgebaut, um ihr Selbstbewußtsein zu stärken und ihnen vielfältige Lebensentwürfe anzubieten. Die Lise-Meitner-Stiftung richtet mädchenspezifische Bildungsprogramme ein, die auf eine besondere Förderung der Mädchen in naturwissenschaftlichen Bereichen zielt. Und Soziologinnen forderten bereits in den 80er Jahren den universitären Lehrstuhl für Frauenforschung, der sich heute (u. a. in Berlin) selbstverständlich auch mit mädchenspezifischen Fragen auseinandersetzt. Frauen schließen sich zusammen, zwecks Gründung einer feministisch orientierten Schule, Theologinnen fordern die zusätzliche Einführung eines weiblichen

Gottesbildes und sprechen von der Göttin, der Tochter und der Ruach (hebr. Heilige Geistin).

Auch die koedukative (gemischtgeschlechtliche) Erziehung wurde längst von WissenschaftlerInnen einer kritischen Prüfung unterzogen, mit dem Ergebnis, daß Mädchen im Klassenverbund mit Jungen massiv unterdrückt werden. Eine vergleichende Studie bewies, Mädchen leisten ohne Jungen (in reinen Mädchenklassen) besonders in den naturwissenschaftlichen Fächern wesentlich mehr.[1] Darüber hinaus ergab eine Untersuchung, daß Jungen im Vergleich zu Mädchen ein wesentlich größerer Anteil der Aufmerksamkeit zukommt.[2]

All diese Ergebnisse und Entwicklungen[3] können auch an Waldorfschulen nicht vorbeigehen, ohne zur Kenntnis genommen zu werden. Hier unterscheiden sich die Probleme der Mädchen nicht grundlegend von denen anderer Schulen. Waldorfschülerinnen haben häufig dieselben Idole und Vorbilder, werden denselben Blondinenwitzen und frauenfeindlichen Fernsehprogrammen, frauenentwürdigenden Aktdarstellungen und frauendiskriminierenden Männerausrufen ausgesetzt wie überall in unserer patriarchalen Gesellschaft.

Nach wie vor haben Waldorfschulen in einer Zeit der Orientierungslosigkeit und politischen sowie gesellschaftlichen Instabilität ungebrochenen Zulauf (auch wenn dieser in den letzten Jahren erheblich nachgelassen hat). Eltern erhoffen hier, ihren Kindern eine verlängerte Kindheit ohne Leistungs- und Notendruck zu ermöglichen.

Es bleibt aber die Frage, ob nichtanthroposophische Waldorfeltern über das Ausmaß der anthroposophischen Erziehung informiert sind und stereotype Rollenmuster und die Androzentrik (Mannzentriertheit) richtig einzuschätzen wissen, trotz der neueren Kritik der Wal-

---

[1] Dale Spender, Frauen kommen nicht vor, Sexismus im Bildungswesen, Frankfurt am Main 1985, S. 178

[2] vgl. Dale Spender u. Senta Trömel-Plötz, Frauensprache: Sprache der Veränderung, Frankfurt am Main 1983

[3] Die neuste, aktuellste Diskussion findet sich in der Zeitschrift: Jugend und Gesellschaft, Der kleine große Unterschied, Konzepte für geschlechtsspezifische Pädagogik, Thesen zur »reformierten Koedukation« vom Januar 1997, Hrsg.: Kathol. Sozialethische Arbeitsstelle e.V.

dorfpädagogik. Dasselbe gilt für die übersinnlichen Schauungen des Meisters.

Sie befinden sich jedenfalls häufig im Irrtum, wenn sie meinen, das Positive der Waldorfschulen für ihre Kinder herausholen zu können, ohne auch das ganze Weltanschauungssystem schlucken zu müssen. Ein Grund für diesen Irrtum mag darin liegen, daß in der Waldorfwerbungsliteratur mit Vokabeln der heutigen Erziehungswissenschaft geworben wird: »*Freies* lernen, *Freier* christlicher Religionsunterricht, Ich-Identität, *freie* Entfaltung der Persönlichkeit, lebenslanger Lernprozeß, individueller altersgemäßer Umgang« u. ä. Spezifisch anthroposophische Sichtweisen werden dabei nur zu gerne unterschlagen, wie: karmagerechte Erziehung, kosmisch-mythologische Aspekte der Erziehung, befremdliche Erklärungen bei Verhaltensauffälligkeiten (z. B. zuviel Blei im Blut), christologisch gefärbte Zukunftsvisionen usw.

Alle mir bekannten Kritikbücher versäumen es, auf diese längst überholten Rollen- und die einseitig männlichen Vorbilder in der Waldorfpädagogik und Anthroposophie Steiners hinzuweisen, genauso wenig wie auf Steiners rassistische Äußerungen, die möglicherweise bei einem anderen politischen Umfeld auch erziehungspädagogische Auswirkungen bekommen könnten.

Ziel der Arbeit ist, geschlechtsspezifische Äußerungen Steiners, seine Ambivalenzen und Widersprüche, so zum Beispiel im Hinblick auf die Frauenfrage, aufzudecken und zu hinterfragen, sowie ausgewählte Lehrinhalte aus der Praxis der Waldorfpädagogik auf ihre rollenspezifische Bedeutung für Mädchen und Jungen hin zu untersuchen. Im Hinblick auf diesen Schwerpunkt wurde sowohl bei Steiner als auch bei »seiner« anthroposophischen Waldorfpädagogik eine männlich-patriarchale Dominanz in Inhalt und Sprache, sowie geschlechtsspezifische (Mädchen und Frauen benachteiligende) Rollenbilder entdeckt und hinterfragt.

Inwieweit ist sein 80 Jahre altes pädagogisches Konzept, besonders im Hinblick auf die Komplexität der Rollenmuster- und Lebensentwürfe von Mädchen und Jungen, heute noch zeitgemäß? Müßte es nicht im Hinblick auf seine tradierten Rollenklischees und oftmals für Mädchen ungenügenden Identifikationsbilder reformiert werden?

Im zweiten, religionskritischen Teil der Arbeit werden u. a. folgende Fragestellungen aufgeworfen:

- *Ist Steiner etwa ein Religionsstifter?*
- *Inwieweit ist die Waldorfschule eine religiöse Weltanschauungsschule?*

Bei diesen Fragen geht es nicht darum, den konfessionellen Gegnerschriften Auftrieb zu geben und die Waldorfschulen schlechterdings als unchristlich zu katalogisieren und in kirchlicher Abwehr vor sektiererischen Tendenzen zu warnen[1], sondern es geht um die existentielle Beschäftigung mit dem religiösen Pädagogikverständnis Steiners, seiner »Berufung« der ReligionslehrerInnen, seinen Anweisungen im Hinblick auf den Religionsunterricht an Waldorfschulen und um eine Auseinandersetzung mit seiner Gründerrolle bei der Christengemeinschaft.

Es geht darum, den bereits mehrfach erbrachten Nachweis zu bestärken, daß es sich bei der Waldorfschule um eine anthroposophisch religiöse Weltanschauungsschule im christlichen Gewande handelt.

Doch entgegen der Kritik der Kirchen, die ihre eigene Apologetik nur der Steinerschen entgegenhalten, soll überwiegend anhand der Begründungen des okkulten Führers und Religionsstifters selbst argumentiert werden, die auch schon von seinen Zeitgenossen untersucht wurden.

Daneben werden die Unterschiede zwischen dem Freien christlichen und dem Christengemeinschaftlichen Religionsunterricht dargestellt, sowie die Problematik der konfessionellen ReligionslehrerInnen an Waldorfschulen aufgezeigt.

Waldorfschulen sollten daher nicht blind, sondern nach ganz bestimmten Auswahlkriterien von Eltern ausgesucht werden. Allerdings ist von der Einschulung abzuraten, wenn Eltern sich noch nie mit Anthroposophie, Waldorfpädagogik und der Christologie Steiners auseinandergesetzt haben.

Es wird geraten, sich gründlich mit dem Thema Waldorfpädagogik und Anthroposophie auseinanderzusetzen, interne, anthroposophische, als auch externe, kritische Stimmen zu hören, *bevor* eine Entscheidung

---

[1] wie z. B. Jan Badewien, Anthroposophie, Eine kritische Darstellung, 4. Aufl., Konstanz 1990; Vera Pierott, Anthroposophie – eine Alternative? Stuttgart 1982; Franco Rest, Waldorfpädagogik, Stuttgart 1992 u. a.

getroffen und der oftmals endgültige Schritt in diese Weltanschauungsschule der AnthroposophInnen gewagt wird.

Das Buch will somit auch (im letzten Kapitel) Entscheidungshilfen für
Eltern geben, die offen sind für geschlechtsspezifische Fragestellungen
und diese Forschungsergebnisse für ihre Kinder, besonders für Mädchen, ernst nehmen wollen.

> »Wie schon Lasalle sagte,
> ist und bleibt die revolutionärste Tat,
> immer das laut zu sagen,
> was ist.«

Rosa Luxemburg

»Wie ein altes Götterbild, das noch öffentlich verehrt und mit den vorgeschriebenen Opfern bedient wird, obgleich es längst aufgehört hat, seine Wunder zu verrichten, regiert der Begriff der Männlichkeit in der modernen Kulturgesellschaft. Der Vorstellungsinhalt, der sich damit verbindet, ist erfüllt von Überbleibseln vergangener Zeiten, von Rückständen alter Verhältnisse.«[1]

1 Feminist oder Patriarch? Steiner zwischen feministischem Gedanken- und patriarchalem Traditionsgut: Steiner und die Frauenfrage

»Weil die Frau in der Entwickelung zurückgeblieben ist, hat sich ihr Stoffliches auch weicher und biegsamer erhalten, ist nicht so materiell geworden. Das Gehirn kann leichter vom Geiste aus regiert werden, während der Mann, der in der Entwickelung vorausgeeilt ist, Schwierigkeiten hat, die starre Materie, die dichteren Gehirnkräfte zu überwinden. Deshalb sind die Frauen empfänglicher für alle neuen Ideen, die Seele bemächtigt sich ihrer, und sie können ihre Gedanken leichter durch das Gehirn dirigieren, der Mann setzt seine zähen Gehirnteilchen nicht leicht in Tätigkeit.«[2]

War Steiner Feminist oder Patriarch? Hatte er fortschrittliche, frauenfördernde und seiner Zeit vorauseilende, oder eher konservative, patriarchale Ansichten, die die Frauen in ihrer Entwicklung hemmten? Meine Recherche ergab beides. Wobei es zu der damaligen Zeit schon etwas Hervorragendes war, sich den Frauen und ihren Forderungen nach Gleichheit und Mitbestimmung gegenüber liberal zu zeigen, besonders im Hinblick auf politische Fragestellungen.

---

[1] Rosa Mayreder, Zur Kritik der Weiblichkeit, München 1982, S. 81
[2] Ausführungen Rudolf Steiners zum Verständnis des dritten Jahrsiebts in seinem allgemeinen Vortragswerk, Bd. I, zusammengestellt durch Elisabeth Huber-Reebstein/Hellmut Huber, Als Manuskript gedruckt durch die Pädagogische Forschungsstelle beim Bund der Freien Waldorfschulen zum internen Gebrauch, Stuttgart 1982, S. 130 f.

Und die Frauen dankten es ihm, indem sie sich »seiner« anthroposophischen Idee anschlossen.

In »seiner« »geisteswissenschaftlichen« Bewegung konnten Frauen wenigstens all ihre Fähigkeiten einbringen und wurden nicht, wie sonst überwiegend zur damaligen Zeit, auf ihre Frau- und Mutterrolle reduziert.

In einer Zeit, in der Möbius den Bestseller »Vom physiologischen Schwachsinn des Weibes« millionenfach verkauft, äußert sich Steiner sehr modern und frauensolidarisch in etlichen seiner Vorträge über die Frau und die Frauenfrage und bezieht sogar gegen Frauenfeinde wie Möbius eine Antiposition.

Er schreibt:

»Nach und nach haben sich gegen die Meinungen der Männerwelt die Frauen Zugang zu den meisten männlichen Berufen erzwungen, zu denen der Juristen, Mediziner, Philologen und so weiter. Die Frauen haben diese Berufe ergriffen unter wesentlich ungünstigeren Verhältnissen als die Männer. [...] Nicht nur durch riesigen Fleiß, sondern auch durch umfassende Fähigkeiten haben sie zum großen Teil alle Schwierigkeiten überwunden. [...] Verschiedene Professoren, geführt von ihren Vorurteilen, haben den Frauen den Zugang zur Universität verweigert. Eine ganze Menge von Frauen steht heute im Leben und keineswegs urteilsloser und weniger einsichtsvoll als die Männer.«[1]

Die Stellen in seinen Schriften, die dennoch einen anderen, Frauen wieder einschränkenden Ton erkennen lassen, sind nicht so leicht zu entdecken. Es gibt sie jedoch auch – leider.

Zunächst aber wenden wir uns den frauenfreundlichen Aussagen zu.

Bekanntlich hat Steiner in seiner Schrift »Philosophie der Freiheit«, dem »Heiligen Buch« der AnthroposophInnen, sehr viel Frauenfreundliches geschrieben, daß mancher Frau und/oder Feministin warm ums Herz werden könnte. Wir lesen dort z. B.:

»Solange von Männern darüber debattiert wird, ob die Frau ›ihrer Naturanlage nach‹ zu diesem oder jenem Beruf tauge, solange kann die sogenannte Frauenfrage aus ihrem elementarsten Stadium nicht heraus-

---

[1] Rudolf Steiner, Die Frauenfrage, Hamburg, 17.11.1906, in: R. Steiner, Die Welträtsel und die Anthroposophie (GA 54), TB, 2. Aufl., Dornach 1985, S. 108

kommen. Was die Frau ihrer Natur nach wollen kann, das überlasse man der Frau zu beurteilen. Wenn es wahr ist, daß die Frauen nur zu dem Berufe taugen, der ihnen jetzt zukommt, dann werden sie aus sich selbst heraus kaum einen anderen erreichen. Sie müssen es aber selbst entscheiden können, was ihrer Natur gemäß ist. Wer eine Erschütterung unserer sozialen Zustände davon befürchtet, daß die Frauen nicht als Gattungsmenschen, sondern als Individuen genommen werden, dem muß entgegnet werden, daß soziale Zustände, innerhalb welcher die Hälfte der Menschheit ein menschenunwürdiges Dasein hat, eben der Verbesserung gar sehr bedürftig sind.«[1]

Diesen Worten können Frauen nur zustimmen, drücken sie doch genau das aus, was sie empfinden. Zu vermerken ist jedoch, daß diese Einsicht in eine Zeit fällt, in der er mit der Feministin Rosa Mayreder[2] befreundet war.

Entspricht doch das, was Steiner hier im Hinblick auf die Frauenfrage sagt[3], in einigen wesentlichen Punkten dem, was Rosa Mayreder denkt und später in ihrer feministischen Arbeit »Zur Kritik der Weiblichkeit« schreibt. Die Tatsache, daß diese Arbeit Jahre später erscheint als Steiners »Philosophie der Freiheit« (1893), nämlich erst 1905, hängt damit zusammen, daß es für sie schwieriger war als für ihn, einen Verleger zu finden.

Mayreder schreibt im Hinblick auf die Frauenfrage:

»Die ideelle Errungenschaft allgemeinster Art, die aus den Kämpfen der Frauen um die soziale Gleichstellung hervorgegangen ist, läßt sich in den Begriff der freien Selbstbestimmung nach Individualität zusammenfassen. [...] Es ist also geboten, immer wieder auf das Geschlechterproblem zurückzukommen und die Ergebnisse des Denkprozesses, der die Auflösung der alten Normen begleitet, in Evidenz zu halten, denn solange man noch die Stellung der Frauen nach dem zu bestimmen sucht, was ›das Weib seiner Natur nach‹ ist, und von hier aus neue Normen zu gewinnen hofft, wird das weibliche Geschlecht trotz der

---

[1] Steiner, Philosophie der Freiheit (GA 4), a.a.O., S. 239
[2] Über die Freundschaft zwischen Steiner und Rosa Mayreder bin ich in meinem ersten Buch »Frauen um Rudolf Steiner« (Oberhausen 1997) ausführlich eingegangen.
[3] unter der Überschrift »Individualität und Gattung« in seiner »Philosophie der Freiheit«

Zuerkennung der bürgerlichen Gleichberechtigung keine wirkliche Freiheit der Selbstbestimmung besitzen.«[1]

Ihre kritischen Gedanken zum Matriarchat (das sie für nicht bewiesen hielt) werden jedoch von Steiner nicht aufgegriffen. Ebensowenig ihre Erwähnung weiblicher Mythen- und Gottesvorstellungen. Sie weist z. B. in ihrem Werk darauf hin, daß »der Heilige Geist« ursprünglich weiblich ist. Sie schreibt unter Bezugnahme auf Feuerbach:

»In der hebräischen Kabbala erscheint die ›Schwester des Alten‹ unter den Namen Schekinah als Teil der göttlichen Trinität. Nach einer gleichfalls der jüdischen Mystik angehörenden Vorstellung ist Gott ein männliches, der heilige Geist ein weibliches Urwesen, aus deren geschlechtlicher Vermischung der Sohn und mit ihm die Welt entstanden. (Feuerbach.)«[2]

Für Steiner ist die heilige Geistin »der heilige Geist« und wie bei den Kirchen männlich. Und er erwähnt in keiner seiner Schriften, daß es Matriarchate gegeben hat.

Durch seine »Schauungen in der Akasha-Chronik« hätte er zumindest wissen müssen, daß es Matriarchate gab und heute noch gibt.[3]

Weder Matriarchate noch die ursprüngliche Vorstellung der »Schekinah« (hebr.: der weibliche Anteil im jüdischen Gottesbild) als Teil der göttlichen Trinität sind für Steiner erwähnenswert. Die letztere spielt auch in den Opferhandlungen der Christengemeinschaft keine Rolle, obgleich Steiner z. B. sehr wohl die Sophia und die Isis als weibliche Gestalten kennt und sich von ihnen für die Menschheit sogar erlösende Wirkungen verspricht. So sagt er z. B. von diesen sagenumwobenen Göttinnengestalten:

»... es ist uns verlorengegangen die Isis, die Mutter des Heilandes, die göttliche Weisheit Sophia. Und wenn es geben soll eine Erneuerung der

---

[1] Mayreder, a.a.O., S. 194 ff.

[2] Ebd., S. 169

[3] J. J. Bachofen, Das Mutterrecht, Frankfurt am Main 1980; Heide Göttner Abendroth, Das Matriarchat I, Geschichte seiner Erforschung, Stuttgart, Berlin, Köln, Mainz 1988 und dies., Das Matriarchat II, 1, Stammesgesellschaften in Ostasien, Ozeanien, Amerika, Stuttgart, Berlin, Köln 1991; Veronika Bennholdt-Thomsen, Juchitán – Stadt der Frauen, Hamburg 1994, Evelyn Heinemann, Die Frauen von Palau, Zur Ethnoanalyse einer mutterrechtlichen Kultur, Frankfurt am Main 1995

Isis-Legende, so darf diese für uns nicht lauten, daß der Osiris getötet worden ist [...] wir müssen in einer gewissen Weise die Isis-Legende, den Inhalt des Isis-Mysteriums wiederfinden, aber wir müssen ihn bilden aus der Imagination heraus gefaßt für unsere Zeit. Es muß wieder ein Verständnis der ewigen Weltenwahrheiten geben [...]«[1]

Trotz dieser Hoffnung auf die weibliche Isis, bezieht er das Weibliche in keiner seiner Priesteranweisungen für die Kultushandlungen mit ein. Im Gegenteil, die Trinität ist und bleibt männlich und seine Gottesbegriffe sind überwiegend einseitig androzentrisch (mannzentriert) gewählt, wie wir nachfolgend noch sehen werden.

Steiners Meinung nach sollte *nicht* allgemein von *der* Frauenfrage gesprochen werden, weil sich diese in den verschiedenen Gesellschaftsklassen unterschiedlich darstellt. Schließlich wird jeder Mensch seiner Meinung nach abwechselnd mal als Frau und mal als Mann wiedergeboren.

Doch leider tritt Steiner bei seinem Kampf um Gleichheit nicht für die in der Öffentlichkeit geforderte Frauen und Mädchenerziehung ein.

Er äußert sich hierzu 1919 (ein Jahr nach Erlangung des vollen Wahlrechtes für Frauen in Deutschland), als die Frauenbewegung das Recht auf gymnasiale Bildung für Mädchen fordert, alles andere als frauenbewußt und frauenfreundlich. Er fällt sogar hinter den zuvor zitierten Anspruch aus seiner »Philosophie der Freiheit« zurück, das Recht auf Selbstdefinition den Frauen zu überlassen.

Denn obgleich er die Bildung der Gymnasien m. E. zurecht kritisiert, indem er sie als antiquiert darstellt, mit der Begründung: »Sie nähmen ihren Lehrstoff nicht vom unmittelbaren Leben, sondern von weit zurückliegenden Zeiträumen, der einen an die Alltagswirklichkeit der SchülerInnen anknüpfenden Bezug vermissen läßt«, gilt seine Kritik demnach auch für Waldorfschulen selbst.

Er sagt in einem Vortrag vom 17. August 1919:

»Sehen Sie, wenn diese Griechen und Lateiner dasselbe getan hätten wie wir, dann hätten sie ägyptisch-chaldäische Gymnasien eingerichtet. Das haben sie nicht getan. Sie haben ihren Lehrstoff vom unmittelbaren

---

[1] Rudolf Steiner, Die Suche nach der neuen Isis, der göttlichen Sophia, Dornach 1961, S. 28

19

Leben genommen. Wir nehmen ihn vom vorhergehenden Zeitraume, bilden danach die Menschen aus.

Das hat eine große Bedeutung für die Menschen; aber wir haben diese Bedeutung nicht erkannt. *Hätten wir diese Bedeutung erkannt, dann würde es innerhalb der Frauenbewegung einen Ton geben, der so geklungen hätte: Die Männerwelt wird gerade, wenn sie ausgebildet werden soll zur besonderen Handhabung der Intelligenz, in die antiquierten Schulen geschickt. Daher wird ihr Gehirn verhärtet. Uns Frauen ist das gute Geschick zugewachsen, daß man uns in die Gymnasien nicht hat hineingelassen. Wir wollen unsere Intelligenz auf eine ursprüngliche Note stellen, wir wollen zeigen, was man für die Gegenwart entwickeln kann, wenn man nicht abgestumpft wird in seiner Jugend durch die griechisch-lateinische Gymnasialbildung. Diese Note hat es nicht gegeben. Im Gegenteil, manche Note hat dahin geklungen. Die Männer sind untergekrochen unter die griechisch-lateinische Gymnasialbildung, kriechen wir Frauen auch hinein. Werden wir auch Gymnasiasten. So wenig hat Verständnis Platz gegriffen in bezug auf dasjenige, was not tut.* Wir sollen wissen, daß wir in unserer Gegenwart nicht für diese Gegenwart erzogen werden, sondern erzogen werden für griechisch-lateinische Kultur.«[1] [Hervorhebung J. W.]

Es ist doch sehr befremdlich, wie Steiner hier die Frauenbewegung und ihren Kampf für gleiche Bildungschancen, sprich, für die gleiche höhere Gymnasialbildung auch für Mädchen kritisiert und letztlich ablehnt. Denn es ist doch keineswegs so, wie er meint, daß Mädchen und Frauen unter den patriarchal-gesellschaftlichen Bedingungen, »ihre Intelligenz auf eine ursprüngliche Note stellen« können und damit gleich die Gesellschaft zu verändern vermögen, die nun einmal nicht nach Frauengesetzen sondern nach Männergesetzen mit einem »verhärteten Gehirn« funktioniert. Natürlich spürt Steiner auch Richtiges, wenn er die Überbetonung der griechisch-lateinischen Kultur in der allgemeinen Schulbildung kritisiert (in der ja die Frauen so gut wie keine Rolle spielten), doch seine Konsequenz, die er meint daraus ziehen zu müssen, ist widersinnig.

---

[1] Rudolf Steiner, Die Erziehungsfrage als soziale Frage (GA 296), Dornach 1979, S. 108 f.

Zunächst zeugt der Anspruch als solcher schon von männlichem Chauvinismus, in diesem Fall von männlichem »(Erlöser)-Anthroposophen-Chauvinismus«, weil er allein zu wissen glaubt, was für Frauen gut und richtig ist, wie sie eigentlich handeln müßten, um sich und die Welt in der Gegenwart zu erlösen. Steiner verkennt hier das geringe Maß weiblichen Machteinflusses total, zumal ihm bekannt sein dürfte, daß zu dem Zeitpunkt seiner Aussage, sich Frauen in Deutschland gerade erst das Wahlrecht und gleiche Arbeitsbedingungen erstritten, sowie die bundesweiten Zugangsvoraussetzungen zu den Universitäten. Ita Wegman und Elisabeth Vreede, seine beiden Mitarbeiterinnen und Geldgeberinnen für die anthroposophische Bewegung, mußten in Zürich und Holland studieren und promovieren, um anschließend seiner Bewegung in Dornach (Schweiz) zur Verfügung stehen zu können. Doch dies war ihm natürlich klar, so daß seine männliche Ignoranz hier in nichts nachzuvollziehen ist. Der Einfluß von seinen ehemaligen Freundinnen und Feministinnen Rosa Mayreder und Gabriele Reuter liegt zu dieser Zeit schon 20 Jahre zurück, so daß er offensichtlich seine damaligen Worte in bezug auf Frauen schon vergessen zu haben scheint. Da er 1899 noch sehr einfühlsam über die Situation von Frauen formulierte:

»Wer könnte leugnen, daß gegenüber diesen tatsächlichen Verhältnissen die Stellung, welche Gesellschaft und Staat den Frauen anweisen, geradezu wie ein Hohn sich ausnimmt? [...] Die Aufgaben, welche die tatsächlichen Verhältnisse der Frau stellen, fordern gebieterisch eine Reform ihrer öffentlichen Stellung. Es gehört zu den Unbegreiflichkeiten, die im Geistesleben der Gegenwart vorhanden sind, daß selbst naturwissenschaftlich denkende Köpfe sich den Forderungen der Frauen feindlich entgegenstellen [...] Wir wissen gar nichts über den Fortgang einer Kultur, an der die Frauen denjenigen Anteil nehmen, den ihnen eine völlig freie Entwicklung ihrer Fähigkeiten gibt. Uns steht es allein zu, die Möglichkeit einer solchen freien Entfaltung herbeizuführen. [...] Nur wenn sie völlige Freiheit in der Entwicklung ihrer Kräfte genießt, kann die Frau den Anteil zu der Kulturarbeit der Menschheit liefern, der ihr nach ihrer Natur möglich ist.«[1]

---

[1] Rudolf Steiner, Zur Literatur über die Frauenfrage, Magazin für Literatur 1899, Jg. 68, Nr. 11, S. 329-335, in: Rudolf Steiner, Gesammelte Aufsätze zur Kultur- und Zeitgeschichte 1887-1901 (GA 31), Dornach 1966, S. 331 ff.

Weitere Erläuterungen hierzu in meinem Buch »Frauen um Rudolf Steiner«[1].

Bei solch einem für Frauenfragen einfühlsamen – wenn auch ambivalenten bis widersprüchlichen – Denken Steiners ist es dennoch verwunderlich, wenn er vor seinen Arbeitern des Goetheanums etliche Jahre später wieder ganz anders spricht. Er prophezeit ihnen, daß die Welt »tüchtige Kerle« braucht und allein diese die Welt erlösen könnten.

Hat er etwa sein »feministisches Denken« auf dem Berg in Dornach ganz abgelegt? Das wäre schade, denn die Auswirkungen seiner fehlenden Sensibilität sind bis heute unter AnthroposophInnen spürbar, die wohl »eurythmie«-bewegt, aber sehr selten »frauen«-bewegt sind.

Hier stellt sich die Frage, ob diese Widersprüche vielleicht in seiner Persönlichkeitsstruktur begründet liegen. Über diese erhalten wir Aufschluß durch einen Fragebogen, den Steiner selbst in einem Beiblatt zur Frankfurter Rundschau für sich in seiner Studienzeit (1887) ausgefüllt hat.[2]

---

[1] Juliane Weibring, Frauen um Rudolf Steiner, Im Zentrum seines Lebens, im Schatten seines Wirkens, Oberhausen 1997

[2] Seine Antworten sind sehr aufschlußreich und zeigen einiges über seine Prioritätensetzung und seinen Charakter auch im Hinblick auf unsere Fragestellung. So antwortet er auf die Frage:

»Deine Lieblingseigenschaften am Manne?	Energie
Deine Lieblingseigenschaften am Weibe?	Schönheit
Deine Lieblingsbeschäftigung?	Sinnen und Minnen
Deine Idee vom Glück?	Sinnen und Minnen
Welche Beruf scheint Dir der beste?	Jeder, bei dem man vor Energie zu Grunde gehen kann.
Lieblingsspeise und - trank?	Frankfurter Würstchen, Cognac, Schwarzer Kaffee
Dein Temperament?	Wandelbarkeit
Welche geschichtlichen Charaktere kannst Du nicht leiden?	Die schwachen
Lieblingsfarbe:	violett
Lieblingshelden in der Geschichte:	Attila, Napoleon I, Cäsar
Lieblingsheldinnen:	Katharina von Rußland
Wovor fürchtest Du Dich?	Vor Pünktlichkeit«

Steiner, Weimar, 8. Februar 1892, zitiert nach Heiner Barz, Anthroposophie im Spiegel von Wissenschaftstheorie und Lebensforschung, Zwischen lebendigem Goetheanismus und latenter Militanz, Weinheim 1994, S. 251

Interessant ist in dem hier zu untersuchenden feministischen Zusammenhang, daß Steiner sich dort über die für ihn wichtigsten Eigenschaften von Frauen und Männern ausläßt. Bei Frauen gibt er »Schönheit« an, bei Männern »Energie«. Außerdem bezeichnet er »Wandelbarkeit« als sein Temperament, und dies würde auch mit seinem Sternzeichen: »Fische« korrespondieren. Dieser Hinweis half mir, sein oftmals opportunistisches Reden besser zu verstehen. Je nach dem also, wer gerade vor ihm steht, für denjenigen oder für diejenigen wählt er seine Worte, auch wenn diese dem zuvor Gesagten widersprechen. Er kann sich stets blitzschnell auf seine jeweiligen ZuhörerInnen einstellen. Ein geborener politischer und religiöser Agitator und Demagoge, oder ein erleuchteter Hellseher oder Scharlatan? Wir wissen es nicht. Doch eines steht fest: Es spielt keine Rolle, wer gerade seine Zielgruppe ist: Arbeiter, MedizinerInnen, begüterte Frauen auf der Suche nach einer Aufgabe, Freimaurer, Mitglieder der anthroposophischen Gesellschaft oder SchülerInnen der esoterischen Schule, er trifft offenbar bei allen den richtigen Ton, seine verschwommene und oftmals unspezifische Ausdrucksweise tut das ihre dazu, daß man/frau das Fehlende hinzufügt. Ergebnis: Entweder schließt man/frau sich »seiner« anthroposophischen Bewegung mit wehenden Fahnen an, oder man/frau bezeichnet ihn als Spinner und wendet sich ab.

Mayreder ging durch beide dieser Phasen hindurch. In ihrer ersten Phase war sie begeistert von ihm und seinen Gedanken, ca. 20 Jahre später jedoch schreibt sie in ihr Tagebuch am 3. Juni 1922:

»Anthroposophenkongress. Stanzi ladet [sic] mich zu einem der Vorträge Doktor Steiners ein. Die Tatsache seiner Wirkung ist mir einfach unerklärlich. Er erscheint in pastoraler Kleidung, schwarz, hochgeschlossen; der dicht gefüllte Saal empfängt ihn mit frenetischem Applaus. Er redet mit klangvoller Stimme, eintönig pathetisch salbungsvoll nach Art der Kanzelredner. Was er sagt, läßt sich in drei Kategorien fassen: Geistreiche Aphorismen aus vielseitigem Wissen, leeres Gerede in vorrätigen Phrasen und unverständliche Andeutungen übersinnlicher Fähigkeiten aus einem Gebiete, in dem die Kontrolle des wissenschaftlichen Denkens, auf das er sich beruft, völlig versagt. Ich halte es für ausgeschlossen, daß die große Mehrzahl seiner Zuhörer diesen Ausführungen folgen kann. Vielleicht ist es das Versprechen, ohne den umständlichen Bildungsgang der modernen Wissenschaft durch meditative Übung zu einer überragenden Geistesschau, wie ich sagen möchte, zu gelangen und dadurch Vergangenheit und Zukunft in sich lebendig zu erfahren, was die Leute zur Anthroposophie zieht; vielleicht liegt die Erklärung für Steiners Wirkung aber nur in dem pastoralen Tonfall, mit dem er die Leute hypnotisiert [...].«[1]

Vielleicht hat Mayreder auch seine politische und ideologische Wandelbarkeit gestört, denn seine einfühlsamen feministischen Gedanken, die er noch mit ihr Ende der 90er Jahre, Anfang 1900 teilte, scheint er bei den Arbeitern »seines« Goetheanums in Dornach völlig vergessen zu haben. Hier spricht er von der zukünftigen Befreiung unserer Kultur durch die bereits zuvor erwähnten »tüchtigen Kerle«, welche männliche Spezies er auch immer damit meinte.

Er sagt: »Das ist ganz unmöglich, daß man aus diesen Verhältnissen, die ein Chaos sind, heute anders herauskommt als dadurch, daß man wieder tüchtige Kerle hat, die zu irgendeinem Resultat kommen. Das allerwichtigste ist, daß wieder tüchtige Kerle da sind. Und da ist es eben doch so – das zeigt die gegenwärtige Zeit –: es werden keine wirklich tüchtigen Menschen herangezogen.«[2]

Daß Steiner die Arbeit am Goetheanum dadurch voranbringen wollte, daß er die Arbeiter zur körperlich harten Arbeit anspornt, indem er das Bild »der tüchtigen Kerle« vor sie hinstellt, kann ihm nicht verübelt werden. Doch daß die Frauen so ganz dabei herunterfallen, er sie nicht nur vergißt, sondern allein »die Menschen« nennt, obwohl er in diesem Fall eindeutig »die Männer« meint, müßte er eigentlich als bewußter und sensibler »Hellseher und Eingeweihter« merken und sich verbieten.

Denn immerhin tritt er in seinen priesterlichen Anweisungen der von ihm gegründeten neuen Religion der Christengemeinschaft für eine Gleichberechtigung der Frau ein, obgleich er auch hier wieder typische Klischees nachzeichnet. Er meint festlegen zu müssen, was weiblich und männlich ist. Demnach sind Frauen subjektiver und emotionaler, haben aber auch einen ausgeprägteren Sinn für Feinmotorik. Männer

---

[1] Mayreder, a.a.O., S. 209 ff.
[2] Rudolf Steiner, Über Gesundheit und Krankheit (GA 348), Dornach 1983, S. 15

sind dagegen verstandesorientierter und im Denken unbeweglicher, jedoch mit einem Gefühl für Festigkeit. Die Frauen sind Steiners Ansicht nach labiler und werden leichter von den luziferischen und ahrimanischen Kräften hin- und hergerissen. Er appelliert deshalb in verstärktem Maße an ihre Selbsterziehung. Die Krönung seiner Ausführungen ist jedoch, daß er mit seinen charakterlichen Wesensbestimmungen legitimiert, warum die Frauen im 15. Jh. und bei den Freimaurern ausgegrenzt wurden. Denn das sei ja seiner Ansicht nach in der Tradition so gewesen, weil Frauen und Männer wesensverschieden sind und dies der allgemeine Gang der Menschheitsentwicklung sei. Er sieht es schicksalsmäßig, menschheitsgeschichtlich, aufgrund der unterschiedlichen Verstandes- und Gemütsseelen von Mann und Frau, die sich doch im Laufe der Zeit immer stärker annähern.[1]

Gleichzeitig stellt Steiner den Anspruch an die Frau, daß sie »den Rock«, d. h. das typisch Weibliche, das Gefühl für Spiritualität, Emotionalität und Beweglichkeit in die verstandesmäßige, klare, trockene Begriffswelt der Männer hineinträgt. Er beschwert sich, wenn sie einfach das Männliche in den verschiedenen Berufen übernimmt, statt es zu ändern und zu sehen, daß sie ihr typisch Weibliches (was er definiert) dort hineinbringt und bekennt:

»Ich habe schon in den neunziger Jahren für ein ganz anderes als das theologische Gebiet nach dieser Richtung hin eine Diskussion gehabt in Weimar mit Gabriele Reuter. Ich mußte da doch sagen, daß von einem gewissen Gesichtspunkt aus das ganze Anfassen der Frauenfrage ein falsches ist, denn die Frauen haben eigentlich nicht dasjenige in die Zivilisation und Kultur hineingetragen, was sie von sich aus hineintragen können, sondern sie haben die Männerkultur angenommen. Sie sind Mediziner geworden, wie die Medizin von Männern eingerichtet worden ist; sie sind Philologen geworden, wie das Philologische von Männern eingerichtet worden ist. Also da haben die Frauen nicht dasjenige hinzugetragen, was sie in Frauenkleidern hinzutragen können, sondern sie haben Hosen angezogen und haben so die Emanzipation vollzogen. Das ist etwas, was natürlich auf ein ganz anderes Gebiet ge-

---

[1] vgl. Rudolf Steiner, Vorträge und Kurse über christlich-religiöses Wirken – II: Spirituelles Erkennen, Religiöses Empfinden, Kultisches Handeln (GA 343), Dornach 1993, S. 479 ff.

hört. Wir müssen das schon in einem weiteren Sinne beantworten; wir müssen uns durchaus klar sein, daß die Mitwirkung der Frauen so geschehen muß, daß die Frauen eben nicht einfach die Hosen anziehen, sondern daß die Frauen wirklich – Sie werden natürlich verstehen, daß das nur ein Bild ist – dasjenige bringen, was in Kleidern gebracht werden kann, nicht in Hosen. Ich werde aber auch auf diese Frage noch eingehen; es ist wiederum eine sehr tiefe Frage.«[1]

Natürlich klagt er in diesem Zusammenhang dann auch wieder die Frauenbewegung an, die schlimme, die alles so falsch verstanden hat.

Als er im Hinblick auf die Christengemeinschaft gefragt wird, ob die Frau eigene freie Gemeinden gründen darf, bejaht er, appelliert jedoch an sie und warnt sie gleichzeitig:

»... die Frau wird sich bewähren müssen. [...] Nun, das tritt ja auch gerade in der anthroposophischen Bewegung manchmal außerordentlich störend auf, daß die Frauen rasch sich hineinfinden, aber daß es manchmal an der Tiefe des Hineinfindens fehlt, weil das Aktive, das Willenselement fehlt. Daher wird bei der Gemeindebildung eine weise Selbsterziehung dieses Wissenselementes [sic] und am Anfang, meine ich, ein gewisses zurückhaltendes Element in Frage kommen. Das wird ja vielleicht eine Sache des Taktes sein und muß sich dann im Zusammenwirken mit der Zentralleitung entwickeln, daß nicht am Anfang die Frauen neunzig Prozent der Gemeinden gründen und nur zehn Prozent die Männer.«[2]

Dieser Appell Steiners ist interessant, jedoch unverständlich, wenn nicht gar wieder anmaßend zu nennen, da er zuvor bekennen muß, daß sich überwiegend Frauen dafür einsetzen, daß anthroposophische Zirkel gegründet werden. Er schimpft sogar über das Verhalten der Männer, indem er kritisiert, daß diese sich eher für das Kartenspiel und andere Zerstreuungen interessieren.

»Ich habe nur immer gesagt, wenn das hervorgehoben wurde, daß häufig die Frauen in größerer Zahl da waren als die Männer: das ist nicht Schuld der Frauen, die taten ganz recht, wenn aber die Männer es notwendig finden, Karten zu spielen und deshalb wegbleiben, dann ist das

---

[1] Steiner, Vorträge und Kurse über christlich-religiöses Wirken – II, a.a.O., S. 456
[2] Ebd., S. 485

die Schuld der Männer; es zeugt das nicht von einem stark ausgebilde-
ten Geist der Männer, sondern von einer Zurückgebliebenheit der
Männer. Das muß man sich schon klarmachen.«[1]

Leider fährt Steiner jedoch in dem obigen Zitat ohne Pause mit einer
negativen Bewertung der Frauen fort, denen es, wie erwähnt, angeblich
an der nötigen Tiefe des Hineinfindens fehlen soll.

Statt nun positive Konsequenzen aus der Realität zu ziehen, daß Frauen
immerhin ein erhöhtes Engagement für seine teilweise versponnenen
aber auch hervorragenden Ideen aufbringen, fällt es Steiner nicht ein,
sie dafür besonders zu loben oder zu ermutigen, mit voller Kraft in der
Bewegung weiterzumachen. Vielmehr fordert er unter Rücksichtnahme
auf die armen Männer dazu auf, sich bei den Neugründungen der Gemeinden zurückzuhalten, damit Männer sich nicht übergangen fühlen,
obgleich er selbst die Ursachen ihres fehlenden Engagements kennt.
Eine Forderung, die zeigt, daß er letztlich auf der Seite seiner Ge-
schlechtsgenossen steht und mit seinesgleichen mehr Einfühlung auf-
bringt als für Frauen, trotz seiner »feministischen« Anklänge in seinen
früheren Vorträgen.

In den Priesterschriften finden wir im Hinblick auf die erste Kommu-
nionsvorbereitung der Christengemeinschaft bei Steiner folgende Äußerung:

»Die Frauen der Verheirateten können bei der morgigen Feier anwesend sein, aber nicht die Kommunion empfangen.«[2]

Leider ist an dieser Stelle die Frage des Teilnehmers oder der Teilneh-
merin nicht mit überliefert. Zufall oder Absicht? Einige Lenker der
Christengemeinschaft erklären zu dieser Äußerung Steiners, es habe
sich um die erste Kommunionsfeier der Christengemeinschaft gehandelt, die in einem ausgewählten, sehr internen Kreis stattfand. (Den 45
Gründungsmitgliedern gehörten nur 3 Priesterinnen an.) Insofern wurden nur die Frauen der Verheirateten zu dieser sakralen Feier zugelassen. (Wahrscheinlich waren die Priesterinnen der Christengemeinschaft
sowieso unverheiratet, sonst hätte Steiner auch ihre Ehemänner mitein-

---

[1] Steiner, Vorträge und Kurse über christlich-religiöses Wirken – II, a.a.O., S. 485
[2] Rudolf Steiner, Vorträge und Kurse über christlich-religiöses Wirken – III: Vorträge
     bei der Begründung der Christengemeinschaft (GA 344), Dornach 1994, S. 246

laden müssen.) Es bleibt dennoch erklärungsbedürftig, daß Steiner hier die Frauen der Priester nicht in die Gemeinschaft integriert und ihnen eine ZuschauerInnenposition zumutet. Die Frage stellt sich somit, wieso sie keine Kommunion empfangen durften. Es ist natürlich schwer, hier Androzentrik nachzuweisen.

Die Mannzentriertheit, die die gesamte Anthroposophie durchzieht, fällt wenigstens an manchen Stellen heute auch einigen wachen männlichen Anhängern auf. Der anthroposophische Journalist und kritische Redakteur der Flensburger Hefte, Wolfgang Weirauch, fragt bei dem Priester der Christengemeinschaft, W. Gädeke, an:

»Zwar gibt es in der Christengemeinschaft Frauen als Priesterinnen, trotzdem fällt auf, daß es sehr viel mehr Männer gibt. Welche Gründe gibt es dafür?

W. Gädeke: Ich habe mir gerade eine Statistik gemacht und mit Erstaunen festgestellt, daß von allen bisher geweihten Priestern 28% Frauen sind. Ich finde, daß das schon eine ganz erhebliche Quote ist. [...] Es ist vieles ausprobiert worden. Viele der Priesterinnen waren verheiratet, sind verheiratet oder haben Kinder. Nur, bei der kleinen Anzahl von Priesterinnen, die es überhaupt gibt, ca. 120, kann man nicht von einer statistisch relevanten Zahl sprechen. Trotzdem gibt es unter ihnen schon eine ganze Reihe von Lebensmustern. Bloß die gleichzeitige überzeugende Vereinbarung von Priesterin, Mutter und Ehefrau ist sehr schwierig; ich selber kann mir da nur ein Nacheinander vorstellen. [...] Ich sehe es so, daß eine Frau, die ihren Mann wirklich liebt, letztlich auch ein Kind von ihm haben will. Natürlich gibt es davon Ausnahmen, aber meines Erachtens ist das eine Grundstruktur. [...] Sehen sie, wir Männer haben eben keinen Vatertrieb. [...] Ich habe auch nicht gesagt, daß die Frau keinen sexuellen Trieb hat, nur einen anderen. Vielleicht habe ich das damals noch anders ausgedrückt, aber heute sehe ich es so. Ich habe jedenfalls nicht gemeint, daß die Frau nur einen Trieb zum Kind und keinen sexuellen Trieb hat, sondern nur, daß in ihrem sexuellen Trieb der Wunsch nach dem Kind immer mit integriert ist. Er ist ein Teil ihres Triebes.«[1]

---

[1] Flensburger Hefte, Die Christengemeinschaft heute, Anspruch und Wirklichkeit, Heft 35, 12/1991, S. 113 f.

Es ist ungeheuerlich, wie hier zum einen über Frauen verfügt wird und zum anderen, welche falschen Aussagen über sie gemacht werden.

An dieser Stelle wird teilweise indirekt behauptet, daß

a) der sexuelle Trieb der Frau unmittelbar mit einem Kinderwunsch verbunden ist – eine völlig unsinnige Behauptung,

b) die Frau ihr Mutter- und Ehefrauendasein nicht mit einem engagierten Priesterberuf verbinden kann, weil sie für die Familie verfügbar sein muß,

c) das Frauenpriesteramt in der Christengemeinschaft nicht gleichzeitig mit dem Amt der Mutter und Ehefrau in Einklang zu bringen ist.

Interessant, vielleicht müssen anthroposophische (ähnlich wie katholische) Frauen auch deshalb in diesem Jahrhundert so viele Kinder produzieren, weil der Meister prophezeit, daß die Frau im sechsten oder siebten Jahrtausend unfruchtbar wird.

»Aber es ist tatsächlich so, weil im 6. oder 7. Jahrtausend die Frau unfruchtbar werden wird, nicht mehr zur Reife kommen, sondern unfruchtbar bleiben wird. Der Mensch wird dann in einer wesentlich geistigeren Gestalt mit der Erde in Verbindung sein, dann wird eine unmittelbare praktische Betätigung eintreten, und dann ist an eine Trennung zwischen Religion und Anthroposophie überhaupt nicht mehr zu denken.«[1]

Jedenfalls kommt die Vorstellung des Lenkers Gädeke der der katholischen Kirche extrem nahe, die den sexuellen Verkehr nur gestattet, wenn innerhalb der Ehe gleichzeitig ein Kinderwunsch damit verbunden ist.

---

[1] Steiner, Vorträge und Kurse über christlich-religiöses Wirken – II, a.a.O., S. 441

2 Steiner zur geschlechtsspezifischen Erziehung und Koedukation an Waldorfschulen

> »Besondere Rücksicht muß man darauf nehmen, daß dem Mädchen das Sittliche, Gute und das Religiöse vorzüglich gefällt, daß das Mädchen einen ästhetischen Genuß hat an dem Sittlichen, Guten und dem Religiösen, [...] Beim Knaben ist es notwendig, daß wir in ihm Vorstellungen erwekken, welche mehr nach der Kraft hintendieren, die im religiösen Leben und im Ethischen wirkt.«[1]

Auffallend ist bei vielen anthroposophischen Texten das stark hervorgehobene ästhetische, religiöse und moralische Element, wobei Mädchen hier sehr oft das Ästhetische repräsentieren. Das kommt nicht zuletzt daher, weil Steiner über Mädchen sagt, sie hätten Genuß am Sittlichen, Guten und Religiösen, offenbar mehr als Jungen. Bei Jungen wäre es dagegen wichtig, ihre Vorstellungen nach Kraft zu wecken, was immer Steiner damit gemeint hat. Zur Pubertät der Mädchen und Jungen wußte er zu sagen:

»Was sich zunächst geltend macht, das ist, daß beim Mädchen der astralische Leib eine größere Bedeutung hat als beim Knaben. Der astralische Leib hat durch das ganze Leben hindurch beim weiblichen Geschlecht eine größere Bedeutung als beim männlichen Geschlecht. Die ganze weibliche Organisation ist ja durch den astralischen Leib mehr nach dem Kosmos hin organisiert. Durch die weibliche Natur enthüllt und offenbart sich vieles, was eigentlich Geheimnisse des Kosmos sind. Der astralische Leib der weiblichen Natur ist in sich differenzierter, wesentlich reicher gegliedert als der astralische Leib des Mannes, der in einer gewissen Weise ungegliederter, undifferenzierter, gröber ist. Dagegen entwickelt sich das Mädchen zwischen dem 13., 14. und 20., 21. Jahr so, daß sein Ich in einer starken Weise beeinflußt wird von dem, was sich im astralischen Leib gestaltet. Man sieht, wie beim Mädchen das Ich allmählich, man möchte sagen, aufgesogen wird von dem astralischen Leib, so daß dann, wenn das 20., 21. Jahr eintritt, beim Mädchen eigentlich ein starker Gegendruck stattfindet, eine starke An-

---

[1] Zur religiösen Erziehung, Wortlaute Rudolf Steiners als Arbeitsmaterial für Waldorfpädagogen, Als Manuskript gedruckt durch die pädagogische Forschungsstelle beim Bund der Freien Waldorfschulen zum internen Gebrauch, Stuttgart 1985, S. 85

strengung, zum Ich zu kommen. [...] Dadurch lebt das Mädchen weniger nach innen hinein; es lebt mehr in den Ätherleib hinein dasjenige, was vom Ich durchdrungener astralischer Leib ist. Es lebt sich sehr stark in den Ätherleib, damit sogar in die ganze Handhabung, in die äußere Beweglichkeit hinein.«[1]

All diejenigen, die nicht in der Akasha-Chronik lesen können, werden sich wohl schwer tun, die hier zitierten Äußerungen Steiners mit Konkretem zu füllen und sich daher fragen: Was meint er genau? Wovon spricht er? Wie sollte man sich das vorstellen? In den weiteren Ausführungen wird er jedoch deutlicher:

»Und man bemerkt gerade bei richtigen Mädchennaturen, bei einer richtigen Entwickelung, daß das Mädchen in dieser Zeit in einer gewissen Weise wacker wird, fest wird in seinem Auftreten, die Persönlichkeit betont, sich hinstellt, nicht in sich zurückzieht. Das Naturgemäße ist das franke und freie Hintreten vor die Welt, das sich sogar, wenn es sich mit etwas egoistischen Gefühlen paart, zum Sich-Zeigenwollen in der Welt wird, zum Sich-Zeigenwollen namentlich in bezug auf den Charakter und in bezug auf seine ganze Eigenart. Es ist durchaus charakteristisch gerade für das Mädchenwesen in dieser Zeit, daß das Mädchen ein freies Auftreten hat, daß es einen Wert darauf legt, zu zeigen, welches sein Wert ist. Im Extrem artet das dann zur Koketterie und zur Eitelkeit aus, zur Sucht, nicht durch sein Seelisches sich zu zeigen, sondern auch durch das, was man äußerlich sich anhängt. Es ist außerordentlich interessant zu beobachten, wie von dem 14., 15. Jahr an gerade das, was dann in trivialem Sinn zur Putzsucht [das Äußere herausputzen, J. W.] wird, in feinem ästhetischem Sinn beim Mädchen in diesem Lebensalter auftreten kann.«[2]

Ärgerlich ist an dieser Stelle, ganz egal, ob man seine Ursachenverknüpfung mit dem »Astralischen« (Triebhaften) nun teilt und nachvollziehen kann oder nicht, daß er mal wieder die gesellschaftlichen Verhältnisse, die häufig zu dieser »Putzsucht« führen, völlig außer acht läßt. Statt dessen operiert er mit Begriffen »naturgemäß« und »im Extrem«, ohne dabei zu spezifizieren, was er konkret meint, wie wir uns

---

[1] Rudolf Steiner, Menschenerkenntnis und Unterrichtsgestaltung (GA 302), Dornach 1978, S. 74 ff.
[2] Ebd., S. 76

dies genau vorzustellen haben, wovon er spricht. Es verschwimmt alles im Nebulösen, Undurchsichtigen. Auch arbeitet er hier subtil mit Schuldgefühlen, denn junge gläubige Anthroposophinnen, die seine moralischen Ausführungen über Koketterie und Eitelkeit lesen, fragen sich doch jetzt: »Bin ich vielleicht zu egoistisch und will mich nur zeigen, wenn ich das Bedürfnis nach Anerkennung habe?« Im Hinblick auf das wohl sehr berechtigte Bedürfnis der jungen Mädchen und Frauen, sich schön zu machen und Schmuck anzulegen, mögen sie vielleicht jetzt zweifeln und sich fragen: »Bin ich nicht doch viel zu eitel und zu sehr auf mein Äußeres fixiert, d. h. somit von Putzsucht befallen?« Jedenfalls läßt Steiners Prüderie hier grüßen. Wir haben ja bereits gelernt, hinter allem Körperlichen, Äußerlichen und Erotischen verbirgt sich in Wahrheit die Maske des Materialismus, die Macht des Ahriman, der allein durch den geistigen Schulungsweg Steiners, seinen »geisteswissenschaftlichen Übungen« und dem unaufhaltsamen Studieren von Steinertexten beizukommen ist. Das wird auch in Steiners folgender Beurteilung einer Erstklässlerin deutlich.

Folgendes Werturteil hat er über ein Mädchen der ersten Klasse, also einer 8jährigen, gefällt. M. E. kann das kaum noch entschuldigt werden. Er bezeichnet das Mädchen als vom Naturdämon besessen und spricht ihr das wahre Menschsein ab. Natürlich auch eine Möglichkeit, mit unliebsamen und eigenwilligen SchülerInnen umzugehen. Doch hören wir ihn selbst:

»Das Mädchen L. K. in der ersten Klasse, da wird irgendeine recht schlimme Verwicklung da sein mit dem ganzen Inneren. Da wird auch nicht viel zu machen sein. Das sind diese Fälle, die immer häufiger vorkommen, daß Kinder geboren werden und Menschenformen da sind, die eigentlich in bezug auf das höchste Ich keine Menschen sind, sondern die ausgefüllt sind mit nicht der Menschenklasse angehörigen Wesenheiten. Seit den neunziger Jahren schon kommen sehr viele ichlose Menschen vor, wo keine Reinkarnation vorliegt, sondern wo die Menschenform ausgefüllt wird von einer Art Naturdämon. Es gehen schon eine ganze Anzahl alte Leute herum, die eigentlich nicht Menschen sind, sondern naturgeistige Wesen und Menschen nur in bezug auf ihre Gestalt. Man kann nicht eine Dämonenschule errichten.«

X: »Wie ist das möglich?«

Dr. Steiner: »An sich ist nicht ausgeschlossen, daß im Kosmos ein Rechenfehler geschieht. Es sind doch lange füreinander determiniert die heruntersteigenden Individualitäten. Es geschehen auch Generationen, für die keine Individualität Lust hat herunterzukommen und sich mit der Leiblichkeit zu verbinden, oder die sie auch gleich am Anfang verlassen. Da treten dann andere Individuen ein, die nicht recht passen ... Wir würden auch nicht solchen Niedergang der Kultur haben, wenn ein starkes Gefühl dafür vorhanden wäre, daß manche Menschen herumgehen, die gerade dadurch daß sie rücksichtslos sind, etwas werden, daß die keine Menschen sind, sondern Dämonen in Menschengestalt. Aber wir wollen das nicht in die Welt hinausposaunen. Die Gegnerschaft ist so schon groß genug. Solche Dinge schockieren die Menschen. Es hat einen furchtbaren Schock hervorgerufen, als ich genötigt war zu sagen, daß ein ganz berühmter Universitätsprofessor, der einen großen Ruf hat, daß der, nach einem kurzen Leben zwischen Tod und neuer Geburt, ein wiederverkörperter Neger war, ein Forscher. Aber diese Dinge wollen wir nicht der Welt verkünden.«[1]

Diese Ungeheuerlichkeit Steiners, das 8jährige Mädchen als Dämon zu bezeichnen, kam für eine Waldorfschülerin, die von gläubigen SteineranhängerInnen umgeben war, einem geistigen Todesurteil gleich. Als wandelnder Dämon abgestempelt, wurde sie dementsprechend behandelt, ganz unabhängig davon, wie man Steiners abstrusen Spekulationen in diesem Fall auch sonst noch bewerten mag. Darüber hinaus vermittelt er die Botschaft: In rücksichtslosen Menschen können Dämonen stecken, was nicht nur den einzelnen Menschen stigmatisiert, sondern auch jeglichen Umgang mit diesen legitimieren würde, denn mit dieser Sichtweise habe ich es ja nicht mit einem Menschen, sondern mit einem Dämon zu tun. Wie unverantwortlich und leichtfertig Steiner hier als Pädagoge mit seinen »Schauungen« umgeht, läßt einem den Atem stokken.

In unserem Zusammenhang stellt sich gleichfalls die Frage: Hätte Steiner diese Aussage auch von einem 8jährigen Jungen gemacht? Ist es Zufall, daß ausgerechnet ein Mädchen als Dämon bezeichnet wird, oder

---

[1] Rudolf Steiner, Konferenzen mit den Lehrern der Freien Waldorfschule 1919-1924, Bd. I (GA 300a), Dornach 1975, S. 70

sind Jungen per se nur reinkarnierte »Goethes, Schillers u. a. ...«, die man hätscheln und entschuldigen muß?

Steiner selbst hat eine sehr spezielle Differenzierung nicht nur zwischen Frauen und Männern, sondern auch zwischen Mädchen und Jungen vorgenommen, selbst wenn er diese oftmals leider unberücksichtigt läßt, wie wir noch sehen werden.

Er schreibt zu den Unterschieden von Mädchen und Jungen:

»Nun muß man aber der Differenzierung zwischen Knaben und Mädchen in einer gewissen Weise Rechnung tragen schon im ganzen Hintendieren gegen das Lebensalter, von dem wir jetzt sprechen. Man muß sich bemühen, die moralischen, ethischen Empfindungen beim Mädchen so zu gestalten, daß sie in einem gewissen Sinn auf das Ästhetische hinzielen. Besondere Rücksicht muß man darauf nehmen, daß dem Mädchen das Sittliche, Gute und das Religiöse vorzüglich gefällt, daß das Mädchen einen ästhetischen Genuß hat an dem Sittlichen, Guten und dem Religiösen, an demjenigen, was es als religiöse Vorstellung aufgenommen hat. Das Mädchen soll Gefallen haben an der übersinnlichen Durchsetztheit der Welt, und es soll besonders reichlich versehen werden in seiner Phantasie mit Bildern, welche das Durchgöttlichtsein der Welt ausdrücken, und welche das Schöne ausdrücken, was am Menschen ist, wenn er ein guter, ein sittlicher Mensch ist.

Beim Knaben ist es notwendig, daß wir in ihm Vorstellungen erwecken, welche mehr nach der Kraft hintendieren, die im religiösen Leben und im Ethischen wirkt. Beim Mädchen sollen wir das Religiöse und Sittliche bis ins Auge treiben, beim Knaben vorzugsweise das Religiöse und Schöne in die Beherztheit hineintreiben, eben in das Kraftgefühl, das aus ihnen ausstrahlt. Natürlich dürfen wir die Dinge nicht ins Extrem treiben und glauben, daß wir das Mädchen bloß zu einer ästhetischen Katze erziehen sollen, die alles bloß ästhetisch ansieht, und den Knaben bloß zu einem Rüpel erziehen sollen, was ja dann entsteht, wenn wir seinen Egoismus aufstacheln durch allerlei von Kraftgefühl, das wir ja erwecken sollen, aber in Anlehnung an das Gute, das Schöne und Religiöse.

Wir müssen verhindern, daß das Mädchen oberflächlich wird, ein falscher Schöngeist wird in den Lümmel- und Flegeljahren. Und beim Knaben müssen wir verhindern, daß er in den Lümmel- und Flegeljahren ein Rüpel wird. Das ist dasjenige, was nach beiden Seiten hin gewissermaßen droht. Und man muß wissen, daß diese Tendenz nach der einen und anderen Seite hin durchaus vorhanden ist, so daß wir wirklich die ganze Volksschulzeit hindurch Rücksicht nehmen müssen, beim Mädchen vieles dahin zu lenken, daß ihm das Gute gefällt, daß ihm das Religiöse auch einen gewissen ästhetischen Eindruck macht, während wir beim Knaben dahin wirken sollen, daß wir ihm immer beibringen: Sieh mal Junge, wenn du das tust, dann straffen sich deine Muskeln, dann wirst du ein tüchtiger Kerl. – Das Durchgöttlichtsein muß beim Knaben auf diese Weise sogar rege gemacht werden.«[1]

Es erscheint mir fraglich, ob WaldorfpädagogInnen verstehen, was Steiner hier meinte, damit sich die Muskeln der Knaben straffen. Immerhin ist aus der Praxis seiner Waldorfpädagogik bekannt, daß Steiner nicht das Muskeltraining beim Fußballspielen meinte, und auch das Turnen nicht so gerne sah, schon gar nicht den Leistungssport (das Turnen sollte zugunsten der Eurythmie auf eine halbe Stunde begrenzt werden). Fußballspielen ist deshalb verboten, weil es die Jungen verroht (was tatsächlich in unserer künstlich geschaffenen Fußballfieber-Ersatzkultur stimmt).

Steiner macht sensible Unterschiede zwischen der Mädchen und Jungenerziehung, auch wenn er diese dann zwischen Frauen und Männern in einem zukünftigen Eingeschlechterwesen wieder aufhebt.

Seine koedukative Erziehung war zum damaligen Zeitpunkt jedenfalls sehr fortschrittlich.

Er stieß bei Gründung seiner ersten Waldorfschule (1919) bei so manchem auf lautstarken Protest, als er für die Koedukation von Mädchen und Jungen eintrat, denn die Geschlechtertrennung in der Erziehung war fest etabliert. Es gab überwiegend Jungen und auch einige Mädchenschulen, die gemeinsame Erziehung war verpönt, obwohl nach dem Krieg, der Not gehorchend, auch gemischtgeschlechtliche Schulen existierten.

Und neben der überwiegend streng verfochtenen Geschlechtertrennung gab es zusätzlich die Trennung der konfessionellen Schulen. So

---

[1] Zur religiösen Erziehung, a.a.O., S. 85

durfte doch kein Katholik oder keine Katholikin auf eine evangelische Schule gehen und umgekehrt.

Steiner hat deshalb mit seiner ersten Waldorfschule eine sehr moderne, fast revolutionäre Pädagogik vertreten, ähnlich wie manch andere Reformpädagogen seiner Zeit. Doch zu seinem Plädoyer für eine koedukative Schule kam weiterhin, neben der Einführung des Freien christlichen, anthroposophischen Religionsunterrichtes, seine Gleichbehandlung der Geschlechter im Handarbeitsunterricht, in dem die Jungen bis heute stricken und häkeln lernen.

Und selbst im Turnunterricht sollten keine Unterschiede zwischen Jungen und Mädchen gemacht und diese gemeinsam unterrichtet werden.

Das, was damals sehr fortschrittlich bis revolutionär war, ist heute (mit Ausnahme des Handarbeitsunterrichts) jedoch nach den Erkenntnissen der neusten Studien zur Geschlechtererziehung überholt.

So erkennen immer mehr WissenschaftlerInnen, daß die koedukative Erziehung besonders in den naturwissenschaftlichen Fächern auf Kosten der Mädchen geht, weil Jungen dazu neigen, die Mädchen hier zu unterdrücken. Doch auch in anderen Unterrichtsfächern fallen sie dadurch auf, daß sie mehr Aufmerksamkeit der Lehrkräfte beanspruchen, stärker ihre Interessensgebiete und Themen durchsetzen und bei den Mädchen oftmals durch ihr überrollendes Verhalten Minderwertigkeitsgefühle erwecken.[1] Und dies geschieht zum Leidwesen der betroffenen Mädchen mit der Unterstützung ihrer Geschlechtsgenossinnen selbst, weil den Jungen ein höherer Wert in unserer Gesellschaft zukommt. So mußten die Wissenschaftlerinnen folgender Studie resigniert bekennen:

»Was auch immer Lehrer/innen ihrer Ansicht nach tun, unter den weiblichen und männlichen Schülern besteht Übereinstimmung darüber, daß Jungen als wichtiger gelten als diejenigen, die maßgebend sind und mehr Aufmerksamkeit verdienen, und diese Überzeugung der Schüler/innen hebt das Selbstbewußtsein der Jungen (die sich dadurch noch mehr zu Wort melden und mehr Aufmerksamkeit beanspruchen) und unterminiert das Selbstvertrauen der Mädchen (die noch weniger

---

[1] vgl. Spender, Frauen kommen nicht vor, a.a.O., S. 93

sagen und noch weniger Aufmerksamkeit beanspruchen). Diese Lektionen werden vom Kindergarten bis zur Hochschule in den Klassenzimmern gelernt. Lehrer/innen, die die Erkenntnis vermitteln, Jungen seien wichtiger als Mädchen, sind keine bösartigen und grausamen Menschen, die bewußt eine sexistische Gesellschaft erzeugen oder reproduzieren wollen: Viele mögen sich im Gegenteil bewußt bemühen, den Sexismus zu bekämpfen. Wenn ich und viele andere aktiv versucht haben, unsere Verhaltensmuster im Unterricht zu ändern, wenn wir uns bemühten, den Prozentsatz der mit den Mädchen zugebrachten Zeit zu erhöhen, anderes Lehrmaterial zu benutzen und andere Themen zur Diskussion zu stellen, dann sind wir dabei oft und aus zahlreichen Gründen kläglich gescheitert. Ein Grund dafür ist, daß der Sexismus so allgegenwärtig und unserer Betrachtungsweise der Welt so inhärent ist, daß wir uns manchmal nicht das Ausmaßes bewußt sind, in dem er unsere Handlungen beherrscht, so daß selbst dann, wenn wir das Gefühl haben, gerecht und fair zu sein oder sogar die Mädchen zu bevorzugen, die empirischen Daten das Gegenteil beweisen können.«[1]

Infolge dieser und anderer Beobachtungen, wie z. B., daß Jungen Mädchen aktiv bei ihrer spezifischen Art zu Lernen behindern[2], kamen schließlich mehrere WissenschaftlerInnen zu dem Ergebnis, daß eine Mädchenschule für die Förderung der Mädchen viel besser ist. (Nicht umsonst hat die erste Frau Amerikas, Hillary Clinton, ein elitäres Mädchencollege besucht, eines mit den besten Collegeabsolventinnen der USA) Denn nur in einer »jungenfreien Zone« können Mädchen besser ohne Hemmungen und störungsfreier lernen, Fragen stellen und soviel Aufmerksamkeit beanspruchen, wie sie für einen effektiven Lernerfolg brauchen. Die oftmals nervenaufreibenden Disziplinierungen fallen zugunsten der Stoffaufnahme auch weitgehend weg, so daß die Lernoptimierung sehr gut ist.

An einer Jungenschule sieht es dagegen völlig anders aus, denn dort fehlt das sozialisierende Element: die Mädchen, die die Jungen beruhi-

---

[1] Spender, Frauen kommen nicht vor, a.a.O., S. 93
[2] vgl. Franziska Stalmann, Die Schule macht die Mädchen dumm, Die Probleme mit der Koedukation, München 1991 und dies., Gewalt durch Sprache, Die Vergewaltigung von Frauen in Gesprächen, Frankfurt am Main 1984

gen, bändigen, sanfter machen und diese allein durch ihre Anwesenheit ein Stück weit in ihre Grenzen verweisen.

Und das wissen die männlichen Pädagogen, viele plädieren deshalb *gegen* die erneute Geschlechtertrennung an Schulen, die sie für immer abgeschafft zu haben glaubten.

In diesem Kontext betrachtet, würde die Waldorfpädagogik gut daran tun, sich nicht diesen Erkenntnissen gegenüber zu verschließen und ihre Schulpolitik auf die Ergebnisse dieser Untersuchungen abzustimmen und zumindest in manchen Fächern einen getrenntgeschlechtlichen Unterricht zu ermöglichen.

Ob die AnhängerInnen Steiners sich hierin jedoch einsichtig zeigen, ist zu bezweifeln, da Steiner zur Koedukation Folgendes schreibt:

»Die Waldorfschule ist eine Schule für Knaben und Mädchen, und damit ist zu gleicher Zeit zwei Zielen, wie mir scheint, gedient. Das eine Ziel ist dieses, aus der gesamten menschlichen Wesenheit heraus den Unterricht zu gestalten. Hat man nur Knaben, so muß notwendigerweise nach und nach der Unterricht einseitig werden. Auf der anderen Seite aber kann auch durch das Zusammensein der Knaben und Mädchen das für das soziale Leben notwendige Verständnis von Mensch zu Mensch erzielt werden. Ein solches Verständnis muß ja insbesondere in unserer Zeit schon aus dem Grunde in der Erziehung berücksichtigt werden, weil ja die Frau in unserer sozialen Ordnung nunmehr sich ihre Stellung schon erstrebt hat oder zu streben sich bemüht. So rechnet also eigentlich die Pädagogik, von der die Waldorfschule ausgeht, auch mit den modernen sozialen Bestrebungen in dieser Beziehung. Dadurch ist manches in der Waldorfschule in Gemeinsamkeit von Knaben und Mädchen zu pflegen, woran sonst das eine oder das andere Geschlecht gar nicht herankommt. [...] Und so können Sie bei uns in der Waldorfschule nebeneinander sitzen sehen in dem sogenannten Handarbeitsunterricht Knaben und Mädchen strickend und häkelnd. [...] Nicht so sehr, um diese verschiedenen Künste den Knaben beizubringen, lassen wir sie pflegen, sondern vor allen Dingen darum, daß nach allen Richtungen hin Verständnis entsteht.«[1]

---

[1] Rudolf Steiner, Gegenwärtiges Geistesleben und Erziehung (GA 307), Dornach 1927, S. 198 f.

Daß nach allen Richtungen hin Verständnis entsteht, wäre dringend erforderlich.

Steiners Zeitgenosse Dr. Hövels hat im Hinblick auf die Koedukation Steiners seine eigene Theorie. Er schreibt:

»Die Anthroposophen halten einen Ausgleich in der verschiedenen Äußerung der Geschlechtsreife für angebracht, um einer verderblichen Einseitigkeit für das spätere Zusammenleben entgegenzuwirken. Deshalb verlangen sie einen gemeinsamen Unterricht von Knaben und Mädchen. Sie behaupten, daß Männerliebe einen ausgesprochenen Wunschcharakter habe, während Frauenliebe mehr von der Phantasie ausgehe. Beide Arten der Liebe müßten sich ergänzen, die Frau solle in die Liebe das göttliche Ideal hineinweben.«[1]

Das versuchen zumindest manche Mütter von WaldorfschülerInnen auf besondere Weise, wie ich im letzten Kapitel noch zeigen werde.

Doch auch oder gerade an Waldorfschulen wäre es endlich an der Zeit, bestimmte Lehrinhalte auf ihre überholten Rollenbilder hin zu überprüfen, denn eine typische Kleinfamilie ist in einem Staat, in dem jeder zweite in vielen Großstädten als Single und jede dritte Frau als alleinerziehende Mutter lebt, bestimmt nicht das einzige Lebensmodell mit Vorbildcharakter für die Entwicklung zum höheren Menschen.

Doch die intakte Familienstruktur wird bei Neuanmeldungen an Waldorfschulen immer wieder vorausgesetzt. So stellt der kritische Waldorflehrer Moritz in seiner neu erschienenen Dissertation fest:

»Bis in die Struktur des Unterrichts geht eine Waldorfschule häufig davon aus, daß eine intakte Familie mit einer voll verfügbaren Person (meist die Mutter) vorliegt. Aus manchen Gesprächen mit Alleinerziehenden ergab sich, daß diese Tatsache als wesentlich von Klassenlehrern angesehen wird. Der geänderten Familiensituation, dem Anwachsen der Stieffamilien und der Alleinerziehenden kann nicht nur mit Hortangeboten entgegenkommen werden, sondern es bedarf einer eingehenden Hinterfragung des vom Elternhaus erwarteten und zu er-

---

[1] K. Hövels, Beiträge zur Kritik der anthroposophischen Welt- und Lebensanschauung und kritische Beleuchtung der anthroposophischen Unterrichtslehre, Kaldenkirchen 1926, S. 26

wartenden Unterstützungssystems, besonders wenn der Zeitraum des Klassenlehrers in die Oberstufe hinein überschritten wird.«[1]

Auch die Zeit der männlichen Ritterlichkeit und der »spinnenden Mädchen« ist vorbei, selbst wenn Steiner damals noch mit seinem Seelenauge diese Rollenverteilung beobachtet hat:

»Die Differenzierung zwischen Knaben und Mädchen tritt schon von selber ein. Dafür muß man auch wiederum ein Auge haben, ein Seelenauge nämlich. Zum Beispiel tritt etwas ein, dessen Psychologie, weil ich ja doch nicht genug Zeit in der Waldorfschule selber zubringen kann, noch erforscht werden wird. Es tritt das Eigentümliche ein, daß beim Spinnen es sich herausstellt, daß die Mädchen sehr gerne spinnen; die Knaben wollen auch ganz gerne dabei sein, aber sie wollen nur den Mädchen die Dinge zutragen, sie wollen Ritterdienst leisten. Sie bringen gerne alles herbei, was dann die Mädchen verspinnen; sie machen lieber die vorbereitenden Arbeiten. Das hat sich herausgestellt, und das muß nun erst psychologisch erforscht werden, daß sich in dieser Weise die Dinge differenzieren.«[2]

Die Waldorfschulen sind dafür bekannt, daß jedes Schuljahr, das die Kinder absolvieren, unter einer bestimmten Zeitepoche steht. Beispielsweise wird in der fünften Klasse das Griechentum nachempfunden, d. h. griechische Götter und Göttinnen, das kulturelle Leben der Griechen wird gespielt und somit verinnerlicht.

»Die 2. Epoche sollte so weit am Ende des 5. Schuljahres liegen, daß der Erzählstoff – griechische Götter- und Heldensagen – weitgehend behandelt ist. Auf diese Weise ist ein Bezug zu der Götterwelt und zu dem Orakel von Delphi bereits hergestellt. Wenn kein Unterricht in der griechischen Sprache erteilt wird, ist zu empfehlen, im Anfangsteil des Hauptunterrichtes kurze Texte in griechischer Sprache zu rezitieren. Das griechische Alphabet sollte gelernt und in das Epochenheft geschrieben werden.«[3]

---

[1] Hans Moritz, Waldorfpädagogik und Existenzanalyse, Verträglichkeit und Ergänzung von Menschenbild und Erziehungsvorstellung, Nürnberg 1996, S. 199

[2] Das Dritte Jahrsiebt, Ausführungen Steiners in seinen päd. Vorträgen, zusammengestellt durch Dr. Hans Rebmann, Stuttgart 1977, S. 62

[3] Zur Unterrichtsgestaltung im 1-8. Schuljahr an Waldorf-/Rudolf Steiner Schulen, Gemeinsames Projekt der Pädagogischen Sektion am Goetheanum und der Päd-

Obgleich Steiner die staatlichen Schulen kritisierte, sie würden zu welt-fremd auf andere Kulturen blicken und eine Überbetonung besonders der griechisch-lateinischen Kultur vornehmen, die den Kindern fremd ist, steht er ihnen, wie bereits erwähnt, in nichts nach. Denn auch Stei-ner war es wichtig, einem griechischen Erziehungsideal nachzueifern, und davon ein Übermaß in seine Pädagogik zu integrieren. So glaubte er, durch die Eurythmie die in Griechenland zelebrierten eleusinischen Mysterien als eine Form griechischer Tanzkunst wiederzubeleben. Da-her etablierte er an Waldorfschulen das Fach Eurythmie (Tanzbewe-gungskunst, der Sprache nachempfunden) als Pflichtfach.

Die durchsichtigen Bühnen- und Eurythmiegewänder haben eine auf-fallende Ähnlichkeit mit den griechischen und römischen Gewändern, (Tunika und Stola), wie man sie früher trug.

Steiner selbst zur griechischen Erziehung:

»Das griechische Kind wurde bis zu seinem siebenten Lebensjahr im Hause aufgezogen. Die öffentliche Erziehung kümmerte sich erst vom siebenten Lebensjahr ab um das Kind. Im Hause wurde das Kind auf-gezogen, in dem ja auch die Frauen lebten, zurückgezogen von dem all-gemeinen sozialen Treiben der Männer. [...] Bis zu diesem siebenten Lebensjahr wächst und gedeiht der Mensch – man möchte sagen – na-turhaft. [...] Der Grieche – und das ist das Erstaunliche – der Grieche wußte um diese Wahrheit. Denn das galt bei ihm als ein ganz festes Ge-bot: Der Knabe muß dem Elternhaus entnommen werden, dem rein natürlichen, elementar selbstverständlichen in der Erziehung, wenn er das siebente Lebensjahr überschreitet. [...] Wenn ich Ihnen gestern das griechische Erziehungsideal vor die Seele zu stellen versuchte, so konnte das nur in der Absicht geschehen, eben ein Ideal hinzustellen, um an diesem Ideal diejenigen Anschauungen anregen zu lassen, wel-che unser gegenwärtiges Erziehungs- und Unterrichtssystem beherr-schen müssen.«[1]

Wie wichtig es Steiner ist, daß der Mensch, der hier automatisch mit dem Knaben identifiziert wird, zunächst geschützt nur unter Frauen

agogischen Forschungsstelle beim Bund der Freien Waldorfschule, Arbeitshilfen für den Hauptunterricht, Überblick über den Fachunterricht, Anregungen zur Klassen-führung und zur Elternarbeit, Dornach o. J. (ca. 1995 erschienen), S. 141

[1] Steiner, Gegenwärtiges Geistesleben und Erziehung (GA 307), a.a.O., S. 35 ff.

aufwächst, und wie er das »naturhafte« Gedeihen betont, zeigt doch, daß er der Frau eine größere Naturnähe zugesteht als dem Mann.

Allerdings ist sein Anliegen problematisch, wenn er die Frau und den Mutterschoß allein mit dem »reinen Instinkt« identifiziert, denn sonst könnte er nicht sagen:

»Die Frauen lebten zurückgezogen von dem, was eigentlich griechische Kultur in den Impulsen aus erster Hand machte. Und dieses zurückgezogene Leben machte auch einzig und allein möglich, daß das Kind bis zum siebenten Jahre dem reinen Instinkt im Hause überlassen worden ist. Denn dieser Instinkt wurde dadurch ohne alles Wissen gepflegt. Aus einem menschheitlichen Instinkt heraus wurde das Kind durch die elementaren Kräfte seines Wachstums bis zum Zahnwechsel hingeführt. Man möchte sagen: Es war notwendig, daß ebenso unbewußt, wie durch die Naturkräfte das Embryonal-Leben des Kindes abläuft, ebenso unbewußt, wenn auch um einen Grad verschieden, das Leben bis zum Zahnwechsel in dem weiteren Schoße der Familie, der den Mutterschoß ablöste, sich entwickelte. Das war die zweite Notwendigkeit. (/Und die dritte Bedingung ist für den modernen Menschen sogar etwas paradox. [...] Und würden wir noch so Griechen sein wollen, wie es die Griechen waren, mit dem ausschließlichen Interesse der Männer an diesem bewußten Erziehungswesen, dann möchte ich einmal sehen, wie klein dieses Auditorium wäre, wenn es nur besucht sein sollte von den Männern, die sich für die Erziehung interessieren dürfen!/)«[1]

Immerhin erkennt er hier, daß die Männer sich zu seiner Zeit, im Gegensatz zu den Griechen damals, weniger um die Erziehung der Kinder kümmerten, weniger Interesse dafür aufbrachten. Allerdings ist es falsch, wenn er sagt, daß die griechischen Männer sich ausschließlich für die Erziehung interessierten, ohne gleichzeitig zu betonen, daß es den Frauen ja verwehrt war, über die Kindererziehung nach dem 7. Lebensjahr überhaupt nachzudenken und sich zu kümmern.

Doch zum Glück thematisiert er nachfolgend, daß es sich bei den Griechen um einen reinen Männerstaat gehandelt hat, in dem die Frauen nichts zu sagen hatten, keine politische Mitbestimmung besaßen und

---

[1] Steiner, Gegenwärtiges Geistesleben und Erziehung (GA 307), a.a.O., S. 40 ff.

bekanntlich nicht an den berühmten Olympischen Spielen teilnehmen durften.

Er kritisiert:

»Der ›Pädagoge‹ ist ein Knabenführer. Er bezeichnet uns von vornherein, wie der Grieche aus einer menschlichen Einseitigkeit heraus erzogen und unterrichtet wurde. Er schloß die Hälfte der Menschen ganz aus von dem, was man in vollem Ernste als Erziehung und Unterricht auffaßte. Für den Griechen war eigentlich nur ein Mann der Mensch, und das weibliche Wesen mußte sich still zurückziehen, wenn es sich um ernsthafte Pädagogik handelte, denn der Pädagoge ist seinem Namen nach ein Knabenführer. Er ist nur für das männliche Geschlecht da. [...] So mußte für uns maßgebend werden, vor allen Dingen diese Einseitigkeit gegenüber dem allgemein Menschlichen abzustreifen. Wir mußten dasjenige, was der altgewohnte Name Pädagogik in sich schließt, von vornherein verraten, wollten wir eine der Gegenwart gemäße Pädagogik hinstellen. [...] Es war ja nicht nur die Einseitigkeit: männliches und weibliches Geschlecht, es waren gerade auf dem Gebiete der Pädagogik unzählige Einseitigkeiten da. Kam denn nach den alten Prinzipien der allgemeine Mensch zum Vorschein, wenn die Erziehung, der Unterricht abgeschlossen war? Nie! Heute ist aber die Menschheit durchaus auf dem Wege nach der Suche des Menschen, der reinen, ungetrübten, undifferenzierten Menschlichkeit.«[1]

Leider erkennt Steiner auch hier mit Hilfe der Akasha-Chronik nicht, daß die »undifferenzierte Menschlichkeit« immer noch eine Orientierung am Männlichen war und ist. Denn eine gerechte Erziehung erfordert zunächst, daß die Unterschiede der Geschlechter wahrgenommen werden, was nicht heißt, daß Männer diese Unterschiede nach ihrem Gutdünken festlegen, und die Geschlechter rollenspezifisch erzogen werden sollten. Es geht zunächst einmal um die Feststellung der tatsächlichen Bedürfnisse und besonderen Fähigkeiten von Mädchen, damit sie adäquat gefördert und nicht einfach an männliche Bedürfnisse angepaßt und in die männliche Erziehung nur hineingenommen werden.

---

[1] Steiner, Gegenwärtiges Geistesleben und Erziehung (GA 307), a.a.O., S. 3 f.

An dieser Stelle möchte ich ergänzend hinzufügen, daß Steiner zwar auf die geschichtlich unterprivilegierte Stellung der Frau in Griechenland hingewiesen hat und für eine Gleichstellung und Koedukation von Mädchen und Jungen in »seiner Pädagogik« eintrat, daß er jedoch nicht mehr dazu kam, sich über die weiterhin bestehenden inhaltlichen und geisteswissenschaftlichen Probleme Gedanken zu machen, die sich daraus ergeben, daß Mädchen weiterhin einseitig über männliche Inhalte, Fragestellungen und Probleme nachdenken mußten.

Wenn Steiner auch für eine gemischtgeschlechtliche Erziehung in seiner Waldorfschule eintrat, so deshalb noch lange nicht für eine gleiche gymnasiale Bildung, die er geradezu scharf kritisierte. Er ist eben nicht für gleiche Bildungschancen für Frauen und Mädchen eingetreten, wie sie die Frauenbewegung damals forderte. Ja, er lehnte die griechisch-lateinische Gymnasialbildung sogar für Mädchen ab, weil er meinte, daß die Frauen ihre Intelligenz »auf eine ursprüngliche Note« zu stellen hatten[1]. Wahrscheinlich sollten alle Kinder zukünftig nur auf seine Waldorfschulen gehen.

Auf diesen problematischen Ansatz habe ich im vorherigen Kapitel bereits hingewiesen, da er oftmals von Männern dazu benutzt wurde, Frauen einfach von ihren Refugien fernzuhalten. Außerdem müssen die Frauen dies letztlich selbst für sich entscheiden, was Steiner andererseits ja ebenfalls für sie gefordert hat.

Zusammenfassend läßt sich sagen:

Zur damaligen Zeit für eine gemeinsame Erziehung von Mädchen und Jungen einzutreten, kam einer pädagogischen Revolution gleich, da sich die Vorurteile sehr hartnäckig in den Köpfen der Menschen (insbesondere der Männer) hielten. Es hieß: Mädchen brauchen keine teure und ordentliche humanistische Ausbildung, sie heiraten ja sowieso, eine hauswirtschaftliche Schule wäre bei ihnen viel sinnvoller. Von anderen Vorurteilen der Menschen, die die Wortlaute Weiningers und Möbius verinnerlicht haben, will ich hier mal absehen, sie grassierten jedoch auch in den Köpfen, insbesondere der Männer. Und zu Steiners Zeit gab es überwiegend Jungengymnasien.

---

[1] Steiner, Die Erziehungsfrage als soziale Frage (GA 296), a.a.O., S. 108 f.

Die Mädchen gingen auf Mädchenschulen, denen oftmals ein hauswirtschaftlicher Zweig angeschlossen war. Bis in die 50er Jahre hinein sprach man bei Mädchen vom »Puddingabitur«, das die meisten absolvierten, wenn sie auf die höhere Schule gehen durften, da diese höheren Schulen sich immer noch von denen der Jungen unterschieden. Es war leider nur wenigen vergönnt, genauso wie die Jungen, dieselbe Bildung zu genießen.

Steiners Forderung auf diesem geschichtlichen Hintergrund zu sehen, macht Sinn, will Frau seine pädagogische Sprengkraft beurteilen, die diese Forderung damals bedeutete.

AnthroposophInnen heute sind jedoch aufgefordert, sich über die gewandelten erziehungswissenschaftlichen Erkenntnisse unserer Tage Gedanken zu machen und von der androzentrischen Perspektive abzurücken.

Dies wäre auch ganz im Sinne Steiners, denn er schreibt:

»Die griechische Erziehung können wir bewundern. Sie ist aber an drei Vorbedingungen geknüpft: An das antike Sklaventum, an die antike Stellung der Frau, an die antike Stellung der spirituellen Weisheit und des spirituellen Lebens. Alle drei sind heute nicht mehr da, würden heute nicht mehr als menschenwürdig angesehen werden. *Wir leben in einer Zeit, in der die Frage entsteht: Wie müssen wir erziehen, wenn wir uns bewußt sind, daß diese drei Vorbedingungen gerade durch den Fortschritt der Menschheit hinweggeräumt sind? So müssen wir auf die Zeichen der Zeit hinsehen, wenn wir aus inneren Gründen heraus den richtigen Impuls für moderne Erziehung gewinnen wollen.*« [Hervorhebung J. W.][1]

Dieser letzte Satz von ihm läßt hoffen, daß den WaldorfpädagogInnen bewußt wird, daß eine Wandlung der Waldorferziehung ganz im Sinne ihres Meisters wäre. Es ist an der Zeit, die überholten Rollenbilder zu hinterfragen und dafür Sorge zu tragen, daß die Lehrinhalte gleichermaßen den Bedürfnissen der Mädchen entsprechen, was längst nicht der Fall ist.

Erst dann sind die folgenden Worte Steiners verwirklicht:

---

[1] Steiner, Die Erziehungsfrage als soziale Frage (GA 296), a.a.O., S. 42 f.

»Der Fortschritt des Menschen besteht zum Teil darinnen, daß er nicht mehr eine ohne sein Zutun ihm geoffenbarte Urweisheit bekommt, daß er sich durch seine eigene Arbeit seine Weisheit erringen muß.«[1]

Erst mit dieser Wandlung können wir uns auf jene Idee Marie Steiners zubewegen, deren Umsetzung noch in der Ferne liegt. Sie träumte davon: »Der Mensch steht im Mittelpunkt dieser Erziehung, nicht mehr der Knabe und der Mann; der Mensch, nicht mehr die Konfession; der Mensch, nicht mehr Standes- oder Klassengeist. Allgemeine Menschheitserziehung, herausgeholt aus den Notwendigkeiten der Zeit, mit Überwindung des Standes- und Geschlechtsunterschiedes und der Konfessionen: mit Berücksichtigung aller Anforderungen, die heutige Zeit an den Menschen stellt: das ist, was die Gegenwart braucht und erwartet.«[2]

Die Streitfrage entzündet sich jedoch immer wieder an der Einschätzung der momentanen Situation, nämlich ob der Zeitpunkt nicht zu früh ist, von einer Geschlechtergleichheit im Geiste auszugehen, die ja physisch gar nicht vorhanden ist und auch nie vorhanden sein wird, wenn wir mal Steiners Hoffnung, uns zukünftig in ein Wesen mit zwei Geschlechtsmerkmalen zu verwandeln, absehen.

Demgegenüber wäre es vielmehr nötig, gerade im Hinblick auf eine gerechte »Gleichbehandlung«, die Unterschiede zwischen den Geschlechtern herauszustellen und sie nicht in einem »neutralen« Geiste auflösen zu wollen, wie sowohl Steiner als auch Marie Steiner dies beabsichtigen. Die Ganzheitlichkeit eines Menschen entsteht doch erst dadurch, daß in der Erziehung nicht nur auf die vorhandenen Unterschiede Rücksicht genommen wird, sondern daß sie Möglichkeiten bietet, auch Eigenschaften des gegengeschlechtlichen Pols zu entfalten.

Und die Forderung Marie Steiners, uns mit allem zu verbinden, was menschlicher Geist geschaffen hat, würde dann zu kurz greifen, wenn es sich bei der Anpassung um einen ausschließlich männlichen Geist handeln würde, sowie unser Gottesbild ja auch einseitig männlich besetzt ist.

---

[1] Steiner, Die Erziehungsfrage als soziale Frage (GA 296), a.a.O., S. 42

[2] Marie Steiner, in: Rudolf Steiner, Gegenwärtiges Geistesleben und Erziehung (GA 307), a.a.O., S. XXX

3   Geschlechtsspezifisches Lehrverbot: Fußball

Das Fußballverbot ist ein typisches Merkmal der Waldorfpädagogik, es soll deshalb herausgegriffen werden, um die Waldorfschule als Kaderschmiede des neuen Mannes erkennbar werden zu lassen. Denn so könnte gefragt werden: Ist die Waldorfschule nicht vielleicht eine Schulungsstätte der weichen, weiblichen Seite im Manne? Denn er erlernt hier alles Schöngeistige, das Tanzen in der Eurythmie in durchsichtigen, weiten Gewändern, das Musizieren, z. B. Harfe, Leier oder Violine, und zudem noch typisch weibliche Fertigkeiten wie Häkeln und Stricken. Interessanterweise entsprechen die anthroposophischen Begründungen für das Fußballverbot jedenfalls einem feministischen Anspruch. Denn sowohl hier als auch dort wird die Heranzüchtung des in den Medien propagierten starken, brutalen und leistungsorientierten Machomannes abgelehnt und zu verhindern versucht.

Die Waldorfschulpädagogik ist dafür bekannt, daß sie sich, trotz der massiven öffentlichen Gegentrends in den Medien, für die Mißbilligung des Fußballspiels ausspricht. Aus feministischer Sicht fällt auf, daß hier, wie bei keinem anderen Thema, sehr viele Berührungspunkte vorliegen.

Aus anthroposophischer Perspektive werden folgende Gründe gegen das Fußballspielen angeführt:

Es brutalisiert und verroht das menschliche Empfinden,
denn Fußball nimmt in der Rangskala der verletzungsträchtigen Sportarten einen vorderen Platz ein. »Wie kaum eine andere Sportart zählt Fußball (obwohl es Damenfußball gibt) zu den dominant maskulinen Disziplinen, in denen sich psychische und soziale Formen der Aggression und Gewalt (›Macho-Allüren‹) relativ ungehindert ausleben können. Ein Niederschlag der Brutalisierungstendenz ist im typischen Fußballer-Jargon erkennbar. Der spezifische Zungenschlag ist gewaltförmig und militant: ›Nach dem Schlachtplan ihrer Generäle rollen da Panzer übers Spielfeld, belagern Stürmer den gegnerischen Strafraum, werden Stoßkeile in die Deckung getrieben, wird über die Flügel attackiert, das Tor mit einer Dauerkanonade bestrichen [...]«[1]

---

[1] Erziehungskunst, Monatsschrift zur Pädagogik Rudolf Steiners, 3/März 1997, S. 251

Interessant ist hier allerdings, daß dieser militante Zungenschlag nach Ansicht von Barz angeblich auch in der Sprache mancher Waldorflehrer zu finden ist, auch ohne die Antizipation des Fußballjargons.[1]

Animalisierungstendenzen im Fußballspiel

Das bekannteste waldorfpädagogische Argument gegen das Fußballspiel wird mit der anthroposophischen Anthropologie begründet. Diese teilt den Menschen in den Kopfbereich mit dem Sinnesnervensystem (Denken), den Brustbereich mit dem rhythmischen System (Fühlen) und einem unteren Bereich mit dem Stoffwechselgliederungssystem (Wollen) ein. Nach anthroposophischen Gesichtspunkten sind nun gerade die Hände die Organe, die eine handwerkliche und kulturelle Entwicklung des Menschen ermöglicht haben. Die Arme und die Hände werden als spezifisch »human« angesehen. Beim Fußballspiel dagegen ist der Einsatz der Hände verboten. Statt dessen geht es um den verstärkten Einsatz der Füße, die nach der Dreigliederung der AnthroposophInnen stärker den Willenspol und mit ihm die triebhafte Seite des Menschen zum Ausdruck bringt.

---

[1] »Von Zeit zu Zeit müssen Lehrer ein bißchen Aufrüsten (durch Steiner-Lektüre).
Der Morgenspruch hat u. a. die Funktion ›als christliche Schule Flagge zu zeigen.
Interne Manöverkritik gilt pädagogischen Fehlern.
Der Waldorflehrer steht ›nackt vor der Phalanx‹, da er über keine Notenschraube verfügt.
Du gewöhnst dich daran, Menschenfleisch zu essen - wenn der Unterricht zu streng geführt wird.
Klassen können bisweilen offenen Widerstand praktizieren.
Bei Theaterproben kann der Schüler mal richtig in die Zange genommen werden.«
(Barz, Anthroposophie, a.a.O., S. 205)
AnthroposophInnen argumentieren im Hinblick auf die Ablehnung des Fußballsports weiter, daß der Fußballsport wie kein anderer eine Fankultur erzeugt, in der gewalttätige Ausschreitungen an der Tagesordnung sind und bereits als »normale« Begleiterscheinung hingenommen wird. Für viele männliche Fußballfans ist ein Fußballmatch ein gesuchter Anlaß, Randale und Krawalle zu inszenieren. »Von Anfang an war das Fußballspiel belastet mit Negativ-Rekordbilanzen bezüglich gewalttätiger Zuschauerausschreitungen: 1964 starben 350 Fans in Lima, 1968 waren es 73 in Buenos Aires, 1969 fand der Fußballkrieg zwischen Honduras und Salvador statt, 66 Tote 1971 in Glasgow, 1979 in Hamburg: 62 Schwerverletzte; 38 Tote, zahllose Verletzte und Schwerverletzte 1985 in Brüssel...« (Erziehungskunst, März 1997, a.a.O., S. 251)

Der Mensch wird aus anthroposophischer Sicht auf seine Gliedmaßen-organe reduziert. Mit dieser Möglichkeit, durch Kopfstöße Tore zu erzielen und den Ball zu kicken, erhält das Haupt die Bedeutung eines dritten Fußes.

»Aus diesem Blickwinkel wird leicht verständlich, daß es sich beim Fußball um eine ausgesprochene Männersportart handelt. Der mittlere (Gefühls-)Bereich ist ausgeschaltet; was zählt ist das Kopf- und Beinspiel. Auch läßt sich die Popularität des ›Kopffüßlerspiels‹ Fußball in unserer patriarchalen Welt leicht erklären.«[1]

Fußball als Ausleben eines archaischen Beutejägerinstinkts

Hierbei wird davon ausgegangen, daß in dem Fußballspiel und seinem praktizierten Fankult archaische Verhaltensweisen anzutreffen sind, die sich in prähistorischen Eingeborenenstämmen zum Teil bis heute erhalten haben. Hierzu zählt z. B. der Aufbau eines Fußball-Clubs, der analog zum Stamm mit Stammesältesten, Medizinmännern, Helden, Schlachtenbummlern und anderen Stammesangehörigen aufgebaut ist. Ähnlich wie primitive Stämme zeichnen sich auch die Fans durch lautstarken Kriegsgesang, farbige Schaustellungen, irrationalen Aberglauben und magische und kuriose Bräuche aus.

Der moderne Fußballspieler lebt als Torjäger seine prähistorischen Instinkte aus, die er als Beutejäger auf der Jagd früher in prähistorischen Zeiten ausgelebt hat.

So beschreiben Fußballer auf dem Schlachtfeld, wie sie von atavistischen Instinkten gepackt werden und von Jagdfieber befallen werden.

»Im Leben eines Torjägers wird in den 90 Minuten der Ball zur Waffe, mit der er auf die Beute (das Tor) zielt und schießt. Um den ›Jagdgott gnädig zu stimmen‹, werden von den Fußballern und ihren Anhängern eine Unzahl von abergläubischen Ritualen vollzogen. Welcher Fußballer, der nicht einen Talisman oder ein Amulett mitführt, der nicht darauf achtet, daß er z. B. zuerst seinen linken Schuh anzieht, den Ball vorher dreimal berührt, als vorletzter die Umkleidekabine verläßt ...«[2]

---

[1] Erziehungskunst, März 1997, a.a.O., S. 252
[2] Ebd., S. 253

Das Totenkopfspiel

Von Waldorfvertretern wird im Hinblick auf die Entstehungsgeschichte des Fußballs folgende abschreckende Legende erzählt:

»Als einst im 11. Jahrhundert die Dänen in England einfielen, wurden sie von den Engländern besiegt und vertrieben. Auch habe man ihnen die Köpfe abgeschlagen und später mit den Schädeln begonnen ›herumzukicken‹. Aus diesem ›kicking at the Danes heads‹ sei dann allmählich die Grundform des Fußballspieles entstanden, wobei sich diese Wurzel des Spieles quasi ins kollektive Unterbewußtsein eingegraben habe und bei jedem Tritt gegen den Ball unterschwellig mitschwinge.«[1]

FußballhistorikerInnen kennen neben dieser Legende und einer profanen Entwicklungsgeschichte, die das Spiel in der Renaissance im 15 Jh. in Florenz verortet, eine zweite Wurzel, die aus einer kultischen Tradition resultiert.

Der Ball wurde in Hochkulturen als Symbol der Sonne angesehen. Kreisförmig aufgestellte Spieler versuchten schon hier, den Ball lange in der Luft, »am Himmel« zu halten. Dieser Spielgedanke aus der Antike hat sich bis in die aufkommende Neuzeit erhalten. Es ging darum, den Ball lange in der Luft zu halten und ihn dann an eine heilige Stätte zu transportieren. Im Mittelalter waren die Tore oftmals Kirchenportale oder Kultplätze. Der runde Ball versinnbildlicht für AnthroposophInnen die kosmische Gedankenkraft[2], wobei er eigentlich mythisch ein altes weibliches Symbol darstellt. AnthroposophInnen beschreiben nun, daß der Ball im Laufe der Zeit in die Sphäre des Fußes eintritt, so wie er möglicherweise zunächst mit der Hand in der Luft gehalten wurde, wird er nun mit dem Fuß getreten. Und schon kippt auch die symbolische Bedeutung: Der Kultgegenstand wird zur Waffe, zu einem profanen Sportgerät, daß mit den Füßen manipuliert und traktiert wird.

Fußball als Religionsersatz

Zurecht wird von anthroposophischer Seite darauf hingewiesen, daß das Fußballspiel für Millionen Fans zur Ersatzreligion geworden ist. Die Spieler werden verehrt wie Götter, ihre Fans glauben ihnen, die Spiele dieser »Götter« ziehen Menschenmassen an, die für sie beten

---

[1] Erziehungskunst, März 1997, a.a.O., S. 253

[2] vgl. ebd., S. 255

und an deren Gewinn sie glauben. Die Fußballgemeinden versammeln sich in den Stadien, wie sich Menschen früher an heiligen Stätten versammelt haben. Ball und Vereinsfahne sind heilige Gegenstände, Reliquien. Die Fans, die zur Fußballmesse gehen, tragen eine besondere Kluft, die sie als jeweilige Vertreter dieser Glaubensgemeinde ausweisen. Dieser Ersatzreligion soll etwas wirklich tief Religiöses entgegengesetzt werden, Inhalte, die ein echtes Bedürfnis nach Religion befriedigen.

Metaphorische Hintergründe des Fußballspiels

»Von seiten der Anthroposophie existiert noch eine eigenständige weiterführende Deutungsebene, welche dem Aufstellungssystem und Spielgedanken eine tiefere, überzufällige Bedeutung zuschreibt. Dabei wird bezug genommen auf das früher allgemeingültige Aufstellungssystem der Paßpyramide: Torwart, zwei Verteidiger, drei Läufer, fünf Stürmer.«[1] Hierzu wird analog die Übereinstimmung mit den Bestandteilen des menschlichen Seelengefüges festgestellt. Und so, wie der Ball in dem Spielfeld immer wieder verschiedene Spielfeldzonen durchschreitet, glauben AnthroposophInnen, schreite auch der Mensch voran, bis zu seiner Vollendung. Letztlich wird der Ball wie der Mensch nach harten Rückschlägen, harten Prüfungen und Kämpfen zurückgeworfen und dann doch immer weiter nach oben befördert, an den Stoppern vorbei, bis die Begegnung des Torhüters (des Hüters der Schwelle) erfolgt, hin zum endgültigen Tor, zum Sieg, d. h. zur Vollendung.

Bei all diesen anthroposophisch-menschenkundlichen Betrachtungen fällt auf, daß sowohl das Problem des patriarchalen Männerspiels als auch die Ebene des Verrohenden, Brutalisierenden in den zuerst genannten Punkten direkt thematisiert wird.

Unter feministischem Blickwinkel können deshalb die oben aufgeführten Punkte (bis auf den letzten, dem eine rein anthroposophische Perspektive zugrunde liegt) voll unterstrichen werden. Hinzu kommt, daß der Umgang mit dem Ball auch für den Umgang mit dem Weiblichen steht. Sowie das ursprünglich heilige Spiel seine Bedeutung verlor und in ein verrohendes Spiel umkippte, so verwandelte sich auch die Beziehung des Mannes zum Weiblichen. Der Ball als Symbol des Weiblichen

---

[1] Erziehungskunst, März 1997, a.a.O., S. 254

wird fortan mit Füßen getreten und traktiert. Frauen werden als zu manipulierende Objekte von Männern benutzt und vielfach vergewaltigt. Sie werden in allen Ländern mißbraucht und als Fußabtreter benutzt.

Das heilige Tor, ein weiteres Symbol des Weiblichen, wird entweiht, versucht der Mann dort brutal einzudringen.

Walter Hoffmann hat ebenfalls eine interessante Fußballanalyse abgegeben, die in dieselbe Richtung geht, jedoch auch auf das homosexuelle Element im Männerfußball anspielt: »Ausgangspunkt ist, daß zwei in der Regel männliche Mannschaften einander gegenüberstehen, wobei jede über eine Öffnung – die Toröffnung oder das Fußballtor – verfügt, die sie vor der anderen Mannschaft mit allen ihr zur Verfügung stehenden Mitteln verteidigen muß. Das Spiel mit einem Ball wogt nun solange hin und her, bis ein Team schließlich nicht mehr in der Lage ist, sein Sanktuarium zu schützen und das andere somit ungehindert eindringen kann. Das ist dann der Fall, wenn eine Mannschaft nicht mehr verhindern kann, daß der Ball ihre Torlinie, die letzte Hürde, überschreitet.

Gleichgültig, ob man die Toröffnung als Symbol für den männlichen Anus oder für die weibliche Vagina deutet, der Sinngehalt wird dadurch nicht verändert: Auf der heterosexuellen Ebene entspricht dieser Vorgang dem Kampf zweier Schlachtreihen, wobei die Unterlegenen zulassen müssen, daß die Siegreichen in ihre Frauen (symbolisiert durch das Fußballtor) eindringen (sie vergewaltigen), weil sie deren »Öffnungen« nicht mehr verteidigen (schützen) können. Vereinfacht ausgedrückt bedeutet das: Zwei Männer rivalisieren um eine Frau. Einer von beiden drängt, der andere stellt sich ihm entgegen. Bis einer schließlich aus dem Kampf hervorgeht, dem dann die Frau (das Tor) zugesprochen wird. Auf homosexueller Ebene wird der Verlierer selbst zur Frau gemacht (kastriert), indem er sich dem Stärkeren unterwirft, ihm also seine eigene »Öffnung« zur Verfügung stellen muß. (Allein die Redewendung: Der Tormann hat sein Tor »rein« gehalten, deutet die Beziehung zur Analität, aber auch zur Virginalität an. Ebenso besteht eine gewisse Affinität zwischen dem erfolgreichen »Torschuß« und der Ejakulation.) Der Torerfolg, der bei der einen Mannschaft zu euphorischen Größengefühlen führt, bedeutet für die andere demnach Demütigung,

52

Kastration, Vergewaltigung und erzwungene Defloration. Dementsprechend verhalten sich auch Spieler und Zuschauer im Stadion: Einem Orgasmus gleich entlädt sich im Torschrei die Spannung, die sich zuvor aufgebaut hat. [...] Allmählich wird klar, was den Fußballsport für die Massen so faszinierend macht: Es ist die Umsetzung früher sexueller Phantasien, die noch in allen Menschen mehr oder weniger stark wirksam sind. Es geht dabei – wohlgemerkt – nicht um die reife, entwickelte Sexualität, mit dem Ziel, dem Partner Lust, Befriedigung und Glück zu schenken, sondern um prägenitale, infantile Vorläufer derselben.[1]

Weiter beschreibt Hoffmann sehr anschaulich, daß es beim Männerfußball unbewußt um eine infantile ödipale Rivalität, um die Bestätigung der eigenen Potenz, um Macht, Überlegenheit und um die Unterwerfung des anderen durch Kastration geht. Diese Vorgänge bieten auf der psychologischen Ebene eine Vielzahl von sadistischen, homosexuellen und masochistischen Wünschen, die so indirekt über Identifikation erfüllt werden können.

Auf diesem Hintergrund ist es *positiv* zu verzeichnen, wenn auf Waldorfschulen ein allgemeines Fußballverbot herrscht. Und es gehört ausgesprochener Mut dazu, diesen Standpunkt entgegen der öffentlichen Meinungsmache und dem Hang, Fußball als Ersatzreligion zu stilisieren, weiterhin zu vertreten. Und tatsächlich sind die Jungen auf Waldorfschulen mehrheitlich weniger brutal, verroht und chauvinistisch. Aus eigener Erfahrung und den Berichten anderer WaldorflehrerInnen zufolge, kann deshalb zurecht gesagt werden: Jungen bewahren sich hier stärker ihre weiblichen Anteile als anderswo, weil Fußball nicht den Stellenwert hat wie auf anderen Schulen, ja sogar mehr oder weniger massiv unterdrückt wird. Zusätzlich wird der sensible Umgang miteinander durch das Element der künstlerischen Eurythmie und des Musizierens (z. B. auf der Leier, der Geige oder dem Cello) gefördert. Positiv ist, wie bereits erwähnt, daß Jungen ihre Handfertigkeiten beim Stricken und Häkeln üben können, in manchen Schulen wird später ersatzweise Schmieden, Schnitzen oder Modellieren angeboten, das dann auch den Mädchen zu gute kommt.

---

[1] Walter Hoffmann, Die Garfield-Jugend oder Erziehung am Ende, Von der Erziehung zur Beziehung, Recklinghausen 1992, S. 150 f.

4   Traditionelle Rollenklischees in
       Erziehungsratgebern und Lehrinhalten

> »Natürlich, wenn die schwangere Frau, sagen wir, in den er-
> sten Monaten der Schwangerschaft in den Wald geht und ihr
> das Unglück passiert, daß sie just in dieser Zeit einen Er-
> hängten, einen, der an einem Baume sich erhängt hat und
> schon tot ist, findet – wenn er noch zappelt, ist es noch
> schlimmer –, wenn sie den dort trifft, so schrickt sie furcht-
> bar zusammen. Das wird ihr ein Bild, und wahrscheinlich,
> wenn nicht andere Maßregeln ergriffen werden können, die
> meistens durch das Leben, gar nicht einmal durch die Kunst
> ergriffen werden können, wird sie ein Kind gebären, das
> bleich ist, das ein spitziges Kinn hat, das seine Glieder dünn
> hat und sich nicht recht bewegen kann. Bei einer schwange-
> ren Frau genügt ein einziger solcher Anblick. Im späteren
> Leben, wenn man schon achtzehn, neunzehn, zwanzig Jahre
> alt ist, da genügt natürlich nicht, daß man einmal ein Bos-
> nickel ist, sondern da muß man es schon gewohnheitsmäßig
> sein, und dann muß es längere Zeit dauern. Aber bei der
> schwangeren Frau genügt eben der einzige Anblick.«[1]

Bei dieser Äußerung Steiners fragt man sich allen Ernstes, ob er von
allen guten Geistern verlassen war, oder nicht vielleicht unter Kokain-
einfluß stand.[2]

Doch unterstellen wir einmal, daß diesem abstrusen Beispiel ein tieferer
Sinn innewohnt, so wird hier ein magisches Bewußtsein angesprochen,
das besagt: jede Kleinigkeit, die einem begegnet, soll wichtig genommen werden. Dieser Logik zufolge gelte das auch für die Lehrinhalte,
mit denen Kinder an der Waldorfschule konfrontiert werden. Sie müßten also sehr ernst genommen und immer wieder kritisch hinterfragt

---

[1] Steiner, Über Gesundheit und Krankheit (GA 348), a.a.O., S. 183

[2] Neun Indizien sprechen dafür, warum Steiner mit großer Wahrscheinlichkeit Kokain eingenommen hat, in: Weibring, a.a.O. Hier weise ich mit Hilfe der Briefe zwischen Edith Maryon und Steiner nach, daß er sich öfter »Schnee« schicken ließ. Kokain wurde damals nicht wie heute als gefährliche Droge gesehen, sondern gegen
alle möglichen Wehwehchen wie Kopfschmerzen, Zahnfleischbluten usw. in unterschiedlichen Dosierungen verschrieben. Man konnte Kokain mit Schnupftabak (den
Steiner schnupfte), als Lutschpastillen, in Zigaretten, Tinkturen usw. zu sich nehmen.

werden. Schließlich geht Steiner selbst davon aus, daß diese Inhalte einen eminenten Einfluß auf den kindlichen Organismus haben.

Einige ausgewählte Beispiele werden nachfolgend unter dem Blickwinkel der rollenspezifischen Erziehung aufgeführt. Sie sind willkürlich ausgewählt und dennoch repräsentativ zu verstehen, sowohl im Hinblick auf die einseitig männlichen Identifikationsbilder, als auch auf die wiederkehrende naiv-moralisierende Frömmigkeit, die mit den Inhalten transportiert wird.

Es geht, wie bereits in der Einleitung erwähnt, nicht um eine Darstellung des internen Waldorflehrplans, dazu liegt bereits genügend Literatur vor.[1] Es sollen lediglich waldorftypische, geschlechtsspezifische Rollenklischees in Märchen, Sagen und Theaterstücken, aber auch in den anthroposophischen Erziehungsratgebern näher unter die Lupe genommen werden.

Auch wenn sich das Rollenbild an den meisten Schulen mittlerweile gewandelt hat, so gibt es doch immer noch Waldorfkindergärten (namentlich in Dornach) und vielleicht auch Waldorfschulen (?), die nur Erzieherinnen und Lehrerinnen unter der Bedingung einstellen, wenn sie sich verpflichten, ausschließlich Röcke und Kleider zu tragen. Vor 15 Jahren, so erzählte eine Waldorflehrerin, hat man(n) in einer Waldorfschule in Stuttgart nur Lehrerinnen eingestellt, die dazu bereit waren, sich dieser Kleiderordnung zu unterwerfen und das »umhüllende und Schutz gebende Prinzip« darzustellen vermochten.

Greifbar sind diese Rollenklischees in erster Linie in Erziehungsratgebern, die ErzieherInnen, LehrerInnen und Eltern zuhauf lesen, was z. B. die Auflage von dem folgenden Buch »Kindersprechstunde« beweist, die bis 1991 immerhin 140.000 mal verkauft wurde. In diesem Ratgeber kommt die Waldorfphilosophie der Frau zum Ausdruck. Sie hält nach wie vor fest an traditionellen Rollenbildern der Hausfrau und Mutter. Immer wieder berichteten Mütter, daß sie bei den Vorgesprächen zur Aufnahme ihres Kindes in eine Waldorfschule den Eindruck hatten, daß Kinder von nichtberufstätigen Müttern bevorzugt aufge-

---

[1] vgl. Kritische Literatur: H. Ullrich, K. Prange, H. Barz, Kayser/Wagemann, F. J. Krämer/G. Scherer/F. J. Wehnes, F. Beckmannshagen, Ch. Rudolph; Pro-Literatur v. Anthroposophische Literatur: Ch. Lindenberg, Waldorfschulen, J. Kiersch, Die Waldorfpädagogik, P. Schneider (siehe Literaturverzeichnis).

nommen werden, und daß die Berufstätigkeit der Mutter als Manko gewertet wird. Diese Haltung drückt sich in einer Fülle von Inhalten aus, u. a. auch subtil in diesem Ratgeber, dem Klassiker in Sachen anthroposophischer Kindererziehung und Medizin. Unter dem Kapitel »Erziehung zur Freiheit« mit dem Unterkapitel »Die Kindergartenzeit« heißt es:

»Dabei werden die Anregungen in Form eines reichen Angebotes an Spielmaterial sowie durch das Vorbild der *Kindergärtnerin* gegeben, die sich ähnlich *wie die Mutter* zu Hause im Wechsel mit allen möglichen *nützlichen Haushaltätigkeiten beschäftigt. Außer dem Frühstück machen, Brot backen, Wäsche waschen, gehören dazu auch stopfen, bügeln, Spielzeugpflege oder künstlerische Tätigkeiten wie das Malen mit Wasserfarben und anderes.*« [Hervorhebung J. W.][1]

Wir wissen nicht, was an dem Angebot »reich an Anregungen« sein soll, sie entsprechen *allein* der typischen Hausfrauenrolle, die aufgezählten Tätigkeiten werden mittlerweile ja auch schon hin und wieder von Männern gemacht, jedoch fehlen Strümpfe stopfende Männer als Vorbilder, obwohl an Waldorfschulen auch Knaben stricken. Das typische Hausfrauenbild bleibt weiterhin an der Kindergärtnerin haften, wie soll sich dann etwas ändern? In dem gleichen Ratgeber lesen wir deshalb auch unter dem Aufklärungskapitel:

»[...] daß eine Grundverschiedenheit im Seelenleben von Mann und Frau von vornherein bestehen muß. Sie kommt dadurch zustande, daß der Frau die Kräfte zur Denktätigkeit zur Verfügung stehen, die beim Mann hineingebunden sind in die Spermienbildung und Funktion der männlichen Fortpflanzungsorgane.«[2]

Das hört sich ja für die Frau ganz gut an, so als könne diese besser Denken als der Mann. Doch weit gefehlt, denn abstrakt Denken können trotzdem überwiegend die Männer, während die Frauen, wie könnte es anders sein, gefühlsmäßiger und irrationaler sind. Die anthroposophischen ExpertInnen fahren nämlich ein paar Zeilen weiter fort: »Das differenzierte, sprühende, schöpferisch anregende, farbige

---

[1] Wolfgang Goebel und Michaela Glöckler, Kindersprechstunde, Ein medizinisch-pädagogischer Ratgeber, Stuttgart 1991 S. 438
[2] Ebd., S. 428

Seelenleben der Frau und die dadurch bestimmte Art, gefühlsmäßig impulsiv zu reagieren und Eindrücke flexibel zu verarbeiten, hängt mit den Eigentümlichkeiten der verwandelten männlichen Fortpflanzungskraft zusammen. [...] Umgekehrt verdankt der Mann seine stark ausgeprägte Fähigkeit, abstrakt zu denken, sich auf ein und dieselbe Sache leichter zu konzentrieren und ein stärkeres Gleichmaß der Gefühle an den Tag zu legen, den bei ihm seelisch wirksamen Vorgängen, die bei der Frau organisch gebunden das ruhige Reifen der Eier bewirken.«[1]

Wie dieser Gedankenschluß zustande kommt, bleibt unklar, wo wir doch gerade vorher erfahren haben, daß der Mann seine Kraft für die Denktätigkeit (und Denkfähigkeit?) für die Bildung der Spermien einsetzt. Die Autoren räumen jedoch beruhigend ein:

»Allerdings ist damit auch ein stärkeres Abgeschlossensein seines Seelenlebens von der Umgebung und eine gewisse seelische Undifferenziertheit verbunden. Er läßt sich nicht so rasch emotionell erregen und reagiert insgesamt träger und bedachter.«[2]

Diese ganzen Zuordnungen zwischen Frauen und Männern, die die AnthroposophInnen bis heute herausstellen, sind antiquiert. Sie entsprechen alten patriarchalen Rollenklischees, die bis zur Jahrhundertwende und teilweise noch bis in die 60er Jahre konserviert wurden.

- Mann – abstraktes Denken, in seinen Handlungen langsamer und bedächtiger
- Frau: emotionaler, irrationaler, weniger gut im abstrakten Denken.

Geschlechtsspezifische Unterschiede zwischen Frauen und Männern, die sich nicht allein auf ihr physische Erscheinungsbild beschränken, sollen auch von mir selbstverständlich nicht geleugnet werden. Nur ob sie in dieser Einteilung vorliegen, wie AnthroposophInnen sie vornehmen, wage ich doch sehr zu bezweifeln. Fatal sind auch besonders die Forderungen, die die AnthroposophInnen an diese Unterschiede knüpfen, sowie ihre Zuteilungen und Bewertungen derselben: Diese Zuteilungen stimmen so nicht, die bedächtigeren sind eher die Mädchen und die spontaneren und bewegungsintensiven sind eher die Jungen! In der Schulpraxis wirkt sich das so aus, daß sich das Gesamtverhalten der

---

[1] Goebel/Glöckler, a.a.O., S. 428
[2] Ebd., S. 428

Mädchen besser in das Unterrichtsgeschehen integrieren läßt und Lehrkräfte sich diese Fähigkeiten der Mädchen zunutze machen, indem sie in der Waldorfschule bis in die 11. Klasse renitente Jungen oftmals bewußt neben Mädchen setzen. So berichteten z. B. Waldorfschülerinnen einer 11. Klasse, daß sie neben verhaltensauffällige Jungen gesetzt wurden, um diese zu sozialisieren. Und hier besteht kein Unterschied zur gängigen Grundschulpraxis an der Staatsschule, wenn nicht ganz sensible PädagogInnen da sind, die darauf achten, solche soziale Ausbeutung der Mädchen zu verhindern. Die emotionale und soziale Kompetenz der Mädchen wird jedoch nicht höher bewertet und den Jungen als Vorbild hingestellt. Mädchen erhalten somit keinen Bonus für ihre Fähigkeiten, sondern beziehen daraus nur Nachteile, da sie für renitente Jungen genutzt werden. In dieser Zuteilung der AnthroposophInnen scheint wohl die emotionale Kompetenz der Mädchen durch, ihre soziale und sprachliche Kompetenz aber findet keine Erwähnung. Sie versetzt häufig Mädchen in die Lage, früher, schneller und besser lesen und schreiben zu lernen, was auf eine raschere Auffassungsgabe im kommunikativen Bereich verweist. Sie können Inhalte oft besser reflektieren.[1] Mädchen beschwerten sich zurecht, daß Jungen häufig eine intensive Auseinandersetzung mit bestimmten Inhalten verhindern, weil sie oftmals nur oberflächlich daherreden. Ganz treffend stellte eine Waldorfschülerin der zwölften Klasse fest, die Jungen »stellen sich vor die Klasse hin und labern nur rum und bekommen dafür auch noch eine gute Note. Im Gegensatz zu uns, die wir uns eher zurückhalten und nur dann etwas sagen, wenn wir es ganz genau wissen.« Dies berichteten Mädchen mehrfach. Sie stellen an sich selbst höhere Ansprüche und sind selbstkritischer, obwohl sie es in vielen Fällen besser und präziser wissen als die Jungen.

Diese rollenspezifischen Verhaltensweisen kommen an Staatsschulen natürlich ebenso vor wie an Waldorfschulen. Allerdings mit dem Unterschied, daß an Staatsschulen ein Nachdenken darüber begonnen hat und den Bedürfnissen der Mädchen hin und wieder durch punktuelle Differenzierung Rechnung getragen wird. An Waldorfschulen existiert in dieser Hinsicht überhaupt kein Problembewußtsein, im Gegenteil,

---

[1] vgl. Franziska Stalmann, Die Schule macht die Mädchen dumm, a.a.O., u. a.

die Rollenklischees werden nicht reflektiert und gehen einseitig zu Lasten der Mädchen. Und sie werden mit dem moralischen Zeigefinger, mit Hilfe christlich-anthroposophischer Motive und Erzählungen auf das Bild der sündigen Eva oder der reinen keuschen Jungfrau verwiesen. Das prüde viktorianische Zeitalter ist hier nach wie vor lebendig.

Hintergrund der Polarisierung des Frauenbildes ist die biblische Adam und Evageschichte, die in vielfältiger Gestalt (z. B. beim weihnachtlichen Paradiesspiel) durchschimmert. Hierzu später zwei weitere Beispiele.

Widmen wir uns der Frage: Welche Rolleninhalte Mädchen in jenen Klassen- und Weihnachtsspielen vorfinden, die teilweise zum festen Bestandteil des waldorfschen Aufführungsrepertoirs gehören?

Schauen wir uns einige rollenspezifischen Inhalte näher an, so steht neben der Polarisierung die Marginalisierung der Mädchen. Sie haben unbedeutende Nebenrollen oder Rollen, die unzeitgemäß und überwiegend negativ besetzt sind. Jungen stehen im Mittelpunkt.

Ein Mädchen, die in einem Klassenspiel eine Burgherrin spielen mußte, beschwerte sich: »Ich habe ja gar nichts zu tun und nichts zu sagen, sondern muß nur einfach so in meinem Kostüm dastehen«. Ein anderes Mädchen ergänzte: »Alles sagt und bestimmt der Burgherr.« Ein weiteres Mädchen erklärte: »Und eigentlich hat das Stück ja auch gar keine Burgherrin, die haben wir ja nur dazu erfunden.«

Daß diese Mädchen eine für Waldorfschulen typische Praxis angesprochen hatten, konnten die Schülerinnen natürlich nicht wissen. Doch das erste Mädchen hatte mit ihrem Unmut eigentlich genau ausgedrückt, was an Waldorfschulen fehlt: Eine moderne junge Frau, ein Vorbild, mit dem sich die Heranwachsende identifizieren kann, die vielleicht ähnliche Probleme hat, oder von ähnlichen Gefühlen und Nöten geplagt wird.

Während wir bei Mädchen festgestellt haben, daß eine Polarisierung und Marginalisierung des Weiblichen in den Rollen stattfindet, wird das Männliche in größerer Variationsbreite dargestellt und bietet den Jungen eine attraktivere Identifikationsmöglichkeit an. Da generell weniger weibliche Rollen zur Verfügung stehen, sind Mädchen darauf angewiesen, Jungenrollen zu übernehmen.

Mädchen müssen sich (bis zur 8. Klasse) in Theaterstücken neben der Prinzessin und Burgherrin überwiegend mit männlichen Protagonisten identifizieren. Das aber bedeutet, daß sie als Götter, Helden, Ritter, Soldaten, Knechte und Könige auf der Bühne stehen. Und die vorhandenen Frauenfiguren werden mit typisch weiblichen Eigenschaften dargestellt: Prinzessinnen, die auf den Prinz warten, Mütter, die sich um ihre Kinder sorgen, Königinnen, die ihre Garderobe austragen und an der Seite des Königs stehen, Hexen, die mit dem Teufel im Bunde sind u. ä.

Zeitgemäße Stücke, in denen Frauen beispielsweise als Ärztinnen, Künstlerinnen, Lehrerinnen und Karrierefrauen auftreten, kommen gar nicht vor, und wenn, dann höchstens in der Oberstufe als Abschlußspiel.

Auch in den ausgewählten antiken Darstellungen fehlt häufig das Weibliche in der Rolle der Rebellin, Amazone, Herrscherin und Göttin. Höchstens in der griechischen Epoche bekommen Mädchen die Gelegenheit, die Göttin Diana, Artemis, Hera, Aphrodite oder Demeter darzustellen.

Überwiegend wird ihnen jedoch zugemutet, den agierenden Jungen zuzusehen oder sich mit androzentrischen (mannzentrierten) Rollen zu identifizieren, was sie gerne und oftmals auch mit Stolz tun, weil in unserer Gesellschaft eben immer noch das Männliche als das Höherwertige angesehen wird und Mädchen sich dadurch aufgewertet fühlen.[1]

Die nachfolgenden Beispiele sollen das Dargelegte veranschaulichen.

Der »Ritter Wahn«

Tatsächlich wird an manchen Waldorfschulen bis heute sowohl im Christengemeinschaftlichen als auch im Freien christlichen Religionsunterricht eine italische Sage behandelt.[2] Sie berichtet von den Reisen

---

[1] vgl. Christa Mulack, Natürlich Weiblich, Die Heimatlosigkeit der Frau im Patriarchat, Stuttgart 1990, und dies., Und wieder fühle ich mich schuldig, Stuttgart 1995

[2] nacherzählt nach dem Heldenlied von Julius Mosen. Steiner hat auf diese alte Sage, die von Mosen 1824 auf seiner Italienreise aufgeschrieben wurde, hingewiesen. Der anthroposophische Autor Helmut von Kügelgen († 1998) hat diese dann 1955 in Stuttgart an Mosen angelehnt, »anthroposophisch eingefärbt« und nacherzählt. (Helmut von Kügelgen, Der Ritter Wahn, Eine italische Sage in einundzwanzig Abenteuern, Dem Heldenlied von Julius Mosen nacherzählt, Stuttgart 1955)

des Ritters Wahn, die in einundzwanzig Abenteuer unterteilt sind, die er auf der Suche nach der Unsterblichkeit zu bestehen hat.

Ritter Wahn ist ein wagemutiger, ruhmreicher und Kampf geprüfter griechischer Held. Er zieht mit seinen getreuen Knechten von einer Schlacht in die nächste und trägt stets große Siege davon.

Eines Tages wird er jedoch auf dem Schlachtfeld von einer unbeschreiblichen Todesfurcht erfaßt, die ihn in eine tiefe Trauer stürzt. Ihm wird angesichts des Krieges bewußt, daß auch er eines Tages sterben muß. Nun ist er untröstlich. Als ungetaufter Heide kann ihn auch kein Glaube an »den Herrn« von seinem Leid befreien. So beschließt er, zukünftig in keine Schlachten mehr zu ziehen, sondern sich in Geduld, Ergebenheit und beharrlicher Ausdauer zu üben. Sein einziges Begehren soll die Suche nach der Unsterblichkeit sein. Wer ihm diese physische Unsterblichkeit garantieren und seinen Leib vor dem Tod bewahren kann, dem möchte er dienen. Er zieht in die Welt hinaus und nimmt 300 seiner treusten Ritter, die er zuvor freigiebig mit all seinen Gütern beschenkt hat, mit auf seine Reise. Er ist von nur einem Wunsch beseelt, unsterblich zu werden. Die schönsten Frauen, die seinen Weg kreuzen, können ihn nicht von diesem Begehren abbringen, den Tod für immer zu besiegen.

Auf seiner Reise kämpft er mit Drachen und wilden Tieren, und als seine getreuen Ritter sich wundern, daß er so todesmutig kämpft, wo er doch gerade solche Angst vor dem Tode hat, antwortet er, daß Unsterblichkeit und Lebensheil nur von einem tapferen Mann erworben werde. Nach dem Kampf mit einem Riesen, den er schließlich bezwingt, fällt der Ritter drei Tage wieder in eine anhaltende Trübsal und Schweigsamkeit. Als er erwacht, findet er sich alleine wieder, all seine getreuen 300 Ritter haben ihn verlassen. So zieht er einsam und verlassen weiter gen Osten. Sieben Jahre wird er weiteren Prüfungen ausgesetzt, bis er schließlich, am Ende seiner Kräfte, im Wüstensand zusammenbricht. Als er wieder erwacht, befindet er sich in einer grünen Oase, umgeben von blühenden Bäumen und Pflanzen. Er tritt durch ein Tor auf ein Schloß zu und stößt hier hinter duftenden Schleiern auf den »Liebreiz« einer wunderschönen Königin. Es ist die schöne Helena, die auch Frau Venus und Fee Morgane genannt wird. Auch sie ist verschleiert und hält Mistelzweig und Spiegel in ihrer rechten Hand. »Zu ihren Füßen strahlt ein wunderbares Licht aus einer Schale, die das Zeichen des heiligen Grales trägt.« (S. 18) Der Ritter Wahn darf aus dieser heiligen Schale trinken. »Morgane sinkt die Stimme zu vertrautem Flüstern: Sieh hier den Mistelzweig in meiner Hand; er wahrt mich jung und schön, bis ich mit dir vereint vollenden kann. [...] Geliebter, noch ist unsere Stunde nicht gekommen. Dein Weg führt zunächst nach Osten. Aber wir müssen uns wiedersehen, um dann, endlich vereinigt, in das Totenreich zu stillen Träumen einzugehen.« (S. 19) Der Ritter kommt wieder zu sich, als erwache er aus einem Traum. Jetzt befindet er sich wieder im Wüstensand. Auf seiner weiteren Reise begegnen ihm Gnome und Erdmännlein, doch unbeirrt reitet er weiter gen Osten, Helenes Worte im Ohr, die auch ihm versprechen, so unsterblich zu werden wie sie. In einem Zauberwald begegnen ihm greise Männer mit langen weißen Bärten, die bis auf den Boden reichen, eine Hirschkuh, ein weißes Reh und langbeinige Frösche mit hellen Lichtern auf den Köpfen. Sie geleiten ihn schließlich aus dem verwunschenen Wald hin zu dem alten »Ird«. Der alte Ird, auch ein alter, bärtiger Greis, belehrt ihn über die Vergänglichkeit aller Lebewesen und bietet ihm an zu bleiben. Ritter Wahn soll ihn zu seinem Lebensziel begleiten. Doch der Ritter Wahn lehnt enttäuscht ab und zieht weiter, denn er sucht kein »Ziel«, sondern das ewige Leben.

Als nächstes trifft er auf einen riesigen Harfenmeister, der sich »Raum« nennt. Er sitzt auf einem großen Steinblock und spielt auf seiner Harfe. Ritter Wahn erzählt ihm von seinem Begehren, den Helden zu finden, der den Tod besiegen kann. Doch auch der alte Harfenmeister enttäuscht ihn. Er klärt ihn darüber auf, daß alle Wesen früher oder später vom Tod hinweggerafft werden. Doch auch er bietet ihm an, bei ihm zu bleiben und auf die Stimme der Weisheit zu hören. Wieder lehnt Ritter Wahn enttäuscht ab und zieht weiter gen Osten.

Nach einiger Zeit begegnet ihm ein altes Männlein, das (sinnigerweise) die Zeit verkörpert. Auch dieses berichtet dem suchenden Ritter Wahn, daß sich alles auflöst, und auch die Zeit eines Tages vom Tod besiegt wird. Trotzdem bietet auch dieser Greis Ritter Wahn an, sich mit ihm, also mit der Zeit, zu verbinden, denn so hätte er das längste Leben. Der Ritter aber schlägt auch dieses Angebot aus, da auch das längste Leben irgendwann vom Tode heimgesucht wird. Als er weiter gen Osten zieht, gelangt er nach seiner langen Reise in den »Vorhimmel«. Hier lesen »würdige Männer in prophetischer Begeisterung in einer Schrift«. Er erfährt etwas über die reine Jungfrau und den größten Helden, den Gottessohn, wie er als »Gottesmann auf Erden wirkte, wie er zuletzt als Dulder an das Kreuz geschlagen und in das Felsengrab gelegt wird« (S. 33). Doch auch von hier zieht er weiter gen Osten und begegnet nun einem hageren, finster blickenden Mann. Es ist der »Schnitter«, der Sensenmann, der Tod persönlich, mit dem er sich nun auf einen Todeskampf einläßt. Ritter Wahn bekämpft schließlich auch den Tod, nicht zuletzt aufgrund seiner Jugend und mit Hilfe des Gottes Zeus, den er um Hilfe angefleht hat.

Als nächstes begegnet dem Ritter Wahn im Traum ein Knabe, der auf einer Zither spielt. Es ist der »Geist der Luft«, der dem Schlaf hilft, die kranken Herzen vom Leid zu erlösen. Dieser Knabe geleitet ihn zum höchsten Herrn, der hinter dem goldenen Tore wohnt. Und dieser Knabe verspricht ihm, dieser höchste Herr lebt ewig »zu aller Heil und Frommen.« (S. 37)

Als er mit Hilfe des Knaben an das Himmelreich anklopft, wird ihm aufgetan. Ein Lichterglanz umgibt ihn, dazu Orgelmusik, Posaunen und Harfenklänge. Sein Leib wird von Blitzen durchzuckt und von Feuergluten durchströmt. »Endlich wagt er auch den himmlisch-hohen Herrn anzublicken, dessen Worte ihn aus seiner Ohnmacht aufgerichtet haben. Die hohe Stirn ist mit goldenen Dornen umkränzt, die Augensterne gleichen tiefen, blauen Brunnen, deren Spiegel noch nie getrübt wurden, und dringen in sein Innerstes.« (S. 39) Der Himmelsherr fragt ihn, ob er irgend etwas begehre, einen Wunsch habe. Da antwortet der Ritter Wahn:

»Du bist allein der höchste Held der Helden.
Zu dir, zu dir nur hab ich mich gesehnt;
Doch wußte niemand mir von dir zu melden!
Nur du, mir ahnt es, wahrest mich unsterblich,
Daß nie Verwesung schauen wird mein Leib,
Nie Todesnetze werden mir verderblich.
Nie will ich mich von deinem Hof entfernen.
In deinem Dienste, sei er noch so schwer,
Will ich Gehorsam treuer Knechtschaft lernen.« (S. 39)

Und Jesus Christus antwortet: »Wer meine Worte hört und ihnen folgt, findet mein Reich, und ich kann ihm das Leben gewähren, das nicht mehr vergeht.« (S. 39) Da empfindet der »Herr« Mitleid mit dem »Blinden« (Ritter Wahn), der ihn bittet: »Herr Christ, schenk auch mir das ewige Leben!« Es versammeln sich nun viele ehrwürdige, weise Männer um den Heiland. Zu einem von ihnen sagt er: »Georg, ich übergebe diesen deinen Händen; lehre ihn, nach meinen Worten zu leben und meinen Vater würdig zu verehren. Mit Euch allen soll er danach streben, Anteil am ewigen Leben zu erwerben.« (S. 39)

Georg und Ritter Wahn wandern nun gemeinsam durch die Wunderauen des Himmels. Der heilige Held Georg zeigt dem Ritter die Jünger und Bekenner des Heilandes, die alle auf goldenen Stühlen thronen. Er erzählt ihm von ihren Leben und Taten und verkündet ihm die heilige Schrift.

Im Himmel begegnen ihm auch weibliche Wesen in Form der vier Jahreszeiten, die die Himmelsleiter auf- und niedersteigen. Doch auch sie preisen letztlich »ihren Herrn und aller Meister« (S. 41).

Georg belehrt Wahn schließlich, daß niemand der Erdenkinder Gott anzusehen vermag, da dieses Entzücken nur die reinen Geister vermögen. Sichtbar ist für ihn, so tröstet ihn Georg, nur der Erzengel Michael, der das Gute und das Böse abwägt. Michael ist es, der eines Tages alle Geister zusammenrufen wird, damit sie ihrem Herrn und Meister Rechenschaft ablegen. »Dann wird auch die Erde aufbrechen, um ihre Ernte des Todes herauszugeben. Wenn über den Feuerschlünden der Hölle die Seelen gewogen werden, wird jede das Wort verstehen, das auch du, Wahn, auf Erden einst ein Kriegsmann wie ich, dir zutiefst einprägen sollst: Es ist besser, gar nicht geboren zu werden, als gottlos zu sein.« (S. 42)

Auf Wahns langer Wanderung mit Georg durch die Himmelsauen erfaßt ihn eines Tages großes Heimweh nach der Welt, der Erde. Er sehnt sich nach Helena und wünscht, sie nur ein einziges Mal wiederzusehen. Schon spricht er die verhängnisvollen Worte aus:

»Könnt ich noch einmal auf der Erde wandeln
Dahin am klaren Strome durch die Au,
Das Heil der Seele wollt ich traun verhandeln.« (S. 44)

Georg hört dies und prophezeit, »das wird der ewige Gott der einst an dir rächen.« (S. 44)

Wahn kehrt wieder in einem Leib zur Erde zurück, nicht bevor er noch einmal Christus gegenübertritt, der ihn mitleidig ziehen läßt. Jedoch verspricht Wahn, Christus in alle Ewigkeit zu verehren und fragt, ob er zu ihm zurückkehren dürfe. Dieser antwortet ihm: Du darfst, nur eines darfst du nicht, absteigen und den Rücken deines Rosses verlassen. Der Tod hat die Aufgabe dir nachzureisen, solltest du doch aus deinem Sattel steigen, »dann werde ich dich verlassen und der Macht des Todes übergeben.« (S. 46) Beschwörend bat Georg den Freund zu bleiben, weil er um die Gefahren auf Erden wußte, doch Wahn war fest entschlossen, voller Selbstvertrauen, niemals aus dem Sattel zu steigen. Zuguterletzt erscheint ihm auch noch das lichte Angesicht der reinen Jungfrau und bittet ihn, lieber im Himmel zu bleiben. Doch auch sie kann ihn nicht halten.

Er kehrt zurück auf die Erde und in seine Heimat. Auf seinem Weg nach Theben begegnet er zunächst »Ahasver«, dem ewigen Juden, der aus Jerusalem kommt.

In der Zwischenzeit hat sich alles verändert, die Landschaft, die Tempel, die Häuser und Hütten. Als er nach der Burg des Ritter Wahn fragt, erfährt er von einem Greis, daß dieser vor 1200 Jahren ausgezogen sei, die Unsterblichkeit zu erlangen, seitdem sei er verschwunden, keiner habe mehr etwas von ihm gehört. In der Burg, so meint der Alte, wohnen jetzt Mönche, es sei ein Kloster geworden.

Wieder begegnet er dem Ird, dem Raum und der Zeit, gewahr werdend, daß ihnen, genau wie ihm selbst, der Tod auf den Spuren ist.

Dann trifft er einen Fuhrmann, der ihn um seine Hilfe bittet. Als Wahn ihm hilft, seinen Wagen aus dem Schlamm zu ziehen, will dieser ihn mit »Kleinod« d. h. mit Gold, Silber und Edelsteinen dazu verführen, vom Pferd abzusteigen und den Schmuck zu nehmen. Doch Ritter Wahn läßt sich nicht dazu verleiten, er bleibt seinem Versprechen treu.

Nach einiger Zeit erzählt ihm der Fuhrmann jedoch von einer wunderschönen Jungfrau, die er ebenfalls in seinem Wagen mit sich führt. Sie würde schon 1200 Jahre auf ihren Bräutigam warten. Da wird Ritter Wahn hellhörig und als er auch noch hört, daß sie die Zaubermistel in den Händen hält, die ihr ewige Jugend und Schönheit verleiht, will er sie sehen. Da schlägt der Fuhrmann plötzlich das Tuch von seinem Wagen zurück und Wahn sieht die schöne Helena, den Kopf gesenkt im traumverlorenen Leid. Als sie ihn anschaut, »schien ihr Blick emporzutauchen, geheimnisvoll – aus Lust und Weh gewoben«. Dem Ritter Wahn schwinden die Sinne, entzückt und entflammt ruft er aus: »Hab ich dich endlich gefunden« und springt aus seinem Sattel zu ihr in den Wagen. Im Rausch umarmt er seine geliebte Braut und umfängt sie immer fester im höchsten Glücksgefühl.

Dann wird sein Auge trüb, da er sich besinnt, daß seine Wollust seinen Tod besiegelt. Sein Roß entschwand bereits, »und mit dem Sonnenroß ging er sich selbst verloren.« (S. 60) Da läßt nun der Fuhrmann auch sein Gewand fallen und Wahn erkennt in ihm den hageren Schnitter, den Tod. Er hatte ihn 1200 Jahre vergeblich verfolgt, doch nun konnte er ihm nicht mehr entrinnen. Der Tod spricht: »[...] denn deine Sünde sichert mir den Sieg! [...] Du kannst nicht fliehen, rief der Tod, denn du hast, wie Adam und Eva einst, vorwitzig die böse Frucht an dich gerissen, du brachst das Wort, das du aus ganzer Seele deinem höchsten Herrn und Gott gegeben hast. Gott sandte seinen Engel, damit er das erste Menschenpaar aus dem Paradiese treibe – so wird auch dir der Stunde Frucht zuteil, der Tod!«. (S. 60 f.)

Helena versucht ihn zu beruhigen, indem sie ruft: »Erbebe nicht, [...] es sind nur kurze Wehen. Auch wir werden vor den Herren [sic] treten, dessen Stimme die Erde öffnet und die Toten erweckt. Er kann reuevollen Sündern verzeihen, denn er ist der Herr der Gnade, er ist der Herr des Schicksals.« (S. 60)

Dann tut sich der Abgrund unter ihnen auf und der Ritter Wahn fährt zusammen mit der schönen Helena in den Abgrund der Erde, die Totenfahrt in die Tiefe beginnt.

»So erlag Ritter Wahn dem Tode, der ihm angedroht ward, und den der HERR des Himmels ihm gesandt hatte. Damit endet dieses alte Heldenlied.« (S. 61)

Als die SchülerInnen diese Sage von Ritter Wahn über mehrere Stunden, immerhin sind es 21 Kapitel, im anthroposophischen Religionsunterricht hörten und dazu immer wieder den Ritter Wahn malen mußten, beschwerten sich damals besonders manche Mädchen. Die Geschichten von Rittern im Unterricht seien so langweilig, »und immer nur Ritter«, meinten sie.

In dieser von dem Anthroposophen Helmut von Kügelgen nacherzählten Sage kehren Symbole und Motive wieder, die zwar biblisch, doch anthroposophisch durchsetzt mit der Lehre von der Wiedergeburt, dem Erzengel Michael, dem Teufel und der Mistelpflanze in vielen anthroposophisch interpretierten und ausgewählten Stücken wiederkehren. So spielt z. B. die Mistel auch in der Baldursage eine wichtige Rolle, die gerne in den unteren Klassen aufgeführt wird. Und der Erzengel Michael wird immer wieder in die von den AnthroposophInnen nacherzählten Geschichten aus dem Alten Testament an vielen Stellen hineingewoben.[1]

Untersuchen wir diese Sage jedoch weiter auf ihre rollenspezifischen Klischees, fällt auf, daß der Ritter Wahn derjenige ist, der sich mit dem Göttlichen verbindet, dem Gott ein Versprechen gibt, nämlich zum Himmel zurückzukehren und sich nicht aus dem Sattel seines Rosses zu schwingen, während ihn die Helena hier zur »Sünde«, nämlichen zur sexuellen Lust, verführt und er dadurch sein Gottesgelöbnis verliert. Die Frau ist hier mal wieder die Widersacherin Gottes, die Sünderin, die ähnlich wie in der Paradiesgeschichte, die sogar angeführt wird, mit dem Teufel einen Pakt schließt und die Sünde in die Welt bringt. Die Heldengestalt steht hier in einem dualistischen Verhältnis zu folgenden Gestalten: Auf der einen Seite lockt die sinnenfreudige Frau mit ihren Reizen und ihrer Wollust, auf der anderen Seite steht die Verbundenheit mit dem Herrgott, dem reinen, begierdelosen Dienen seiner Weisheit und Erkenntnis.

Es ist auf diesem patriarchalen Hintergrund nicht umsonst immer das Weibliche, das hier zum Teuflischen verführt. Letztlich wird eine Dichotomisierung vorgenommen:

- die Frau, die Verführerin zum Bösen, die Paktiererin mit dem Teufel, die wollüstige Hure, die dem Mann zum Schlechten verführt, ihn weg von Gott bringt,

---

[1] vgl. Irene Johanson, Das Alte Testament, Stuttgart 1992

- der Mann, der Verführte, der nach der Verbundenheit mit Gott strebt, der Christussuchende, der die Frau abwehren muß, die ihn letztlich von Gott trennt.

Auch hier werden alte Rollenklischees festgeschrieben: Die heilige Frau in Gestalt der reinen Jungfrau oder aber – im Gegensatz dazu – die erotisch sinnliche Helena, der es letztlich gelingt, den Ritter Wahn zur Sünde der Begierde zu verführen und damit sogar sein Gottesversprechen zu brechen. Durch ihre Tat, die ihn dazu bringt, von seinem Roß abzusteigen und sich ihr hinzugeben, wird er sterblich und verliert die Möglichkeit, zu dem »Herrn im Himmel« zurückzukehren. So bleibt den SchülerInnen, die diese Geschichte im Unterricht hören, nichts erspart. Sie finden keine Gestalt, an der sie sich festmachen können. Statt dessen lernen sie, daß das Weibliche in der Welt nicht zählt und auch in der himmlischen Transzendenz nicht enthalten ist.

Zudem werden christliche Symbole und Motive anthroposophisch vereinnahmt. Was hat diese Geschichte heute mit der Lebenswirklichkeit der Kinder zu tun hat? Genausowenig wie das folgende Theaterstück, in der ähnliche Wertemuster und Rollenklischees zum Ausdruck kommen.

Ein Theaterstück: Die schwarze Spinne

Diese Novelle von Jeremias Gotthelf[1] wurde von AnthroposophInnen zum Theaterstück umgeschrieben und an einigen Waldorfschulen aufgeführt.

Die Novelle ist inhaltlich, sprachlich und metaphorisch sehr komplex. Es gibt eine Rahmenhandlung und eine Binnenhandlung. Es soll hier in aller Kürze nur die »anthroposophische« Theaterinszinierung nacherzählt werden.

Zunächst wird in einer Familie von Bergbauern eine Taufe gefeiert. Nach dem Essen fällt einem der Gäste ein merkwürdig häßlicher und zu kurzer Fensterpfosten auf und er fragt, was es damit auf sich hat. Nun wird von der Großmutter die Geschichte von dem dunklen Fensterpfosten erzählt und von den leibeigenen Bauern, die vor 700 Jahren (im Hochmittelalter) lebten. Sie werden von ihrem adeligen Gutsherrn »Hans von Stoffeln« unterdrückt und dazu verpflichtet, einen »Schat-

---

[1] Jeremias Gotthelf, Die schwarze Spinne, erg. Ausgabe, Stuttgart 1994

tengang« für sein Schloß zu errichten. Die verzweifelten Bauern, die ihre Felder nicht bewirtschaften können, begegnen auf ihrem Rückweg dem Mann im grünen Rock, einem Jäger. Da ihnen Not und Armut droht, weil sie es nicht vermögen, die 100 Buchen für ihren Gutsherrn mit dem Gespann hochzufahren und anzupflanzen, bietet der Jägersmann seine Hilfe an. Allerdings nicht ohne einen Tribut von ihnen zu fordern. Er will ein noch ungetauftes neugeborenes Kind. Die Bauern sind zunächst entsetzt, sie erkennen den teuflischen Charakter des Jägers und laufen davon. Bei einer weiteren Begegnung ist es lediglich die Hebamme, eine Fremde (Lindauerin), die über den Vorschlag des Teufels nachdenkt und die Bauern letztlich umstimmt. Nur noch einige warnen davor, sich mit dem »Grünen« einzulassen. Schließlich geht sie den Pakt mit dem Teufel ein, der mit einem Teufelskuß auf ihrer Wange besiegelt wird. Und tatsächlich, für die Bauern stellen sich zunächst Wohlstand und Sorglosigkeit ein, denn der teuflische Jäger hilft, die Buchen zu pflanzen. Sie bekommen eine stattliche Größe, so daß mit ihrem Holz für den Gutsherrn weitergebaut werden kann. Als der Teufel jedoch seinen Tribut fordert, versuchen sie diesen zu überlisten. Es gelingt den Menschen immer wieder mit Hilfe des Pfarrers, das geforderte Opfer des Teufels damit zu umgehen, indem sie das Kind unmittelbar nach seiner Geburt taufen lassen. Sie hoffen auf diese Weise, der Forderung des Teufels zu entgehen. Doch weit gefehlt. Nach Jahren spürt die Hebamme, die den Pakt mit dem Teufel eingegangen war, einen brennenden und stechenden Schmerz in ihrer Wange, auf die sie vor Jahren der Teufel küßte. Und was passiert? Der Teufel, der sich um seinen Preis (ein ungetauftes Kind) betrogen fühlt, bringt Unglück über die Menschen. Plötzlich entwickeln sich unter der Wangenhaut der Hebamme schwarze Spinnen, die aus ihrem Fleisch hervorkriechen. Eine ist besonders groß, sie bewirkt die schwarze Pest. Sie bricht zunächst nur bei den Tieren aus. Sämtliche Kühe sterben. Später geht sie auch auf die Menschen über, die mit der schwarzen Pest, symbolisiert durch die schwarze Spinne, in Kontakt kommen. Die Seuche greift um sich, Tausende sterben. Die Hebamme wird nun von den anderen verurteilt und als Hexe ausgegrenzt, da sie bezichtigt wird, mit dem Teufel im Bunde zu sein, weil durch sie die schwarze Pest ausgebrochen ist. Als ein weiteres Neugeborenes zur Welt kommt, opfert sich eine Mutter für ihr neugeborenes Kind und damit für alle Menschen, indem sie die Spinne berührt und hinter einen Balken (Pfahl) bannt bzw. einschließt. Das ist derselbe Fensterpfosten, den die Taufgesellschaft als häßlichen und zu kurzen Balken 700 Jahre später beanstandet hat.

In diesem Theaterstück wie auch in der vorherigen Sage werden durch und durch frauenfeindliche Wertemuster deutlich.

Die Frau wird in der »Schwarzen Spinne« genauso wie in dem »Ritter Wahn« als »böse, teuflisch und todbringend« dargestellt. In der »Schwarzen Spinne« verbindet sie sich mit dem Teufel und bringt Unheil über die Menschen, nämlich die schwarze Pest. Der Teufelskuß steht auch symbolisch für ein sexuelles Verhältnis der Frau mit dem Teufel, daß sich aus reiner Gier und Wollust und nicht aus Liebe speist. Durch ihre Bereitschaft, mit dem Teufel zu kopulieren, stürzt sie die Menschheit in den Tod (durch die schwarze Pest). Hier wieder die Anbindung an den Sündenfall im Paradiesmythos, nur etwas verdreht. Eva erzürnt Gott, weil sie ihm den Gehorsam verweigert, von der verbotenen Frucht nimmt und diese Adam darreicht. Somit bringt sie nach kirchlichem und anthroposophischem Glauben die Sünde in die Welt. Auf der anderen Seite ist es die Hebamme, die den Teufel erzürnt, weil sie nicht zu ihrem Versprechen steht. Hinzu kommt, daß im Mittelalter tatsächlich Hebammen und weise Heilkräuterfrauen angeklagt wurden, Abtreibungen durchgeführt, Verhütungsmittel verabreicht, wollüstige Orgien gefeiert zu haben und vieles mehr. Sie wurden für alles Böse verantwortlich gemacht und deshalb zu Millionen auf Scheiterhaufen verbrannt. Hier wird ein Sündenbockmechanismus deutlich, der alles Negative an Frauen festmacht. Diese Wertemuster werden durch solche Theaterstücke an Waldorfschulen weiter tradiert und unhinterfragt hingenommen. Das ist gefährlich, da hier ein frauenfeindliches Selbstverständnis bestätigt wird. Das Wertempfinden der Mädchen wird zutiefst verletzt und irritiert, jedoch an Waldorfschulen weiter etabliert und in einen anthroposophisch ideologischen Zusammenhang gestellt.

Wie stark das frauenfeindliche Wertemuster in den Lehrkräften der Waldorfschulen verankert sein kann, zeigt sich darin, daß auch dort, wo diese Muster nicht in Erzählungen vorhanden sind, sie ebenfalls von Anthroposophen hineinprojiziert werden. So sieht z. B. der Waldorflehrplan für das zweite Schuljahr Legenden und Tierfabeln vor. Hermann Koepke, ein Anthroposoph und Didaktiker, dessen Schriften vom Goetheanum herausgegeben werden und unter Waldorfklassen-lehrerInnen als pädagogisches Begleitmaterial kursieren, interpretiert in seiner Schrift »Das siebte Lebensjahr« das Märchen von dem Meerhäs-chen der Gebrüder Grimm. Ein an sich nicht frauenfeindliches Mär-chen. Damit das anthroposophische Interpretationsmuster nachvollzo-gen werden kann, will ich zunächst das Märchen im Original wieder-geben:

Das Meerhäschen von den Gebrüdern Grimm

»Es war einmal eine Königstochter, die hatte in ihrem Schloß hoch un-ter der Zinne einen Saal mit zwölf Fenstern, die gingen nach allen Him-melsgegenden, und wenn sie hinaufstieg und umherschaute, so konnte sie ihr ganzes Reich übersehen. Aus dem ersten sah sie schon schärfer als andere Menschen, in dem zweiten noch besser, in dem dritten noch deutlicher und so immer weiter bis in dem zwölften, wo sie alles sah, was über und unter der Erde war und ihr nichts verborgen bleiben konnte. Weil sie aber stolz war, sich niemand unterwerfen wollte und die Herrschaft allein behalten, so ließ sie bekanntmachen, es sollte nie-mand ihr Gemahl werden, der sich nicht so vor ihr verstecken könnte, daß es ihr unmöglich wäre, ihn zu finden. Wer es aber versuche und sie entdecke ihn, so werde ihm das Haupt abgeschlagen und auf einen Pfahl gesteckt. Es standen schon siebenundneunzig Pfähle mit roten Häuptern vor dem Schloß, und in langer Zeit meldete sich niemand. Die Königstochter war vergnügt und dachte: Ich werde nun für mein Lebtag frei bleiben. Da erschienen drei Brüder vor ihr und kündigten ihr an, daß sie ihr Glück versuchen wollten. Der älteste glaubte sicher zu sein, wenn er in ein Kalkloch krieche; aber sie erblickte ihn schon aus dem ersten Fenster, ließ ihn herausziehen und ihm das Haupt ab-schlagen. Der zweite kroch in den Keller des Schlosses, aber auch die-sen erblickte sie aus dem ersten Fenster, und es war um ihn geschehen; sein Haupt kam auf den neunundneunzigsten Pfahl. Da trat der jüngste vor sie hin und bat, sie möchte ihm einen Tag Bedenkzeit geben, auch so gnädig sein, es ihm zweimal zu schenken, wenn sie ihn entdecke; mißlinge es ihm zum drittenmal, so wolle er sich nichts mehr aus sei-nem Leben machen. Weil er so schön war und so herzlich bat, so sagte sie: »Ja, ich will dir das bewilligen; aber es wird dir nicht glücken.«

Den folgenden Tag sann er lange nach, wie er sich verstecken wollte, aber es war vergeblich. Da ergriff er seine Büchse und ging hinaus auf die Jagd. Er sah einen Raben und nahm ihn aufs Korn; eben wollte er losdrücken, da rief der Rabe: »Schieß nicht, ich will dir's vergelten!« Er setzte ab, ging weiter und kam an einen See, wo er einen großen Fisch überraschte, der aus der Tiefe herauf an die Oberfläche des Wassers gekommen war. Als er angelegt hatte, rief der Fisch: »Schieß nicht, ich will dir's vergelten!« Er ließ ihn untertauchen, ging weiter und begegnete einem Fuchs, der hinkte. Er schoß und verfehlte ihn; da rief der Fuchs: »Komm lieber her und zieh mir den Dorn aus dem Fuß.« Er tat es zwar, wollte aber dann den Fuchs töten und ihm den Balg abziehen. Der Fuchs sprach: »Laß ab, ich will dir's vergelten!« Der Jüngling ließ ihn laufen, und da es Abend war, kehrte er heim.

Am andern Tag sollte er sich verkriechen, aber wie er sich auch den Kopf darüber zerbrach, er wußte nicht wohin. Er ging in den Wald zu dem Raben und sprach: »Ich habe dich leben lassen, jetzt sage mir, wohin ich mich verkriechen soll, damit mich die Königstochter nicht sieht.« Der Rabe senkte den Kopf und bedachte sich lange. Endlich schnarrte er: »Ich hab's heraus!« Er holte ein Ei aus dem Nest, zerlegte es in zwei Teile und schloß den Jüngling hinein; dann machte er es wieder ganz und setzte sich darauf. Als die Königstochter an das erste Fenster trat, konnte sie ihn nicht entdecken, auch nicht in den folgenden, und es fing an, ihr bange zu werden, doch im elften erblickte sie ihn. Sie ließ den Raben schießen, das Ei holen und zerbrechen, und der Jüngling mußte herauskommen. Sie sprach: »Einmal ist es dir geschenkt, wenn du es nicht besser machst, so bist du verloren.« Am folgenden Tag ging er an den See, rief den Fisch herbei und sprach: »Ich habe dich leben lassen, nun sage, wohin soll ich mich verbergen, damit mich die Königstochter nicht sieht.« Der Fisch besann sich, endlich rief er: »Ich hab's heraus! Ich will dich in meinem Bauch verschließen.« Er verschluckte ihn und fuhr hinab auf den Grund des Sees. Die Königstochter blickte durch ihre Fenster, auch im elften sah sie ihn nicht und war bestürzt, doch endlich im zwölften entdeckte sie ihn. Sie ließ den Fisch fangen und töten, und der Jüngling kam zum Vorschein. Es kann sich jeder denken, wie ihm zumute war. Sie sprach: »Zweimal ist dir's geschenkt; aber dein Haupt wird wohl auf den hundertsten Pfahl kommen.« – An dem letzten Tag ging er mit schwerem Herzen aufs Feld und begegnete dem Fuchs. »Du weißt alle Schlupfwinkel zu finden«, sprach er, »ich habe dich leben lassen, jetzt rat mir, wohin ich mich verstecken soll, damit mich die Königstochter nicht findet.« – »Ein schweres Stück«, antwortete der Fuchs und machte ein bedenkliches Gesicht. Endlich rief er: »Ich hab's heraus!« Er ging mit ihm zu einer Quelle, tauchte sich hinein und kam als Marktkrämer und Tierhändler heraus. Der Jüngling mußte sich auch in das Wasser tauchen und ward in ein kleines Meerhäschen verwandelt. Der Kaufmann zog in die Stadt und zeigte das artige Tierchen. Es lief viel Volk zusammen, um es anzusehen. Zuletzt kam auch eine Königstochter, und weil sie großen Gefallen daran hatte, kaufte sie es und gab dem Kaufmann viel Geld dafür. Bevor er es ihr hinreichte, sagte er zu ihm: »Wenn die Königstochter ans Fenster geht, so krieche schnell unter ihren Zopf.« Nun kam die Zeit, wo sie ihn suchen sollte. Sie trat nach der Reihe an die Fenster vom ersten bis zum elften und sah ihn nicht. Als sie ihn auch beim zwölften nicht sah, war sie voll Angst und Zorn und schlug es so gewaltig zu, daß das Glas in allen Fenstern in tausend Stücke zersprang und das ganze Schloß erzitterte.

Sie ging zurück und fühlte das Meerhäschen unter ihrem Zopf; da packte sie es, warf es zu Boden und rief: »Fort, mir aus den Augen!« Es lief zum Kaufmann, und beide eilten zur Quelle, wo sie sich untertauchten und ihre wahre Gestalt zurückerhielten. Der Jüngling dankte dem Fuchs und sprach: »Der Rabe und der Fisch sind blitzdumm gegen dich, du weißt die rechten Pfiffe, daß muß wahr sein!«

Der Jüngling ging geradezu in das Schloß. Die Königstochter wartete schon auf ihn und fügte sich ihrem Schicksal. Die Hochzeit ward gefeiert, und er war jetzt der König und Herr des ganzes Reiches. Er erzählte ihr niemals, wohin er sich zum drittenmal versteckt und wer ihm geholfen hatte, und so glaubte sie, er habe alles aus eigener Kunst getan, und hatte Achtung vor ihm; denn sie dachte bei sich: Der kann doch mehr als du!«[1]

---

[1] Brüder Grimm, zitiert nach Hermann Koepke, Das siebte Lebensjahr, Die Schulreife, Hrsg. von der Pädagogischen Sektion der Freien Hochschule für Geisteswissenschaft Goetheanum, o. J. (ca. 1996 erschienen), S. 163 ff.

Der Waldorflehrer hatte dieses Märchen seiner Klasse erzählt, die Eltern von Monika hatten jedoch Schwierigkeiten mit der Brutalität des Märchens, da die Prinzessin immerhin neunundneunzig Männerköpfe aufspießen läßt. Der Lehrer erstattet nun den Eltern einen Besuch, um ihnen den anthroposophischen Hintergrund nachzuliefern, auf dem das Märchen für ihn zu verstehen ist.

Mutter zum Waldorflehrer: »Bin ich froh, daß Sie gekommen sind! Wir sind mit diesem Märchen einfach nicht zurechtgekommen.«

[...] Eigentlich erschüttert mich das, was sie da sagen. Das heißt ja, daß die Kinder schon mit unseren ganz großen und unlösbaren Problemen durch die Märchen konfrontiert und belastet werden. Ist das nicht viel zuviel, viel zu früh für sie?« grübelte der Vater vor sich hin. [...]

»Wieso verwandelt sich der Jüngling in ein Meerhäschen?«

»Ich nehme es als ein Fabeltier«, antwortete der Lehrer. »Es versteckt sich unter dem Zopf der Prinzessin. Diese sieht nur durch alle ihre Fenster hinaus, nicht aber in sich hinein. Sie ›durchschaut‹ sich nicht, hat also keine Selbstwahrnehmung.« [...] Vielleicht vermag ein Fabeltier mehr als ein gewöhnliches Tier.,« überlegte der Lehrer. »Das gewöhnliche Tier gleicht eher dem ichlosen Zustand, in den wir abgleiten, wenn wir uns ganz unseren Instinkten, Trieben und Begierden überlassen. Ein Fabeltier ist etwas anderes. [...] Ich meine die Gestalten, die in dem Bogengewölbe hinter den Evangelisten zu sehen sind: Adler, Löwe, Stier und Engel. [...] Der Jüngling, als Meerhäschen verwandelt, ist für die Prinzessin etwas ganz Unbekanntes. Zwar sieht sie das Meerhäschen in seinem Pelzgewand, aber sie erkennt nicht sein Inneres. Auch nicht dann, als sie von Fenster zu Fenster geht. Ihr Blick wird nur nach außen schärfer und schärfer. Sein Wesen bleibt für ihre Sinne, *die nur auf das Sinnliche gerichtet sind – ohne den Anteil der Sittlichkeit –, nicht wahrnehmbar.* Mit diesen Worten, das ihrer Natur unbekannt ist, vermählt sie sich, so wie es die Seele tut, wenn sie sich dem Geiste zuwendet, statt nur dem Leibe zu dienen. [...] Märchendeutungen gibt es viele; mir scheint es ist am sinnvollsten, alle Gestalten, die in einem echten Märchen vorkommen, in der eigenen Seele zu suchen.« [...]

Die Prinzessin und die erschlagenen Prinzen, die unglücklichen Brüder und der Jüngste als Glückskind, sogar die Tiere, die der Jüngste jagt, aber nicht erlegt, und die ihm dann helfen, sich vor der Prinzessin zu verstecken, alle diese Gegensätze leben in mir. Auch wenn ich nicht darauf achte. [...] Auch der Fuchs und die Quelle im Wald gehören zu mir. [...]

»Die Verobjektivierung der Welt hat einen grausamen Preis. Auf den Pfählen sind 97 Häupter aufgespießt.« [...]

»Dadurch, daß wir die ›Außenwelt‹ zu einem Objekt gemacht haben, haben wir sie auch mit der Zeit ohne eigene Anteilnahme behandelt. Etwas zu einem Objekt machen, das heißt doch, sich selber ganz herauszuziehen und dann willkürlich damit zu experimentieren. Bedenken Sie, wie grausam zum Beispiel viele Tierversuche durchgeführt werden, wohin die Embryonenforschung strebt, und vieles, vieles mehr. Alles hat einen Preis. Die Märchen zeigen immer die Konsequenz, die sich aus unserem Handeln ergibt. Die aufgespießten Köpfe sind ein grausamer Tribut, aber das Bild hat für mich viel Wahrheitsgehalt. Oder lassen sie uns darüber nachdenken, woraus sind die Umweltschäden entstanden? Die Naturwissenschaft hat uns gelehrt zu verobjektivieren. Das haben wir auch mit der Erde gemacht: sie ist Objekt geworden. Dadurch aber betrachten wie sie nicht als mit uns verbunden und tun mit ihr, was wir nicht mit uns tun würden. Die Umweltschäden sind Folgen unseres Handelns; nicht aufgespießte Köpfe, aber ebenfalls Zerstörung tritt uns entgegen.«

»Jetzt muß ich sehen, ob ich Sie verstanden habe. *Wollen Sie damit sagen, daß die Prinzessin der herzlose, stolze Wissenschaftler in uns ist, der sich mit nichts verbinden will und alles erforschen kann, und daß diese Haltung der Grund für so viel Brutalität und Zerstörung ist?*«

»Siehst du,« unterbrach die Mutter, »ich betone immer, man darf die Märchen nicht so eng auslegen. Sie haben einen anderen, viel tieferen Sinn, den man nur finden muß.« [...]

»Wie wirkt so ein Märchen auf unsere Monika? Können Sie uns das sagen?« fragte der Vater.

»Durch das Märchen werden die Sinne – durchgeistigt. *Durchgeistigt wie die Prinzessin, die den Jüngling heiratet*«, versucht der Lehrer einzuwerfen.

»Die Sinne müssen durchgeistigt werden?« überlegte die Mutter.

»Wenn sie nicht leibgebunden bleiben sollen ...«

»Wäre das der Sinn des Märchens?« forschte die Mutter weiter.

»Und der Sinn der Sinnesentwicklung«, bekräftigte der Lehrer. *»Die Sinne aus dem Körper zu lösen, in dem sie wie die stolze Prinzessin durch die Nachahmungsfähigkeit verwunschen und gefangen sind,* das gelingt nur, wenn wir sie in einen neuen Zusammenhang stellen können: den geistigen. Und darin liegt ja die Aufgabe für uns alle, Lehrer und Eltern: Wir bringen dem Kinde das Geistige näher durch das Bild.« [...] »Glauben Sie nicht auch: Wenn Eltern statt fernzusehen Märchen erzählen würden, was würde dann entstehen? Es könnte ein Fest sein! Gäbe es etwas Besseres?« Das zustimmende Lächeln gab dem Lehrer Mut, die zu Beginn des Abends gestellte Frage nach einem generellen Fernsehverbot doch noch aufzugreifen. [...] »Jetzt bekomme ich nämlich Lust, selber Märchen zu lesen, mich darüber mit meinem Mann zu unterhalten. Gell, das wird uns beiden guttun, zusammen darüber zu sinnen und zu rätseln. Und dann bin ich gespannt, wie Monika zuhört und was ich mit ihr alles zu besprechen habe, wenn ich ihr selber Märchen erzähle. Ob das alles ohne sie auch so gut geht, möchte ich bezweifeln. Aber vielleicht kommen Sie wieder zu uns, wenn wir das Hochzeitsfest feiern?«

»Sooo ...«, staunte der Lehrer. »Aber davon wußte ich ja gar nichts. Wann ist denn das?« Die Mutter lachte: *»Immer, wenn der Jüngling die Prinzessin zur Frau kriegt.«* [Hervorhebung J. W.][1]

Wie kommt dieser Waldorflehrer dazu, das wissenschaftlich abstrakte Denken, das auch bei Steiner eindeutig männlich definiert wird, durch eine weibliche Gestalt zu veranschaulichen? Es kommt dem Schreiber, auch wenn er die Bilder auf die Subjektebene verlagert, nicht in den Sinn, dieses Denken männlich zu besetzen, weil es als negativ empfunden wird. Negativ und männlich passen für ihn offenbar nicht zusammen, also wählt er eine weibliche Gestalt und macht es daran fest. So werden die frauenfeindlichen Muster auch auf ein Märchen projiziert, das dafür keine Anhaltspunkte bietet. Und dies, obgleich Steiner selbst auf das verhärtete Denken des Mannes verweist. Diese Art der Interpretation ist an den Haaren herbeigezogen, blanke Willkür. Auf der einen Seite stehen Naturwissenschaft und Technik, die aus rein männli-

---

1 Koepke, a.a.O., S. 89 ff.

chem Denken erwachsen sind, das auch in der Anthroposophie als negativ und ahrimanisch (teuflisch) bewertet wird. Auf der anderen Seite steht das hehre Ziel, die Sinne aus dem Körper lösen zu wollen, das nun dem Männlichen zufallen muß. Und die Sinne (symbolisiert durch die Prinzessin) werden fatalerweise erst dann durchgeistigt, wenn die Prinzessin den Jüngling, der für das Geistige steht, heiratet. Vor der Verwandlung symbolisiert der Jüngling hier die animalische, ungeläuterte Triebwelt. Er muß sich erst in ein Meerhäschen verwandeln, d. h. er muß erst seine unbewußten Instinkte, Triebe und Begierden läutern und überwinden, damit er von der Prinzessin erkannt und geheiratet wird. Dieser doch sehr weit hergeholte Interpretationsansatz für dieses Märchen, zeigt etwas für die gesamte Anthroposophie Typisches:

- Sie biegen jeden Inhalt so zurecht, daß er in ihr moralisches Schema und dualistisches Weltbild paßt: Materialismus, Wissenschaft, Technik, Fortschrittsdenken sind ahrimanisch, sprich teuflisch, (hier dem Weiblichen zugeordnet) Sittliches, Religiöses, Moralisches, Musisches, Künstlerisches, Durchgeistigtes, ist männlich besetzt und wird hier in dem Märchen mit dem Guten assoziiert.

- Sie bewegen sich immer auf ihr Ziel hin: die Wissenschaft, der Intellekt, die Materie und der Materialismus sind schlecht und müssen demzufolge von dem Besseren: dem rein Geistigen und Edleren überwunden, geopfert oder besiegt werden. (Hierbei sind sie aber auch nicht eindeutig, sondern lieben es, je nach individuellen Präferenzen mit den Auslegungsworten Steiners zu jonglieren, wie die Kirchenväter dies mit der Bibel tun.)

- Sie meinen alles erklären zu müssen, suchen auf alles ihre metaphysisch anthroposophischen Antworten zu geben.

Zwischendurch werden die massiven Eingriffe des Lehrers auf die Erziehung der Eltern auch sehr schön deutlich. Sein direkter Appell, doch lieber mit den Kindern Märchen zu lesen statt fern zu sehen, die idealisierte Reaktion der Mutter, die diplomatisch auf diese Aufforderung sofort eingeht und am Ende sogar verspricht, mit dem Kind jetzt selbst Märchen zu lesen, weckt den Anschein des Fiktiven. Die heile Welt ist wieder hergestellt, besiegelt durch die Hochzeitseinladung.

Die Autorin und ehemalige Waldorfschülerin Charlotte Rudolph schreibt über die Beliebtheit der grimmschen Märchen an Waldorfschulen:

»Erstens sind sie streng patriarchalisch und passen den Anthroposophen gut in ihr eigenes Weltbild; die positiv geschilderten Frauen überwiegen demütig, schön, fleißig und hilflos, die Männer sind stark, mutig, tapfer, aktiv, redlich und intelligent. Darauf können die später erzählten Legenden, Mythen und Sagen aufbauen und diese (bis dahin hoffentlich als ›gut‹ verinnerlichten) Eigenschaften als Entwicklungsgeschichte der ganzen Menschen weiterleben lassen.

Zweitens sind sie ihres allgemein-gesellschaftlichen emanzipatorischen und rationalen Gehalts durch das romantische Gemüt der Märchensammler Grimm zum größten Teil entledigt: sie sind konservative Sozialisierungshilfen.

Drittens sind sie, und sollen das auch sein, heimliche Erzieher; die Gebrüder Grimm haben sie als Erziehungsbuch gedacht, und daher (wohl auch in erotischer Hinsicht) ›jeden für das Kindesalter nicht passenden Ausdruck ... sorgfältig gelöscht‹. (Gebr. Grimm)«[1]

Das Michaelifest

Ein weiteres Beispiel ist das Michaelifest, das jährlich im Herbst an allen Waldorfschulen zur Heiligung oder »Hinabziehung« des Engel Michael gefeiert wird. Hier sind die Mädchen entweder gezwungen, die Mutproben und die vorgesehenen Ritterspiele der Jungen mitzumachen, oder sie sind ausgeschlossen. In der anthroposophischen Zeitschrift der Waldorfpädagogik »Erziehungskunst« heißt es:

»Wir singen und spielen mit den Kindern ein Ritterspiel, das Michaelsspiel: Der Ritter bekommt von einem Engel, von St. Michael, zum Kampfe ein goldenes Schwert; mit dem muß er den Drachen – das Dunkle, das Böse – besiegen, um die gefangene Königstochter erlösen zu können. Mit diesem Spiel soll nicht die äußere Kraft des Kindes erweckt werden, sondern sein guter Wille. Es ist jedes Mal ein tiefes Erlebnis für die Kindergärtnerin, mit welcher inneren Anteilnahme die Kinder bei der Sache sind. Man sieht es an der Schwert-Führung: Sie ist

---

[1] Charlotte Rudolph, Waldorferziehung, Wege der Versteinerung, Darmstadt 1988, S. 145

geführt, sie ist edel! Kraft wird veredelt – das strahlt auch aus ihren Augen!

›Ein Ritter will ich werden, / ein Kämpfer stark und rein
Dem Guten auf der Erde / muß Sieg beschieden sein!
Wen nehm ich mir zum Bilde? / Wer kämpft stark und schnell?
Es leuchtet mir im Schilde / der Engel Michael.‹

Am Michaelsfest machen wir mit den Kindern gern Mutproben, wobei es darauf ankommt, die Erlebnisfähigkeit der Kinder für das ›Eigentliche‹ zu stärken. [...] Im anschließenden Marionettenspiel ›Die Königstochter in der Flammenburg‹ erlebte das Kinderherz in Ruhe und Besinnlichkeit das Erlebte nach.«[1]

In folgendem Theaterstück, das gerne zur Michaeliszeit an Waldorfschulen aufgeführt wird, tritt zum einen eine Androzentrik als auch zum anderen eine starke Stereotypisierung hervor. Hier heißt es in dem »Spiel von Ritter Georg«, das in Anlehnung an ein Spiel aus dem Mittelalter für Kinderaufführungen von Anthroposophen bearbeitet wurde:

»O unbesiegter Gottesheld, Sankt Michael,
Komm uns zu Hilf', zieh mit ins Feld.
Hilf uns hier kämpfen,
Die Feinde dämpfen,
Sankt Michael.
Du bist des Himmels Bannerherr, Sankt Michael,
Die Engel sind dein Königsheer. [...]
Dem Drachen, der uns alle plagt,
Dem wird der Kampf heut' angesagt. [...]
König:
Daß ich will sein der erste Mann,
Der diesen Höllenhund greift an!
St. Michael:
Georg! Gar mächtig dringt dein mut'ger Sinn
Bis hoch in meine Sphären hin.
In heil'ger Treu, als kühner Held,

---

[1] Erziehungskunst, Monatsschrift zur Pädagogik Rudolf Steiners, 11/November 1993, S. 1141

Hat dich der Christus auserwählt,
Ein Zeichen zu wirken in dieser Stadt,
Die Götterangst befallen hat.
Den Drachen bekämpfen,
Den Zorn ihn zu dämpfen,
Sei deine Herzensmut'ge Tat.
Schau an des Heiles Bild,
Trage den Siegesschild!
Nun schwing dein Schwert,
Zieh in den Streit,
Erhebe den Schild,
Es ist an der Zeit!«[1]

Nun könnte man sagen, na und, dieses Theaterstück basiert auf christlichem Traditionsgut, auf schriftlichen Quellen, die sich bis ins Mittelalter zurückführen lassen. Was ist daran falsch, wenn AnthroposophInnen diese aufgreifen und aufführen lassen? Die Fragen sind jedoch:

1. In welcher Quantität werden diese Stücke zur Aufführung gebracht?
2. Werden seine stereotypen Rollenmuster z. B. im Hinblick auf die heutigen problematisiert, und sogar abgewandelt, damit auch Mädchen moderne Identifikationsbilder erhalten?
3. Werden gleichermaßen »moderne« (d. h. hier kindadäquate) Stücke aufgeführt, oder ausschließlich mittelalterliches Traditionsgut, das immer eine naive Volksfrömmigkeit und Moral überliefert, die einfach der Verinnerlichung dient, nicht aber der Hinterfragung.
4. Dient die Veranschaulichung einem Geschichtsverständnis, sich von der früheren Zeit ein besseres Bild zu machen? Oder hat man das unausgesprochene Interesse, daß die dahintersteckende Moral und stereotypen Rollenbilder auch heute noch aufgesogen werden sollen, so daß mit ihrer Hilfe eine subtile Sozialisierung stattfindet?

Meiner Recherche zufolge ist besonders letzteres der Fall, wie auch die oben angeführten Theaterstücke und deren Umsetzung belegen.

---

[1] Franz Geraths, Ein Spiel von Ritter Georg, In Anlehnung (erneuert von W. Dörfler) für Kinderaufführungen, Stuttgart o. J.

Weitere Beispiele könnten angefügt werden, in denen die Frau als böses Weib oder sogar als »böse Hexe« beschrieben wird. So in dem Lied »Gregor«[1], das ich von der Mutter einer Waldorfschülerin erhalten habe, die nicht glauben konnte, daß solche Lieder heute noch gesungen werden:

»1. Gehe nicht, o Gregor gehe nicht zum Abendtanz. Zauberische Mädchen folgen deinen Schritten dort. Weiße Hand wie Schnee braut dir Tee aus Zauberkräutern, trübt den Spiegel deiner Seele wie der Wind den See.

2. Dort ist auch die eine mit den schwarzen Augenbraun. Glaube uns o Gregor, das ist eine Zauberin. Ihre schmale Hand braut dir Tee aus Zauberkräutern, legt sich über deine Seele wie der Herbst aufs Land.

3. Sonntag früh beim Glockenläuten grub sie aus das Kraut. Schnitt es. Montag alle Sünden hexte sie hinein. Holt es Dienstag vor, kochte Zaubertrank aus Kräutern, Mittwoch Nacht beim Reigentanze gab sie ihn Gregor.

4. Und am Tage drauf, am Tage war Grischenko tot. Freitag kam voll Leid und Klage und beim Abendrot trug man ihn zur Ruh. An der Grenze an der Straße, viele fromme Leute kamen, viele sahen zu.

5. Viele Knaben, viele Burschen klagten um Gregor. Böse Hexe, Zauberhexe, schwarze Zauberfrau. Deine Augenbraun werden keinen mehr betören, nie mehr wird ein zweiter Gregor deinen Künsten traun.

Refrain: lutsche bylo, lutsche bylo njaachaditj, lutsche bylo lutsche bylo njälubitj, lutsche bylo, lutsche bylo tynjäsnatj, tschimtepär tschimtepär sabuwatj sabuwatj.«

Das Lied ist deshalb so problematisch für Kinder, weil die frauenfeindlichen Inhalte (die ja aus einer grausamen Vergangenheit erwachsen sind: Hexenverfolgung) mit der Melodie leichter ins Unbewußte eindringen können; die inneren Bilder setzen sich somit stärker fest. Denn leider wird der Inhalt des Liedes bei den Waldorfpädagogen ja eben *nicht* zusammen mit den Kindern kritisch reflektiert und damit auf die Entstehung des Liedes, auf die Hexenverfolgungen vergangener Jahr-

---

[1] aus einer Liedersammlung mit dem Titel »Lieder«, o. O., o. J.

hunderte bis hin zur Neuzeit, verwiesen. Denn zum einen soll das kritisch Urteilende und Analytische bis zum 14. Lebensjahr, mit der Vollendung des Empfindungsleibes, außen vor bleiben, und zum anderen sollen die Kinder ausschließlich mit positiven Bildern konfrontiert werden, und dies nicht nur in der Unterstufe. Damit wird der Eindruck vermittelt, daß dies auch positive Bilder sind. (Aus diesem Grund ist auch der methodische Einsatz von Karikaturen und Collagen verpönt.) Doch ab dem 14. Lebensjahr wollen die Kinder nicht mehr in der Schule singen, sie haben also bis dahin die frauenfeindliche Botschaft längst verinnerlicht, so daß auch jetzt nicht mehr über solche Liedtexte gesprochen wird.

Leider bleibt es den Mädchen selbst beim Schreibenlernen nicht erspart, sich mit männlichen Bildern zu identifizieren. Bei der Einführung des Buchstaben K müssen sie folgendes Gedicht wiederholen:

›Da kommt er, der klobige, klotzige Kerl!
Im kahlen Dickicht knackt es und kracht,
Erdklumpen klatschen
und Felsbröcke kollern,
Eine Kiefer schwenkt er als Keule.
Was für ein klobiger, klotziger Kerl!‹[1]

Die Anthroposophin und Waldorflehrerin Hallwachs schreibt dazu:

»Schließlich wurde aus dem klotzigen, klobigen Kerl an der Tafel das Erlebnis desselben, indem 36 kleine klotzige, klobige Kerle durch die Klasse stampften und den Boden zu einem kleinen Vers krachen ließen. Damit war die Aufmerksamkeit auf den Anfangslaut gelenkt, der nun oftmals gesprochen, geflüstert, gelaufen, in die Luft und an die Tafel gemalt wurde.«[2]

Offenbar scheint die Lehrerin eine reine Jungenklasse unterrichtet zu haben, ein Novum an Waldorfschulen! Oder aber, und das ist hier wahrscheinlicher, sie hat einfach die Mädchen unter die »klotzigen, klobigen Kerle« subsumiert.

---

[1] Dühnfort/Kranich, Der Anfangsunterricht im Lesen und Schreiben, zitiert nach Marielle Seitz/Ursula Hallwachs, Montessori oder Waldorf?, Ein Orientierungsbuch für Eltern und Pädagogen, München 1996, S. 171

[2] Seitz/Hallwachs, a.a.O., S. 171

5   Christgeburtsspiele als Aufklärung

Die Oberuferer Weihnachts- oder Christgeburtsspiele gehen auf eine alte Tradition der deutschen Bauern zurück, die fern ihres Heimatlandes, in Oberufer, in der Nähe von Preßburg (Oberösterreich) im 16 Jh. oder in der ersten Hälfte des 17. Jh. angesiedelt waren.

Sie pflegten ihre Kultur, indem sie ihre Spiele in ihrer Mittelhochdeutschen Sprache aufführten. In ihnen, so meinte der ehemalige Professor Rudolf Steiners, Julius K. Schöer, drücke sich noch die »unberührte Einfalt der Sprache« aus. Infolgedessen werden sie bis heute auch an Waldorfschulen im ursprünglichen Dialekt aufgeführt. Sie sind ein Symbol der älteren dramatischen deutschen Volksdichtung, die uns in relativer Reinheit erhalten geblieben ist. Schröer, der ehemalige Dozent Steiners an der Technischen Hochschule in Wien, schwärmte von diesen Spielen:

»Dennoch haben meines Erachtens die Oberuferer Spiele den Wert von etwas, das einzig in seiner Art ist. Alles, was bisher bekannt geworden, scheint gelehrtes und halbgelehrtes Machwerk; was aber volksmäßigen Charakter trägt, ist sowohl mit modernen, als auch wieder mit gelehrten Elementen versetzt [...] In älterer Zeit hat man das Volksmäßige nicht beachtet und nicht aufbewahrt; was sich durch sich selbst erhalten hat, ist inmitten der Einflüsse deutscher Kultur umgestaltet worden. Den deutschen Ansiedlungen in fremden Ländern in ihrer Abgeschiedenheit scheint es oft besonders vorbehalten, Altertümliches und Volksmäßiges treu zu bewahren, wenn es außen im Heimatlande längst schon erloschen ist.«[1]

Bei diesem traditionellen Paradies- und Christgeburtsspiel (die Oberuferer Spiele aus dem 16. Jahrhundert) durften Frauen ursprünglich nicht mitspielen. Inzwischen werden die Oberuferer Spiele zu Weihnachten von den WaldorflehrerInnen als »Mysterienspiele« auf die Schulbühne gebracht, und für Kinder und Eltern aufgeführt. Sie wurden aber auch schon zu Steiners Zeiten regelmäßig im Goetheanum aufgeführt. Dabei geht es in erster Linie um zwei Stücke:

---

[1]   K. J. Schröer, Über die Oberuferer Weihnachtsspiele, Stuttgart 1963, S. 8

1. Christgeburtsspiel, 2. Adam und Eva, oder das Paradiesspiel, (nicht um das Fastnachtsspiel nach den Triologien des antiken Trauerspiels, welches eigentlich auch noch zu den Oberuferspielen dazugehört, jedoch nur selten in den Schulen zur Aufführung kommt.)

Zu dem bereits erwähnten patriarchalen Spielmodus des Theaterstükkes erklärt Steiner: »Teilnehmen durften an den Aufführungen als Mitspielende nur Burschen. Von dieser Gepflogenheit müssen wir aus leicht begreiflichen Gründen absehen; wie überhaupt manche Finessen, die mit jenen Aufführungen verbunden waren, wir natürlich nicht nachmachen können, obwohl wir uns bemühen, durch unsere eigenen Aufführungen eine Vorstellung von dem hervorzurufen, was dazumal durch die Bauern geboten werden konnte. Die Burschen hatten auch die Frauenrollen darzustellen. Eva, Maria und so weiter wurden durchaus von Burschen dargestellt.«[1]

Nun kann man dieser damaligen rein männlichen Besetzung auch etwas Positives abgewinnen, sie verweist uns möglicherweise auf ein recht männerkritisches Bewußtsein, in dem Menschen noch klar war, daß Männer einer besonderen Unterweisung bedurften. Sie mußten kultiviert werden, denn nur die moralisch und religiös einwandfreien Burschen, die sich vorher wochenlang in einem soliden Lebenswandel geübt, keinen Alkohol getrunken hatten, wurden überhaupt zu diesen Spielen zugelassen. Selbst Maria und Eva wurden von »Burschen« dargestellt. Schröer schreibt dazu: »Unter Maria haben wir hier nur den die Maria spielenden Burschen zu verstehen.«[2]

Obwohl der Text unverändert aufgeführt werden sollte, hat Rudolf Steiner selbstverständlich Veränderungen daran vorgenommen. Er ließ großzügigerweise auch Frauen mitspielen. Heute wird das Stück weiterhin ebenfalls mit Frauen besetzt. Gottvater wird allerdings immer noch als Mann mit langem weißen Bart dargestellt. Als solcher ist er ein fester Bestandteil der Waldorfpädagogik, in der das männliche Gottesbild offensichtlich nicht als Reduzierung empfunden wird.

---

[1] Rudolf Steiner, Ansprachen zu den Weihnachtsspielen aus altem Volkstum (GA 274) Dornach 1974, S. 36

[2] Schröer, a.a.O., S. 58

Wer nun jedoch glaubt, bei dem Christgeburtsspiel ginge es lediglich um eine Erinnerung an die Geburt Jesu in Bethlehem oder um die Tradierung christlicher Mythen und Legenden, hat keine Ahnung, was sich mit diesem Spiel nicht alles bewerkstelligen läßt. Die anthroposophische Ärztin Caroline von Heydebrand, die nach Steiners Tod den ersten Waldorfkindergarten gründete und ein hohes Ansehen innerhalb der Waldorfpädagogik genießt, offenbart uns noch ganz andere Möglichkeiten. In ihrem Buch »Vom Seelenwesen des Kindes« weist sie uns darauf hin, daß es bei diesem Stück ja schließlich um Empfängnis und Geburt geht und es folglich als sexuelles Aufklärungsstück eingesetzt werden kann. Daß es folglich sogar wesentlich besser geeignet ist, über diese Dinge aufzuklären als abstrakt naturwissenschaftliche Darlegungen, die »materielle Prozesse sentimental verbrämen«.[1]

Heydebrand bemängelt, daß die Aufklärung »aus Mangel an geistiger Erkenntnis in Wirklichkeit nur den sinnlich-sichtbaren Teil des Geschehnisses« berücksichtigt.[2]

Das Christusspiel dagegen vermag das Kind »durch die bildhafte Darstellung seiner geistigen Herkunft aus vorgeburtlich-geistigem Sein, aus Himmelswelten und Engelreichen seelisch zu bereichern, [... denn] das alte Weihnachtsspiel bringt dies in Bildern zum Ausdruck, deren schlichte erhabene Reinheit nicht übertroffen werden kann. Hat ein heranwachsender Mensch das Glück, Jahr für Jahr diese Darstellung anzuschauen, deren stille Keimkraft in seiner Seele nicht durch abstrakte Wortdeutungen gestört wird, dann ist es nicht anders möglich, als daß dies auch einen Einfluß hat auf die Art und Weise, wie die Vorgänge, durch die der Mensch ins Leben tritt, von ihm angeschaut werden können.«[3]

Christgeburtsspiele als Ersatz für sexuelle Aufklärung; darauf muß man erst einmal kommen! Diese Lösung scheint aus anthroposophischer Sicht genial, denn so braucht die Waldorfschule ihren Kindern nur das Christgeburtsspiel zu zeigen und sich keinen lästigen Fragen über die Fortpflanzung zu stellen.

---

[1] C. v. Heydebrand, Vom Seelenleben des Kindes, 11. Aufl., Stuttgart 1991, S. 160
[2] Ebd., S. 160
[3] Ebd., S. 160

Die körperferne bis -feindliche Erziehung in der Waldorfschule hat sich mittlerweile herumgesprochen. Die Aufklärung der Kinder, so heißt es von pädagogisch Verantwortlichen, gehöre ins Elternhaus und nicht in die Schule. Über das Christusspiel scheint man sich ihrer nun doch zu bemächtigen. So wird im Falle des Versäumnisses der Eltern die Aufklärung mit der alljährlichen Weihnachtsaufführung doch noch sichergestellt.

Auf diese Idee wäre selbst die katholische Kirche nicht gekommen, wobei es ansonsten auf dem Gebiet der Fortpflanzung und Sexualität erstaunliche Übereinstimmungen mit ihr gibt.

Für Steiner war es ungesund bzw. »krankhaft«, sich vor dem 21. Lebensjahr mit Sexualität und Erotik zu beschäftigen. Interessant ist aber doch, daß er Erotik ganz selbstverständlich mit einem »Machtkitzel« in Verbindung bringt. Er schreibt:

»Und dasjenige, was leider in die Pädagogik auch eingezogen ist, das ist, daß man diesen Machtkitzel und diese Erotik der Jugend nicht als sekundäre Umwandlungsprozesse auffaßt von Dingen, die auf ganz anderes gehen sollten bis zum 20., 21. Lebensjahre, sondern daß man sie als Naturelement im menschlichen Organismus von der Geschlechtsreife an auffaßt. Es ist durchaus so im Grunde genommen, wenn in der richtigen Weise erzogen wird, daß über Machtkitzel und *Erotik zu den Jugendlichen zwischen dem 14., 15. und 20. Jahre überhaupt nicht gesprochen zu werden braucht.* Es ist etwas, was durchaus unter den Linien des Lebens vor sich geht. Wenn davon gesprochen werden muß in diesen Jahren, so ist es an sich schon etwas Krankhaftes.« [Hervorhebung J. W.][1]

Es ist keinesfalls krankhaft, sondern ganz natürlich, sich in diesen Jahren mit Sexualität und Erotik zu beschäftigen, da der Körper erwacht und entdeckt werden will. Dies dann aber zu tabuisieren, indem man ein Redeverbot verhängt und damit alles Sexuelle und Körperliche automatisch auf die Ebene des Verbotenen, Unnatürlichen abschiebt, ist aus heutiger Sicht etwas Krankhaftes und auf jeden Fall krank machend.

---

[1] Rudolf Steiner, Erziehung und Unterricht aus Menschenerkenntnis (GA 302a), Dornach 1983, S. 76

Diese viktorianische Prüderie kennzeichnet viele – wenn auch nicht alle – Waldorfschulen:

Die Fortpflanzung wird dort, wenn überhaupt, über die Biene oder den Klapperstorch, »als Bild« abgehandelt. In bezug auf den Klapperstorchmythos hat Steiner folgendes gesagt:

»Die Kinder werden zum Beispiel nicht angelogen durch das Storchenmärchen. Es ist da nur ein Bild gebraucht, das wahrer ist als das, was die heutigen Menschen den Kindern beibringen wollen, daß nämlich das Kind nur von Vater und Mutter stammt. Das Storchenbild – oder irgendein anderes – weist darauf hin, daß im Kinde etwas ist, was aus Wolkenhöhen herabkommt.«[1]

Obgleich Steiner insofern recht hat, als er das Befruchtungsgeschehen nicht auf biologisch-chemische Prozesse reduziert, sondern auf die metaphysische Ebene verweist, klingt es auf dem Hintergrund der Tatsache, daß in Waldorfschulen gar nicht bis selten von der biologischen Fortpflanzung zwischen Menschen gesprochen wird, zynisch. Denn schließlich hat Steiner selbst sehr negativ über sexuelle Aufklärung geurteilt:

»Daß so viel geschwätzt wurde über die sexuelle Aufklärung, ist ein Beweis dafür, daß die Methoden des Unterrichtes heute nicht in Ordnung sind, sonst würde man die Elemente schon ganz früh geschaffen haben aus solchen keuschen, reinen Vorstellungen heraus wie den Erklärungen des Wachstumsvorganges im Zusammenhang mit Licht, Luft, Wasser und so weiter.«[2]

Alles, was mit Geschlechtsverkehr, Schwangerschaft oder gar Abtreibung zu tun hat, wird ideologisch-anthroposophisch überfrachtet. So sagt z. B. ein Arzt und Anthroposoph H. Görg in einem Interview in den Flensburger Heften zum Thema Geschlechtsverkehr: »[...] aber ich sehe einen Geschlechtsverkehr, der zur Befruchtung führt, als einen vom Kind geführten Geschlechtsverkehr. Die Ursache liegt nicht beim

[1] Rudolf Steiner, Die Mission der neuen Geistesoffenbarung, Das Christus-Ereignis als Mittelpunktgeschehen der Erdenrevolution (GA 127), Dornach 1975, S. 40

[2] Rudolf Steiner, Erziehungskunst, Seminarbesprechungen und Lehrplanvorträge (III) (GA 295), Dornach 1969, S. 133

Orgasmus, sondern beim Kind, das die Eltern in einem bestimmten Augenblick dazu verleitet, einen Geschlechtsverkehr zu haben.«[1]

Bei dieser Auffassung, die noch orthodoxer ist als die der katholischen Kirche, die wenigstens erst dann von einem Kind spricht, nachdem die Befruchtung stattgefunden hat, verwundert es dann auch nicht mehr, wenn die orthodoxen AnthroposophInnen sich gegen Abtreibung aussprechen, selbst bei Vergewaltigung! Denn bei dieser ist ja eigentlich das Kind schuld, daß sich unbedingt inkarnieren will und dann den Vergewaltiger zu seinem starken Trieb drängt. AnthroposophInnen sprechen dann lediglich von »irritierten astralischen Konstitutionen bei allen Beteiligten«.[2]

Unter der Überschrift: »Vergewaltigung – vom Kind geführt?« heißt es in einem Interview mit Görg in einer anthroposophischen Zeitschrift:

»Das Kind bringt angeregte Astralwesen aus seiner Vergangenheit mit. Sie rufen im Astralleib der Mutter entsprechende Anregungen hervor. Werden diese bewußt, erreichen sie leichter den Astralleib des vom Ich des Kindes ergriffenen Mannes. Im Mann wiederum wirken die Anregungen zusammen mit dem in ihm vom kindlichen Ich ergriffenen Willensimpuls. Bleibt beides unbewußt – instinkthaft (was bei Vergewaltigungen oft der Fall ist) –, kann das Ich des Mannes den mächtigen Trieb nicht beherrschen und es kommt zur Tat. [...] Unser instinktbetontes, zu unbewußtes Astralerleben aus dem Ich schafft die Bedingungen zur Untat – nicht der Wille des Kindes! So gesehen ist das Vergewaltigungsgeschehen von komplexen geistigen Vorgängen auf dem Astralplan verursacht, aber nicht direkt, im freien, schuldig werdenden Sinne, gewollt herbeigeführt. [...] Es ist unglaublich schwer, eine Mutter für solche Gedanken zu öffnen, einer Mutter klar zu machen, daß das Kind zu ihr wollte und der Mann nur das Mittel zum Zweck war. Für die Frau steht verständlicherweise die Gewalttat des Mannes im Mittelpunkt. Gelingt es nicht, die Mutter behutsam zu einer für den geschilderten Sachverhalt offenen Sicht zu bewegen, ist eine Abtreibung kaum zu verhindern, wofür man dann Verständnis haben muß.«[3]

---

[1] H. Görg in Flensburger Hefte, Schwangerschaftsabbruch, Heft 36, 3/1992, S. 162
[2] Ebd., S. 164
[3] Ebd., S. 164

Hier widerspricht der Autor sich selbst, mal ist der Wille des Kindes ausschlaggebend und mal nicht. Zum Schluß ringt er sich gnädigerweise dann doch zu einer halbwegs toleranten Haltung durch. Wir können nur hoffen, daß solch eine anthroposophische Betrachtungsweise nicht in Schwangerschaftsberatungsstellen Schule macht. Jetzt wissen wir, die Frau ist an ihrer Vergewaltigung mitbeteiligt! Diese Auffassung ist gefährlich, da es das geringe Strafmaß bei Vergewaltigung rechtfertigen hilft. Und bei Kindesmißbrauch? Bei diesem fragt sich, ob die ungewollte Schwangerschaft von Elfjährigen, die von ihren Vätern geschwängert werden, auch mit der aus dem Jenseits zur Inkarnation drängenden Kinderseele erklärt wird. Zumindest hier stellt sich die Frage, ob solcher Unmoral aus dem Jenseits nicht Einhalt geboten werden müßte – durch Abtreibung.

Görg scheint nicht zu einem Perspektivenwechsel zu bewegen zu sein, obwohl er diesen von anderen einfordert.

Von der Frau aus gedacht, kann nicht allein der Wille des Kindes im Mittelpunkt der Betrachtung stehen. Ihr würde dabei nur eine untergeordnete Bedeutung zufallen. Wo bleibt dabei ihr Wille? Warum soll der Wille eines noch Ungeborenen wichtiger sein als der ihre, noch dazu bei Vergewaltigung?!

Diese anthroposophische Sichtweise der Dinge ringt uns ein gehöriges Maß an Geduld ab. Offensichtlich liegt die Verantwortung einzig und allein bei der Frau, letztlich sogar noch im Umgang mit dem Vergewaltiger selbst. Denn sie wird zu allem Überfluß auch indirekt dazu aufgerufen, ihrem Vergewaltiger zu verzeihen, damit er sein Karma besser auf der Erde abtragen kann und entlastet wird.

»Gelingt es, bei der betroffenen Frau Verständnis für dieses Geschehen zu wecken, kann es in seltenen Fällen dazu kommen, daß die Frau dem Mann verzeiht. Damit wird aber bereits das Karma hier auf der Erde entlastet. [...] Natürlich ist dieser Weg nur in Freiheit und aus eigenem Willen zu gehen, dazu kann man niemanden zwingen.«[1]

Wie gut!!! Bei diesen »medizinischen« Ratschlägen stockt einem als Frau nur noch der Atem. Zudem weiß der anthroposophische Arzt Görg auch, daß die Frauen auf jeden Fall seelische Schmerzen erleiden,

---

[1] Flensburger Hefte, Schwangerschaftsabbruch, a.a.O., S. 164

wenn sie abtreiben. Gefragt, ob diese Probleme in jedem Fall auftreten, antwortet H. Görg: »In jedem Fall. Durch die Abtreibung wird ein begonnener karmischer Weg abgebrochen, und das bedeutet immer seelischen Schmerz. Auf diesen Schmerz muß man eine Frau vor der Abtreibung hinweisen, und nach der Abtreibung muß man ihr helfen, ihn zu überwinden. Ich weise die Frauen darauf hin, daß ein Kind eine Mutter auch nach der Abtreibung weiter begleitet. Das Kind bleibt bei der Mutter und daher quält sich die Mutter mit der Anwesenheit des Kindes herum, sie spürt weiterhin die Bereitschaft des Kindes, doch zu ihr zu kommen.«[1]

Auch so kann man den Frauen Schuldgefühle machen. Eine weitere Gemeinsamkeit mit der katholischen Kirche! Viele Frauen sind auch sehr erleichtert, wenn sie abtreiben konnten, und haben danach auch keinerlei seelische Schmerzen. Diese hätten sie jedoch gehabt, wären sie gezwungen worden, das ungewollte Kind auszutragen.

An Kollegen appelliert Görg indirekt, keine Abtreibungen durchzuführen, indem er hier mit der Schuld arbeitet und ihnen bei Verstoß ein schlechtes Gewissen einredet. Er beruft sich auf den großen Meister, wenn er sagt: »Nach einer Aussage Rudolf Steiners lädt der abtreibende Arzt durch die Abtreibung karmische Schuld auf sich. Und wie es in der Freiheit der Schwangeren liegt, das Kind nicht austragen zu wollen, liegt es in meiner Freiheit, die Abtreibung nicht durchführen zu wollen.«[2]

Die Frauenfeindlichkeit, die sich hier u. a. in einer massiven Bevormundung ausdrückt, geht mit einer allgemeinen Sexualfeindlichkeit an Waldorfschulen einher, auf die bereits die Kritiker Kayser und Wagemann hinweisen.

»Das in dem Wort ›Anthropo-Tanten‹ [von Schülern bezeichnete anthroposophische weibliche Lehrkräfte, J. W.] mitschwingende Element des Asexuellen hat seinen materiellen Grund in der Verschiebung und Verdrängung körperlicher Sinnlichkeit in spirituelle Über-Sinnlichkeit. Die von Steiner postulierte Erziehungskunst verwandelt sich durch diese, besonders an den erwähnten ›Anthropo-Tanten‹ wahrnehmbare,

---

[1] Flensburger Hefte, Schwangerschaftsabbruch, a.a.O., S. 167
[2] Ebd., S. 165

Verschiebung unversehens in Erziehungsbrunst: Je größer die Verdrängung der Sexualität, desto intensiver die pädagogische Brünstigkeit, eine Erscheinung, die an Staatsschulen weitaus seltener zu beobachten und eigentlich nur von Klosterschulen bekannt ist.«[1]

Den »Anthropo-Tanten« seien an dieser Stelle die Anthropo-Onkel hinzugefügt, die nicht weniger in Erziehungsbrunst verfallen und die für dies sexualfeindliche Erziehungskonzept verantwortlich zeichnen.

Ein anderer Kritiker verweist ebenfalls auf den Zusammenhang von sexueller Prüderie und intensivem Arbeitseifer bei WaldorfpädagogInnen: »Da ist zunächst die fast schon sprichwörtliche, an den Pietismus erinnernde anthroposophische Leib- und Lustfeindlichkeit, von der allerdings fairerweise gesagt werden muß, daß sie mittlerweile offensichtlich auch innerhalb der Waldorflehrerschaft auf Kritik stößt. Hieran schließt sich eine Art puritanische Leistungsfrömmigkeit an, die die innerweltliche Askese mit Werkgerechtigkeit, also mit einem hohen Arbeitsethos verknüpft. Dieses Arbeitsethos scheint nun im Extremfall bis zur Arbeitssucht gesteigert. Der Gedanke der protestantischen Ethik, im selbstlosen beruflichen Streben zeige sich die wahre Demut, ja, in den weltlichen Werken und Erfolgen zeige sich durchaus, wen Gott erwählt habe und wen nicht, dieser kalvinistische Grundsatz wirkt offensichtlich in einer ins Indische projizierten Form in der Anthroposophie: Die Erfüllung der Berufspflichten gilt nicht mehr als Gottesdienst sondern als ›Abtragung des Karma‹.«[2]

Im Rahmen dieses Arbeitsethos hat auch Selbstbefriedigung keinen Raum.

So werden wir in einem »Klassiker« der anthroposophischen Erziehungskunst von Wilhelm zur Linden (Geburt und Kindheit, Freiburg 11. Aufl. 1982) darüber aufgeklärt, wie wir bei den Kindern mit der Unart des Onanierens anthroposophisch richtig umzugehen haben. Denn dort heißt es:

»Eine besondere Unart soll hier erörtert werden, die in vielen modernen Büchern einen breiten Raum einnimmt, nämlich die Neigung klei-

---

[1] Martina Kayser/Paul-Albert Wagemann, Wie frei ist die Waldorfschule?, Geschichte und Praxis einer pädagogischen Utopie, Berlin 1993, S. 112 f.

[2] Barz, Anthroposophie, a.a.O., S. 244

ner Kinder, mit ihren Geschlechtsorganen zu spielen. Man bezeichnet dies als Onanie (Selbstbefriedigung) und sieht es ganz aus dem Blickwinkel einer früherwachten Sexualität an. [...] Der einzig richtige Weg zur Überwindung dieser Unart ist, durch nichts die Harmlosigkeit und die Unbefangenheit des Kindes zu verändern. So wie man dem daumenlutschenden Kind konsequent, aber stillschweigend immer wieder den Daumen aus dem Mund nimmt, also nicht immer wieder durch Worte oder gar Klapse das Bewußtsein auf die Unart lenkt, so vermeide man das überlange Topfsitzen oder das stundenlange wache Liegen im Bett; außerdem verändere man die Kleidung entsprechend.«[1]

Derselbe Autor stellt auch noch wissend fest: »Das kleine Kind ist gesunderweise unsexuell«[2]. Hier stellt sich allerdings bei den LeserInnen die Frage, wie kann das, was die Kinder tun, »Onanie« sein, wenn sie doch »gesunderweise unsexuell« sind? Seiner scharfen Logik weiter folgend, behauptet er, daß die Kinder sich je nach ihrer jeweiligen »sexuellen« Umgebung entfalten und moralische oder unmoralische Dinge tun. »Hat er [der junge Mensch, J. W.] in der Umwelt vorwiegend triebhafte Handlungen gesehen, werden diese in ihm ein Eigenleben entfalten. Hat er dagegen ein sinnvolles Arbeiten und Verhalten erlebt, wird sich in ihm Interesse und Freude am Leben, am Lernen und an den anderen Menschen entwickeln.«[3]. Eindeutiger geht die Schwarz-Weiß-Malerei nicht: Alles Sexuelle ist triebhaft, unmoralisch und schlecht, es verführt zum Faulenzen, zur Unlust am Leben und zum unmoralischen Handeln, alles Sublimierte, jede Übersprungshandlung ist gut und rein, sie führt auf den richtigen Weg der Tugend. Diese Haltung ist auch an Waldorfschulen spürbar, denn sexuelle Aufklärung ist im Waldorflehrplan nicht vorgesehen.

In einigen Waldorfkindergärten wird tatsächlich darauf geachtet, daß Jungen Höschen ohne Schlitz tragen, damit sie nicht durch sein Öffnen und Ziehen am Penis erregt werden. Diesem Geschlechtsteil soll auf keinen Fall (wahrscheinlich nicht vor dem 21. Lebensjahr) zuviel Aufmerksamkeit geschenkt werden. Deshalb kritisieren Kayser und Wagemann auch zurecht: »In diesem Punkt unterscheidet sich die Wal-

---

[1] Wilhelm zur Linden, Geburt und Kindheit, 11. Aufl., Freiburg 1982, S. 334
[2] Ebd., S. 335
[3] Ebd.

92

dorfschule nicht von der traditionellen christlichen Körperfeindlichkeit des 19. Jahrhunderts.«[1]

Wie fortschrittlich allerdings im anthroposophischen Kontext die Verwendung des Christgeburtsspiels als sexuelles Aufklärungsstück ist, zeigt sich in der Auffassung Steiners, »daß der Mensch der Zukunft sich nicht mehr mit Hilfe seiner Geschlechtsorgane vermehren wird.«[2]

So wie die »Empfängnis« im Christgeburtsspiel nicht etwa ein geschlechtliches Geschehen kennzeichnet, sondern eine sprachliche Verkündigung an Maria durch den Engel, werden sich in einer näheren oder ferneren Zukunft, wenn der Mensch auf einer höheren Entwicklungsstufe angelangt sein wird, auch die Sprechorgane in Fortpflanzungsorgane verwandeln. Mit anderen Worten: Aus dem Geschlechtsakt wird in Zukunft ein Sprachereignis.

Dazu Steiner: »Und das letzte Ergebnis in dieser Richtung wird sein, daß er [der Mensch, J. W.] durch seine auf der Höhe ihrer Vollkommenheit angelangten Sprechorgane sich selbst – seinesgleichen – hervorbringen wird. Die Sprechorgane enthalten also in sich gegenwärtig keimhaft die zukünftigen Fortpflanzungsorgane. Und die Tatsache, daß beim männlichen Individuum in der Zeit der Geschlechtsreife die Mutierung (Stimmveränderung) auftritt, ist eine Folge des geheimnisvollen Zusammenhanges zwischen Sprechwerkzeugen und Fortpflanzungswesen.«[3]

Diese Worte Steiners verinnerlicht und ernst genommen, läßt auch die so emsig betriebene Sprachgestaltung der AnthroposophInnen in einem ganz neuen Licht erscheinen. Hier werden in Wahrheit die zukünftigen Geschlechtsorgane für die ersten Kopfgeburten trainiert.

---

[1] Kayser/Wagemann, a.a.O., S. 113

[2] Ebd., S. 113

[3] Rudolf Steiner, Aus der Akasha-Chronik, Sonderdruck aus der Zeitschrift ›Lucifer-Gnosis‹ 1904, Nr. 14, 1908, Nr. 35, Basel 1955, S. 230

6   Steiner – ein Rassist?

Sexual- und Frauenfeindlichkeit, Sexismus und Rassismus gehören in unserer Kultur eng zusammen. Beide haben eine lange Tradition, reichen bis ins Alte Testament und durchziehen das gesamte Juden- und Christentum. Rassismus und Sexismus sind demnach feste Bestandteile der jüdisch-christlichen Kultur.

Wenn Steiner sich auch der Gefahren des Sexismus bewußt gewesen sein mag – worauf viele seiner Äußerungen hinweisen –, so zeichnet er sich in Sachen Rassismus durch ein ungeheures Maß an Unbewußtheit aus. Denn diesen hat er als Kind seiner Zeit unhinterfragt übernommen – trotz seiner Schauungen aus der Akasha-Chronik.

Selbstverständlich unterlag Steiner als Mann mit patriarchalem Weltbild dem traditionellen Zeitgeist. In ihm spiegelt sich u. a. ein Stimmungsbild der vergangenen Epoche wieder. Nicht anders sind die folgenden Äußerungen von ihm zu verstehen, die eindeutig im deutschnationalen Bewußtsein ihre Wurzeln haben. Das daraus resultierende rassistische Traditionsgut[1] möchten uns die meisten AnthroposophInnen heute gerne unterschlagen, um den Meister nicht in Mißkredit zu bringen. Das ist durchaus verständlich, es sollte aber dennoch nicht verdrängt, sondern bearbeitet werden. Es geht hier nicht darum, den Nachweis zu erbringen, daß Steiner ein Rassist war und demzufolge die gesamte

---

[1] Das Werk Steiners ist einer Studie zufolge nicht rassistisch, enthält aber diskriminierende Äußerungen. Das sagt ein in Den Haag vorgelegter Bericht einer unabhängigen Untersuchungskommission. Die Kommission war von der »Anthroposophischen Vereinigung« in den Niederlanden eingesetzt worden. »Die Kommission untersuchte Steiners Gesamtwerk und fand 145 Zitate, in denen von Rasse, Schwarzen oder Indianern die Rede ist. Zwölf Zitate wurden nach heutigen gesetzlichen Maßstäben als diskriminierend bezeichnet.« (vgl. WAZ 34, 10.2.1998) Fest steht, Steiner hat sich gegenüber nicht-weißen Rassen diskriminierend geäußert und etwa amerikanische Indianer ›unbrauchbare Menschen‹ genannt. Bei Schwarzen hat er stärkere niedrige (sexuelle) Triebe vermutet. »Heutzutage mache sich ein Autor solcher Zitate strafbar. Die Kommission verweist allerdings darauf, daß Steiner in manchen Aussagen möglicherweise dem in Deutschland aufkommenden Rassismus widersprechen wollte. [...] Inakzeptabel sei Steiners Darstellung der weißen Rasse in der Evolution. Die Kommission empfiehlt, den Lehrplan und den Unterrichtsstoff in Waldorfschulen für die Fächer Erdkunde und Völkerkunde auf stereotype Denkbilder gründlich zu überprüfen. Auch dürfe in niederländischen Waldorfschulen nicht mehr das Wort ›Rassenkunde‹ benutzt werden.« (ebd.)

Anthroposophie zu diskreditieren. Trotzdem muß es doch erlaubt sein, bestimmte Äußerungen Steiners kritisch zu bewerten und an seinem mystifizierten Status als »Hellseher« mit einem moralischen Anspruch im Sinne eines »Welterlösers« zu kratzen. Denn seine folgende »Hymne« auf die Blondhaarigen und Blauäugigen ist als Ausdruck des damaligen nationalistischen Geistes der Weimarer Zeit zu verstehen, in der alles Deutsche und Arische hochgejubelt und gefeiert und alles Fremde und Ausländische ausgegrenzt wurde. Bemerkenswert ist an dieser Stelle nur, daß Steiner sich auch als angeblich besonders hochentwickelter Geist diesem diskriminierenden und rassistischem Einfluß angeschlossen und nicht entzogen hat.

So ließ er sich bedauerlicherweise auch als allgemein bekannter Menschenfreund und Christusinterpret zu folgenden Worten hinreißen:[1]

»Zuletzt würden nur mehr Braun- und Schwarzhaarige da sein können; aber wenn nicht abgeholfen wird, so bleiben sie zugleich dumm. Denn je stärker die Körperkräfte sind, desto weniger stark sind die seelischen Kräfte. Und die Erdenmenschheit würde vor der Gefahr stehen, wenn die Blonden aussterben, daß die ganze Erdenmenschheit eigentlich dumm würde [...] Die Menschen würden ja, wenn die Blauäugigen und Blondhaarigen aussterben, immer dümmer werden, wenn sie nicht zu einer Art Gescheitheit kommen würden, die unabhängig ist von der Blondheit. Die blonden Haare geben eigentlich Gescheitheit. Geradeso wie sie wenig in das Auge hineinschicken, so bleiben sie im Gehirn mit Nahrungssäften, geben ihrem Gehirn die Gescheitheit. Die Braunhaarigen und Braunäugigen, und die Schwarzhaarigen, die treiben das, was die Blonden ins Gehirn treiben, in die Augen und Haare hinein. Daher werden sie Materialisten, gehen nur auf dasjenige, was man sehen kann, und es muß das durch geistige Wissenschaft ausgeglichen werden. Man kann also eine Geisteswissenschaft haben in demselben Maße, als die Menschheit mit der Blondheit ihre Gescheitheit verliert [...] Denn es ist tatsächlich so, daß, je mehr die blonden Rassen aussterben, desto mehr

---

[1] Diese Stellen wurde von mir dreimal in unterschiedlichen anthroposophischen Bibliotheken und Gesamtausgabebänden recherchiert, manchmal verschieben sich je nach Ausgabe die Seitenzahlen, doch an dem Text wurde nichts geändert!

auch die instinktive Weisheit der Menschen stirbt. Die Menschen werden dümmer.«[1]

Doch nicht nur diese völlig abstrusen und rassistischen Äußerungen gegen die Schwarzhaarigen und Braunäugigen hat er in vollem Ernst vorgetragen, nein, er wurde offenbar auch nicht müde, immer und immer wieder seine Vorurteile und seinen Mißmut gegen die Schwarzen zu artikulieren.

»Neulich bin ich in Basel in eine Buchhandlung gekommen, da fand ich das neueste Programm dessen, was gedruckt wird: ein [sic] Negerroman, wie überhaupt jetzt die Neger allmählich in die Zivilisation von Europa hereinkommen! Es werden überall Negertänze aufgeführt, Negertänze gehüpft. Aber wir haben ja sogar schon diesen Negerroman. Er ist urlangweilig, greulich langweilig, aber die Leute verschlingen ihn. Ja, ich bin meinerseits davon überzeugt, wenn wir noch eine Anzahl Negerromane kriegen, und wir geben diese Negerromane den schwangeren Frauen zu lesen, in der ersten Zeit der Schwangerschaft namentlich, wo sie heute ja gerade solche Gelüste manchmal entwickeln können – wir geben diese Negerromane den schwangeren Frauen zu lesen, da braucht gar nicht dafür gesorgt zu werden, daß Neger nach Europa kommen, damit Mulatten entstehen; da entsteht durch rein geistiges Lesen von Negerromanen eine ganze Anzahl von Kindern in Europa, die ganz grau sind, Mulattenhaare haben, die mulattenähnlich aussehen werden.«[2]

Manche AnthroposophInnen sagen zu diesen Äußerungen, daß sie möglicherweise nicht in dieser Form von Steiner selbst stammen, weil seine Vorträge von den verschiedensten Leuten (insbesondere von Frauen wie Helene Finckh) mitstenographiert, Nachschriften angefertigt und von ihm selbst anschließend nicht durchgesehen wurden. Andere verweisen auf den Gesamtzusammenhang, in dem diese Äußerungen stehen. Ich weiß nicht, in welchem anderen Zusammenhang diese Zitate gesehen werden sollten, damit sie entschuldbar sind. Leider sind sie so in seinen tradierten Schriften zu finden. Denn die Möglichkeit des Einschleichens von Fehlern besteht ja nun für alle Inhalte seiner ca. 6000

---

[1] Rudolf Steiner, Vortrag von 1923 für die Arbeiter des Goetheanums, in: Über Gesundheit und Krankheit (GA 348), a.a.O., S. 103

[2] Ebd., S. 189

mitstenographierten Vorträge (H. Finckh hat allein 2500 von Steiner stenographiert). Doch daß ausgerechnet diese in dieselbe Richtung gehenden Äußerungen Steiners falsch mitgeschrieben sein sollen, erscheint mir doch sehr unwahrscheinlich, dem Anthroposophen Weirauch (Redakteur der Flensburger Hefte) übrigens auch. So wird z. B. eine andere ungeheuerliche Äußerung Steiners über die Indianer: »Nicht etwa deshalb, weil es den Europäern gefallen hat, ist die indianische Bevölkerung ausgestorben, sondern weil die indianische Bevölkerung die Kräfte erwerben mußte, die sie zum Aussterben führten.«[1] von Weirauch wie folgt kommentiert:

»Die Aussage, daß die Indianer nicht durch die Europäer zugrunde gegangen seien, sondern weil sie besonders ausgeprägte absterbende Prozesse in sich trügen, ist damit nicht erklärt. Ist dies nun ein Schnitzer Rudolf Steiners? Ein Hör- oder Stenogrammfehler? Vielleicht, aber ich denke nicht. Fakt ist, daß die Indianer in den letzten Jahrhunderten deswegen gestorben sind, weil die Europäer sie abgeschlachtet haben, und aus keinem anderen Grund! Wollte jemand diesen Worten Rudolf Steiners trotzdem immer noch glauben, so müßte er erklären, wieso denn plötzlich alle Indianer just in den wenigen Jahrhunderten der Eroberung und Vernichtung gestorben wären, wenn die Europäer sie nicht abgeschlachtet hätten. Ferner müßte er erklären, wieso es denn heute immer noch Indianer gibt. Dieser Satz ist in der Tat ein übler Fauxpas Rudolf Steiners.«[2]

Solche kritische Stellungnahme von anthroposophischer Seite läßt jedenfalls auf die weitere Aufarbeitung und Distanzierung gegenüber des rassistischen Gedankenguts Steiners hoffen.

Doch nicht nur Steiner, auch seine zweite Frau Marie Steiner (geb. von Sivers) hat sich zu Äußerungen wie dieser hinreißen lassen:

»Immerhin, es ist etwas edles am Narciß, wenn er auch in Selbstbewunderung versinkt; er ist wenigstens schön. Heute aber ist schön sein nicht pikant genug – und gar edel schön sein –, das reizt nicht. Das Häßliche ist schon pikanter; die übersättigten oder überreizten Nerven

---

[1] Rudolf Steiner, Die Mission einzelner Volksseelen im Zusammenhange mit der germanisch-nordischen Mythologie (GA 121), Dornach 1962, S. 75

[2] Weirauch, in: Flensburger Hefte, Anthroposophie und Rassismus, Heft 41, 6/1993, S. 70

brauchen Aufpeitschungen: sogar das interessant Schwindsüchtige, wenn es bloß melancholisch gefärbt ist, genügt nicht mehr – es muß schon etwas dem Crétinmäßigen sich nähern. Man braucht das Blöde oder das Negerhafte, um die pikanten Würzen herzustellen; man genießt das im Krächzen Ersterbende – nicht mehr das im kranken Wohllaut Zerschmelzende. Man freut sich auch im Untersinnlich-Dämonischen, das wiederum dem Negerhaften entsteigt.«[1]

Fest steht jedenfalls, daß man rassendiskriminierende Äußerungen Steiners nicht auf Schreibfehler oder irrtümliche Einschübe von StenographInnen reduzieren kann. Steiner hat sich nicht nur im Zusammenhang mit der schwarzen Bevölkerung, sondern auch in bezug auf Malaien, Asiaten, Mongolen, Indianer und sogar Franzosen herablassend und diskriminierend geäußert. Er schimpft nicht nur auf unsere europäischen Nachbarn, sondern verurteilt gleichzeitig die französische Sprache. Aus einem tiefsten Inneren wünscht er ihre Abschaffung, macht aber dann doch aus pragmatischen Gründen einen Rückzieher. Hören wir ihn dazu selbst:

»Was die französische Sprache aufrecht erhält, ist der Furor, das Blut der Franzosen. Die Sprache ist eigentlich tot, und sie wird als Leichnam fortgesprochen. Das ist am allerstärksten an der französischen Poesie des 19. Jahrhunderts hervorgetreten. Korrumpiert wird die Seele ganz sicher durch den Gebrauch der französischen Sprache. Sie gewinnt nichts als die Möglichkeit einer gewissen Phraseologie. Das wird auch übertragen auf andere Sprachen bei denjenigen, die das Französische mit Enthusiasmus sprechen. Es liegt dies vor, daß gegenwärtig die Franzosen dasjenige, was ihre Sprache als Leichnamsprache aufrechterhalten hat, das Blut, auch noch selbst verderben. Die schreckliche Kulturbrutalität der Verpflanzung der schwarzen Menschen nach Europa, es ist eine furchtbare Tat, die der Franzose an anderen tut. Sie wirkt in noch schlimmerer Weise auf Frankreich selbst zurück. Auf das Blut, auf die Rasse wirkt das unglaublich stark zurück. Das wird wesentlich

---

[1] Marie Steiner, in: Rudolf Steiner, GA 282, S. 390 f. zitiert nach Flensburger Hefte, Anthroposophie und Rassismus, a.a.O., S. 21

die französische Dekadenz fördern. Das französische Volk als Rasse wird zurückgebracht.«[1]

»In einer Konferenz der Freien Waldorfschule in Stuttgart vom Mittwoch dem 14. 02. 1923, 18.00 Uhr, sagte Steiner bezüglich eines Antrages zum nächsten Elternabend, der die Abschaffung der französischen Sprache als Pflicht-Unterrichtsfach zum Inhalt hatte, folgendes:

»[...] Nun ist nicht zum wenigsten diese ganze Dekadenzerscheinung innerhalb der französischen Volkskultur an der Sprache deutlich bemerkbar. [...] Sie wäre diejenige, in der man, wenn ich mich paradox aussprechen darf, in der ehrlichsten Weise am leichtesten lügen kann. Sie eignet sich am leichtesten dazu, daß man in der unbefangensten, ehrlichsten Weise am meisten lügen kann, weil sie keine rechte Verbindung mehr hat mit der Innerlichkeit des Menschen. [...]

Beim Französischen ist die Sprache übergeschnappt ins rein Phraseologische, wo nicht mehr Logik zugrundeliegt, sondern nur Phraseologie – die Dinge müssen radikal gesagt werden –, so daß im Grunde genommen durch den französischen Unterricht gewiß vieles veräußerlicht wird in den Kindern, und daß man schon möchte, daß der französische Unterricht aus wirklich inneren Wesensgründen allmählich verschwinde. Es ist auch ganz selbstverständlich, daß er in der Zukunft wirklich aus dem Unterricht verschwindet.

Nun, etwas anderes liegt in diesem Moment vor, wenn die Waldorfschule in radikaler Art den Anfang machen sollte. [...] [Es ist] absolut ausgeschlossen, daß wir von der Waldorfschule den Anfang machen mit dem Kampfe für die Abschaffung der französischen Sprache. Das ist aus äußeren Gründen nicht möglich. Wir haben ja noch kein freies Geistesleben.«[2]

Erwähnenswert ist in diesem Zusammenhang, daß Steiner, der kein »ordentliches« humanistisches Gymnasium besucht hatte (Oberrealschulabschluß) über sehr geringe Englisch- und Französischkenntnisse verfügte.

---

[1] Rudolf Steiner, GA 300/2, 1975, S. 282 in Flensburger Hefte, Anthroposophie und Rassismus, a.a.O., S. 88

[2] Steiner, GA 300b, 1923, S. 276 ff., in Flensburger Hefte, Anthroposophie und Rassismus, a.a.O., S. 18 f.

Immerhin wird ja bis heute an den meisten Waldorfschulen Französisch bis zum Abitur unterrichtet. Es kann natürlich sein, daß seine Ressentiments aus seinen persönlichen Erfahrungen in Paris rühren. Dort hatte man ihn mit wenig Begeisterung aufgenommen. Näheres darüber erfahren wir von Kurt Tucholsky, der Steiners Veranstaltung in Paris besuchte.

Er berichtet uns darüber später in einem seiner kritischen Essays: »[...] Der Prophet sprach deutsch. Nach je zehn Minuten pausierte er, und dann übersetzte Jules Sauerwein [...] ins Französische [...]. Es ergab sich, aus dem verblasenen und in mißverstandener Terminologie abgefaßten Zeug herausgeschält dies: Der Mensch ist imstande, durch schärfste Konzentration zu drei Stufen der Erkenntnis vorzudringen: zu der imaginären, der inspirierten und der intuitiven. [...] Sein Gerede wimmelte von Fehlern: ob ein Bügeleisen wirklich heiß oder nur ›eingebildet heiß‹ sei, zeige das Leben. Das ist falsch. Schon Charot hat herausgefunden, daß Hysterische sich am kalten Eisen ›wirklich‹ verbrennen, und daß diese Empfindungen rein subjektiv sind. [...] Und der Dreigegliederte redete und redete. Und Sauerwein übersetzte und übersetzte. Aber es half ihnen nichts. Dieses wolkige Zeug ist nun gar nichts für die raisonablen Franzosen, die gerade in der Philosophie eine außerordentlich klare und präzise Ausdrucksweise lieben (daher sie selbst für die echten Mystiker wie Angelus Silesius nicht viel übrig haben). Neben mir saß ein alter Herr mit den vernünftigen, braunen Augen des gebildeten Franzosen: sie tränten ihm – so litt er unter der Schläfrigkeit. Die Zuhörer schliefen reihenweise ein; daß sie nicht an Langeweile zugrunde gingen, lag wohl an den wohltätigen Folgen weißer Magie. Immer, wenn übersetzt wurde, dachte ich über diesen Menschen nach. Was für eine Zeit –! Ein Kerl etwa wie ein armer Schauspieler, der sommerabends zu Warnemünde, wenns regnet, im Kurhaus eine ›Réunion‹ gibt, alles aus zweiter Hand, ärmlich, schlecht stilisiert ... und das hat Anhänger –! Wie groß muß die Sehnsucht in den Massen sein, die verlorengegangene Religion zu ersetzen! Welche Zeit –!«[1]

---

[1] Kurt Tucholsky, Rudolf Steiner in Paris, in: ders., Deutsches Tempo, Texte 1911 bis 1932, Hamburg 1990, S. 361 ff.

In der Konfrontation mit einem Steinerzitat über die französische Sprache äußert sich eine Französischlehrerin aus Frankreich, ihr sei bekannt, daß Steiner sich negativ über die Franzosen und die französische Sprache geäußert habe, doch das sei aus den damaligen politischen Verhältnissen heraus zu erklären. Im übrigen hätten diese Aussagen Steiners für die Praxis an den Schulen ja keinerlei Auswirkungen. Dieser letzte Punkt ist wohl wahr. Doch kann man einem »geistigen Führer« unhinterfragt folgen, der sich zu solchen Äußerungen hinreißen läßt, ohne auf eine öffentliche Distanzierung oder Ablehnung dieser seine Gedanken hinzuwirken? Und können politische Verhältnisse nicht ebenso schnell wie damals wieder Bedingungen konstellieren, daß diese Äußerungen Steiners aus der Versenkung hervorgeholt und gefährlich werden könnten, trotz der hehren und freigeistigen Ansprüche der AnthroposophInnen?

Jedenfalls beschreibt Steiners geistige Mutter und Gründerin der Theosophischen Gesellschaft, Helena Petrowna Blavatsky[1] in ihrer Geheimlehre eine arische Wurzelrassentheorie, die sowohl in die Anthroposophie Steiners als auch in die Thule-Gesellschaft[2] einfließt.[3] Die Gedan-

---

[1] siehe hierzu Weibring, a.a.O., und Sylvia Cranston, Leben und Werk der Helena P. Blavatsky, Satteldorf 1995

[2] »Der Name der Thule-Gesellschaft leitet sich her von der sagenhaften Thule, einer nordischen Entsprechung der untergegangenen Kultur Atlantis. Ein Geschlecht von riesenhaften Übermenschen soll auf Thule gelebt haben. Sie standen nach der Meinung ihrer modernen Bewunderer durch magische Kräfte mit dem Kosmos in Verbindung. [...] Dieses Wissen sei nun, nachdem Deutschland am Rande seines Untergangs stehe, zur Rettung des Vaterlandes und zur Entstehung einer neuen Rasse von nordisch arischen Atlantiern bestimmt. Ein neuer Messias werde kommen, der das deutsche Volk zu dieser seiner wahren Bestimmung führen werde.« (Peter Orzechowski, Schwarze Magie – Braune Macht, Ravensburg, Ulm, o. J., S. 37) »Die Gesellschaft ist im Sommer 1919 von Rudolf von Sebottendorff als ›äußerer Ring‹ der im Hintergrund arbeitenden völkischen Geheimverbindung Germanenorden gegründet worden. Offiziell ist die Thule als ›Studiengruppe für germanisches Altertum‹ angemeldet. Sie zählt zweihundertfünfzig Mitglieder in München und etwa fünfzehnhundert in Bayern.« (ebd., S. 19)

[3] »Eckart, der intime Kenner der esoterischen Szene, hat die Schriften der H. P. B. gekannt und auf diesem Weg mag eine Beeinflussung Hitlers stattgefunden haben. [...] Nach all den bisherigen Recherchen ist deutlich, daß die Geheimlehre der Madame Blavatsky in der völkischen Literatur zahlreiche Nachahmer hat. Es ist für diese Untersuchung nicht erheblich, ob die Rassisten von Blavatsky abgeschrieben haben. Entscheidend ist, daß die Geheimlehre und die Weisheit der Ariosophen (Wissen der

kengänge der Thule-Gesellschaft prägten nachweislich deren Mitglieder, die späteren Naziführer Alfred Rosenberg, Rudolf Hess[1], Dietrich Eckart[2] usw.[3]

Orzechowski schreibt, daß die Mitglieder der Thule-Gesellschaft die Deutsche Arbeiterpartei (DAP) gegründet haben, in der Hitler als V- (Vertrauens-)Mann der Propaganda- und Presseabteilung des Reichswehrgruppenkommandos IV in München eingeschleust wurde[4], sich sehr schnell zum Wortführer machte und diese kleine Splitterpartei später in die NSDAP umbenannte.

Neben den gemeinsamen Wurzeln der Anthroposophischen Gesellschaft und der Thule-Gesellschaft in den arischen Gedankengängen der Theosophie Blavatskys gibt es offenbar noch einen direktere Begegnung der beiden Gesellschaften.

»Ein Mitarbeiter Rudolf Steiners soll nach Eckarts Angaben das Büro der ›Bürgervereinigung‹ aufgesucht haben, um nach einer Möglichkeit zur Verbreitung der politischen Ideen Rudolf Steiners zu fragen. Steiner hat sie 1917 in seinem Buch ›Zur Dreigliederung des sozialen Organismus‹ vorgestellt, in der er die Gesellschaft als Analogie zum menschlichen Körper sieht. [...] Ich gehe hier nicht näher auf Steiners politische Theorie ein, da sie Hitler nicht beeinflußt haben dürfte.

Arier) in den wesentlichen Punkten übereinstimmen, ja daß dieses geheime Wissen, das H. P. B. von Tibet in den Westen gebracht haben will, als altes Wissen von Eingeweihten ehrfürchtige Geltung gewinnt und die Theorien und Rassenfanatiker bestätigt.« Orzechowski, a.a.O., 131 f.

[1] Hess erklärt 1938 in Berlin auf einer Homöopathiekonferenz, die er abhalten läßt, gegenüber den ihn untersuchenden britischen Ärzten, »daß er stets Steiners (!) Empfehlungen für eine gesunde Ernährung und für natürliche Heilweisen gefolgt sei.« Orzechowski, a.a.O., S.121

[2] Dietrich Eckarts (1868-1923) war Mitglied der Thule-Gesellschaft und ein Handlanger Hitlers. Außerdem kannte er nach Orzechowski die Theosophie und die Steinersche Anthroposophie. (vgl. Orzechowski, a.a.O., S. 141) Er leitet seinen Rassismus aus der christlichen Mystik ab und gründete 1919 die ›Bürgervereinigung‹, um dort seine Gesinnung gegen Juden und Kommunisten zu verbreiten.

[3] vgl. hierzu auch E. R. Carmin, Das schwarze Reich, Geheimgesellschaften und Politik im 20. Jahrhundert, München 1998. Carmin belegt, inwiefern hinter der Naziregierung ganz andere Mächte am Werke waren: nämlich Geheimgesellschaften wie die Freimaurer, der Thuleorden, die Weisen Zions u. a. Hitler war nach Carmin nur eine Marionette dieser schwarzmagischen Herren.

[4] Orzechowski, a.a.O., S. 17

Dennoch: mit seinem Anspruch, eine politische Organisation auf religiös-spiritueller Grundlage zu gründen, ist Steiner zu einem direkten Konkurrenten und Feind der Nationalsozialisten geworden.«[1]

Auf diesem Hintergrund beschließt Eckart, ihn zu verleumden. Er behauptet, Steiner sei ein Jude aus Galizien, betreibe sexuelle Magie und seine Hintermänner strebten eine jüdisch-freimaurerische-kommunistische Weltverschwörung an.[2]

Daß die Nazis aufgrund der Annahme, die anthroposophische Bewegung sei eine Konkurrenz für sie, diese eher diskreditierten, zeigt auch Hitlers Äußerung 1921 in München:

»Im Verlauf der Londoner Angelegenheit tauchen nun allmählich derartig geheimnisvolle Begleitumstände auf, daß es nicht nur zweckmäßig, sondern endlich notwendig ist, sich diesen Herrn Minister [Simon, J. W.], intimen Freund des Gnostikers und Anthroposophen Rudolf Steiner, Anhänger der Dreigliederung des sozialen Organismus und wie diese ganzen jüdischen Methoden zur Zerstörung der normalen Geistesverfassung der Völker heißen, etwas näher daraufhin zu besehen, ob das geistlose Gesicht nach Lloyed Georges Meinung wirklich nur die Folge des Mangels an Geist ist oder die Larve, hinter der sich alles verbirgt ...«[3]

Die Dreigliederungslehre, die Hitler hier anspricht, soll jedenfalls auch nicht von Steiner selbst entwickelt worden sein. So schreibt bereits Ipares 1936 über Steiner: »Wenn es ginge, würde man auch die Tatsache aus der Welt schaffen, daß Steiner sich, vorbehaltlos zum ›Anarchismus‹ bekannte (sein Brief an den Anarchisten John Henry Mackay), dem er seine 1919 verkündete politische Lehre von der ›Sozialen Dreigliederung‹ entlehnt hat; von seinem Rosenkreuzertum und der okkultpolitischen Rolle Steiners in der Marne-Schlacht gar nicht zu reden.«[4]

---

[1] Orzechowski, a.a.O., S. 39

[2] vgl. ebd., S. 39

[3] Adolf Hitler, zitiert nach Arfst Wagner, Beiträge zur Dreigliederung des sozialen Organismus, Dokumente und Briefe zur Geschichte der Anthroposophischen Bewegung und Gesellschaft in der Zeit des Nationalsozialismus, Bd. 1, Allgemeine Anthroposophie, Rendsburg 1991, S. 95

[4] G. Ipares, Geheime Weltmächte, Eine Abhandlung über die ›Innere Regierung‹ der Welt, München 1936, S. 34

Im Hinblick auf Steiners rassistische Äußerungen ist jedoch fairerweise anzumerken, daß Steiners Gesamtwerk nicht als rassistisch einzustufen ist und er selbst auch kein Rassist gewesen ist.

Immerhin finden wir auch Bemerkungen wie diese zum Rassebegriff: »Doch schon am Ende unseres fünften Zeitalters wird das Wort ›Rasse‹ wieder allen Sinn verlieren. Die Menschheit wird in der Zukunft in Teile gegliedert sein, die man nicht mehr wird als ›Rasse‹ bezeichnen können. Es ist durch die gebräuchliche theosophische Literatur in dieser Beziehung viel Verwirrung angerichtet worden.«[1]

Auch Blavatsky, die Gründerin der Theosophischen Gesellschaft, an die sich Steiner als ihr Generalsekretär inhaltlich anlehnte, war keine Rassistin. Über Blavatsky heißt es in der jüngst 1995 erschienenen Biographie »Außerdem gibt es eine Fülle von Beweisen, daß sie sich dem Rassismus, dem Kastengeist und der Unterdrückung von Frauen aktiv widersetzte, denen sie in Indien begegnete, wo sie lange lebte.«[2] Leider hat Steiner seine inhaltlichen Anleihen aus den Werken »Entschleierte Isis und Geheimlehre« von Blavatsky später in seiner Autobiographie (»Mein Lebensgang«), die er zwei Jahre vor seinem Tod schrieb, negiert, in der er vorgibt, von Anfang an eigene Ideen verfolgt zu haben. Diese Aussage von ihm mag wohl trotzdem richtig sein, da er die Theosophische Gesellschaft nur als Steigbügel für seine eigenen Ziele benutzt hat und in ihr ein geeignetes Rednerforum fand. Außerdem dienten ihm die dort bereits formierten AnhängerInnen dazu, diese von seiner ›besseren‹ »Anthroposophischen Gesellschaft« zu überzeugen und einen Übertritt zu forcieren. Fakt ist dennoch, daß Blavatsky ihm auch inhaltlich dazu diente, seine spirituelle Lehre zu entwickeln und in »eigene Ideen« zu überführen. Sie hat ihn geistig befruchtet, selbst wenn er das später nicht mehr wahrhaben wollte![3] »In einem Brief vom 20. August 1902 schreibt Steiner an Maria Sivers, *Die Geheimlehre* (das zweite umfassende Werk Blavatskys) sei pünktlich eingetroffen und

---

[1] Rudolf Steiner, Aus der Akasha-Chronik, 1904/1905, S. 196, zitiert in Zeitschrift Info 3, 1993, S. 13

[2] Cranston, a.a.O., S. 619

[3] vgl. auch Weibring, a.a.O.

liege auf seinem Schreibtisch; sie sei ihm sehr nützlich und er zöge sie fortgesetzt zu Rate.«[1]

Abschließend noch einmal zurück zum Rassismusvorwurf gegenüber Steiners Anthroposophie: Eine »unabhängige« Untersuchungskommission (sie bestand größtenteils aus Anthroposophen, wie z. B. aus dem Leiter Dr. Ted van Baarda) wurde 1997 von der Allgemeinen Anthroposophischen Gesellschaft eingesetzt. Sie sollte die angebliche Rassenlehre Steiners untersuchen. AnthroposophInnen waren durch Öffentlichkeit und Presse immer stärker unter Druck geraten, zumal in den Niederlanden das Fach Rassenkunde existiert. Auch die »unabhängige« Kommission mußte immerhin zugestehen, daß, wenn Steiners Gesamtwerk auch keine Rassenlehre enthält, immerhin in ihm »einige wenige Stellen zu finden sind, die, würden sie heute so ausgesprochen wie sie in den Vortragsnachschriften gedruckt sind, geeignet wären, Menschen wegen ihrer Rassenzugehörigkeit zu diskriminieren. Sie wären deshalb nach niederländischem Recht vermutlich strafbar. Weitere 50 Stellen könnten, aus dem Zusammenhang gerissen, mißverständlich sein und eine diskriminierende Wirkung haben oder zeugen von einer minderen Art der Diskriminierung. [...] In dem über 300 Seiten umfassenden Zwischenbericht sind insgesamt knapp 150 Zitate Rudolf Steiners einer präzisen Untersuchung nach Aussage, Absicht und möglicher Wirkung unterzogen worden. [...] Die Kommission empfiehlt, insgesamt 62 Fundstellen künftig nur noch kommentiert zu veröffentlichen.«[2]

---

[1] Cranston, a.a.O., S. 615

[2] Rammon Brüll, Niederländischer Untersuchungsbericht, Kein Rassismus bei Rudolf Steiner, in: Info 3, März 1998, S. 23

7 Steiners Androzentrik
in Sprache und Gottesbildern

Aus feministisch-theologischer Perspektive sind bei Steiner erstaunlich viele fortschrittliche Gedanken zu finden. Weibliche Gottesbilder sind ihm nicht fremd und werden in der Gestalt der Isis und Sophia erwähnt. Diese Offenheit für das göttliche Weibliche sucht ihresgleichen in der traditionellen Theologie seiner Zeit.

So hat er z. B. vier Vorträge zu weiblichen Gottheiten verfaßt[1] und folgendes Gedicht geschrieben:

»Isis-Sophia,
Des Gottes Weisheit
Sie hat Lucifer getötet
Und auf der Weltenkräfte Schwingen
In Raumweiten fortgetragen.
Christus-Wollen
In Menschen wirkend,
Es wird Lucifer entreißen
Und auf des Geisteswissens Booten
In Menschenseelen auferwecken
Isis-Sophia,
Des Gottes Weisheit.«[2]

Es finden sich in seiner Wortwahl neben seinen sonstigen überwiegenden Vater- und Christusbildern immerhin auch die »Weltenweiten« und »Geisteswelten«[3], der »Mutter Geist«[4], »die physische Mutterhülle«, die den Menschen entläßt[5], aber auch »Gottheiten« oder einfach »das Göttliche«.

Auch in seiner Sprache schlägt diesbezüglich sein sehr differenziertes Bewußtsein durch.

---

[1] Steiner, Die Suche nach der neuen Isis, a.a.O.
[2] Rudolf Steiner, Wahrspruchworte (GA 40), Dornach 1978, S. 131
[3] Ebd., S. 11
[4] Ebd., S. 193
[5] Rudolf Steiner, Lucifer – Gnosis (GA 34), S. 320 ff, 346, zitiert nach Ausführungen Rudolf Steiners, Bd. I, a.a.O., S. 83

Oft ist Steiner ganz sensibel in seiner geschlechtsspezifischen Wortwahl, wenn es um die direkte Anrede seiner ZuhörerInnen geht. Hier spricht er von Freunden und Freundinnen[1], Lehrern und Lehrerinnen, Schülern und Schülerinnen, woran sich die AnthroposophInnen merkwürdigerweise heute leider nicht halten, obwohl sie doch sonst so darauf bedacht sind, alles wortgetreu von ihrem Meister zu übernehmen. Doch es scheint an dieser Stelle die rein männlich-patriarchale Sprachform eine stärkere Wirkmacht zu besitzen als die ihres Meisters.

Neben dieser Differenziertheit seiner Sprache begegnen wir auch dem genauen Gegenteil. So spricht er z. B. über viele Seiten vom Menschen, ohne daß damit Frau *und* Mann gemeint sind, sondern seine Inhalte sich allein auf den Mann beschränken.

Solche »Geschlechtsneutralität« veranlaßt dann viele dazu, dem Irrtum zu erliegen, es reiche, vom *Menschen* zu sprechen, um die Tatsache, daß Frauen einfach nicht mitgedacht werden, aufzuheben. Denn wenn die Unterschiede nicht mehr benannt werden, sind sie damit noch lange nicht verschwunden. Eine Gesellschaftskritik greift zu kurz, wenn sie die unterschiedlichen gesellschaftlichen Positionen der Geschlechter nicht berücksichtigt.

Steiners zweite Frau, Marie von Sivers, verfällt gleichermaßen diesem Irrtum, wie wohl die meisten Frauen ihrer Generation. So schreibt sie, wie bereits erwähnt,[2] in einem Vorwort zu Steiners Buch über Erziehung:

»Der Mensch steht im Mittelpunkt dieser Erziehung, nicht mehr der Knabe und der Mann; der Mensch, nicht mehr die Konfession; der Mensch, nicht mehr Standes- oder Klassengeist. Allgemeine Menschheitserziehung, herausgeholt aus den Notwendigkeiten der Zeit, mit Überwindung des Standes- und Geschlechtsunterschiedes und der Konfessionen: mit Berücksichtigung aller Anforderungen, die heutige Zeit an den Menschen stellt: das ist, was die Gegenwart braucht und erwartet.«[3]

---

[1] Rudolf Steiner, Rudolf Steiner in der Waldorfschule (GA 298), Stuttgart 1958, S. 89, 91, 101

[2] vgl. oben, S. 46

[3] Marie Steiner in: Steiner, Gegenwärtiges Geistesleben und Erziehung (GA 307), im Vorwort S. XXX

Marie Steiner ist allerdings nicht klar, daß mit der Wortwahl auch schon die pädagogischen Inhalte ebenfalls daraufhin abgestimmt werden müßten, um diesem Anspruch tatsächlich gerecht zu werden.

Trotz Steiners vielfältiger Erwähnungen des Göttlich-Weiblichen bleibt es dennoch in einer marginalen Position und wird nicht in das gesamte anthroposophische Konzept integriert. Und dies, obwohl auch Steiners geistige Mutter in Sachen Spiritualität, *Helen P. Blavatsky*, bereits in ihrem Werk, das Steiner genauestens studierte und für »seine« Anthroposophie entlehnte[1], Gott als geschlechtslos beschreibt. »In der Geheimlehre (Bd. I Fußnote S. 314) bezeichnet sie den Begriff ›Gottvater‹ als ›anthropologische Erdichtung‹.«[2]

Die überwiegend männlichen Sprachbilder bei Steiner lauten: der Gottes-Sohn, Menschen-Sohn, das Vater-Prinzip und immer wieder der Herr und Vater, auch die Adam-Seele, die von der Zarathustra-Individualität des einen Jesus-Knaben durch die Welt geleitet wird.[3]

Im großen und ganzen geht es Steiner um die Erweckung des göttlichen Vatergefühls. Und dies zieht sich auch stringent durch den Waldorflehrplan. In diesem internen Lehrplan heißt es:

»Diese Vorstellung muß man besonders hereinbringen, also das Innewohnen des Gottes in dem Menschen. Das ist etwas, was schon auf dieser Stufe verwendet werden muß. Auf dieser Stufe [in den vier unteren Klassen, J. W.] würde ich noch von jeder Christologie absehen und nur aus der Natur und aus Naturvorgängen heraus eben das *göttliche Vatergefühl* erwecken.«[4]

Diese Überrepräsentanz des Vaterprinzips findet sich bis heute an Waldorfschulen in den Heroengestalten, den Rittern, Helden und Prinzen, aber auch in den jährlich aufgeführten Oberufer Weihnachtsspielen, in denen Gott Vater mit langem weißen Rauschebart auftritt. Hier suchen wir die weibliche Dimension des Göttlichen vergeblich.

---

[1] Cranston, a.a.O., S. 615

[2] Ebd., S. 89

[3] vgl. Christoph Lindenberg, Rudolf Steiner, 1861-1914, Eine Biographie, Stuttgart 1997, S. 460 u. 464

[4] Steiner, zitiert in: E. A. Karl Stockmeyer, Rudolf Steiners Lehrplan für die Waldorfschulen, 3. Aufl., Stuttgart 1976, S. 348

Dabei enthält der Begriff Natura neben der Bedeutung des Gebärens das ganze matriarchale Bewußtsein, da er auch Weltall und Weltgesetz heißt. Dargestellt wird es z. B. in alten Kulturen (weit vor der »atlantischen Periode«), in denen die Göttin »Nut« in Ägypten noch als gebärende Himmelsgöttin dargestellt wird, die morgens die Sonne gebiert und sie abends wieder verschluckt. Doch auch die ägyptische Göttin Maat, eine Personifikation der Wahrheit, Gerechtigkeit und Weisheit ist ursprünglich in dem Begriff »Mutter« enthalten. Sie war die erste Frau und die »Mutter Gottes« und wurde häufig katzenköpfig dargestellt. Ihr Symbol war die Feder, gegen die sie in ihrer Unterwelt der Gerechtigkeit jede Herz-Seele aufwog.

Die Wortwahl Steiners im Hinblick auf das Göttliche hingegen unterscheidet sich hier in nichts von der patriarchalen katholischen und evangelischen Kirche, auch wenn er selbst aus der Akasha-Chronik (Weltenäther) zu rezitieren glaubt, wenn er sagt:

»Diesen Menschen nannte man in den alten Zeiten den Gottessohn. Und den, der heute seinen physischen Leib so hat, daß das Ich-Bewußtsein darin leben kann, nannte man den Menschensohn. So daß der Gottessohn im Menschensohn lebt. Heute ist es so, daß der Gottessohn sich nicht mehr bewußt werden kann im Menschensohn, sondern erst abgeschnürt werden soll, wenn das heutige Ich-Bewußtsein auftreten soll. Aber des Menschen Aufgabe ist es, den Menschensohn, die äußeren Hüllen, durch bewußte Aufnahme der spirituellen Welt so umzugestalten, so zu überwinden, so sich über das zum Herrn zu machen, daß nach und nach der Menschensohn wiederum ganz durchdrungen wird vom Gottessohn.«[1]

In den Priesterschriften, die erst kürzlich von der Nachlaßverwaltung gegen den Willen der Christengemeinschaft veröffentlicht wurden, finden sich neben der einseitig männlichen Wortwahl noch andere Gemeinsamkeiten mit der katholischen Kirche, auf die nachfolgend noch eingegangen werden soll. So geht Steiner z. B. auch von der »Sünde«

---

[1] Ausführungen Rudolf Steiners zum Verständnis des dritten Jahrsiebts in seinem allgemeinen Vortragswerk, Bd. II, zusammengestellt durch Elisabeth Huber-Reebstein /Hellmut Huber, Als Manuskript gedruckt durch die Pädagogische Forschungsstelle beim Bund der Freien Waldorfschulen zum internen Gebrauch, Stuttgart 1982, S. 413

des Menschen aus, die er nur als »Sündenkrankheit« bezeichnet. Und die Frau ist auch bei ihm diejenige, die die Sünde in die Welt bringt, indem sie vom Apfel zuerst ißt. Sie ließ sich von der Schlange, die bei Steiner symbolisch für Luzifer steht, verführen. Auch die Schöpfung sieht er in seinem fünften Evangelium, das er aus der Akasha-Chronik geschaut haben will, ähnlich wie die konfessionellen Kirchen. Obwohl er die Möglichkeit hatte, sich auf zwei sehr verschiedene Schöpfungsberichte zu beziehen, einen, der von einer gleichberechtigten Schöpfung von Mann und Frau, und ein anderer, der von der Ersterschaffung des Mannes ausgeht, wählt Steiner die zweite Möglichkeit. Adam wird bei ihm als erstes geschaffen, auch wenn er sich männlich-weiblich vorgestellt wird, eben wie der Adam-Kadmon. Die Frau wird erst danach von Gott dem HERRN aus seiner Rippe konstruiert, alles klassisch wie im Schöpfungsbericht des AT (in Genesis 2). Und dieses Geschehen wird den Kinder der Waldorfschulen zu Weihnachten im Paradiesspiel auf Waldorfbühnen demonstriert.

Steiner tastet letztlich die patriarchalen Vorgaben der Kirche nicht an, so übernimmt er die männliche Trinitätslehre und das einseitig männliche Gottesbild.

Im Gegensatz dazu weist auch von Stieglitz auf Steiners männliche Trinität und sein »Vaterbekenntnis« hin. Er referiert Steiner, wenn er schreibt:

»Der Mensch geht aus von der Betrachtung der Natur und kann aus dieser Vertiefung in die Natur ein ›Vaterbekenntnis‹, ein ›Vaterbewußtsein‹ gewinnen. Die Natur lehrt den Menschen in einem ›Vatererlebnis‹, daß er mit ihr wesenhaft verbunden ist (112, 17 f.).«[1]

Schließlich hat Steiner zuletzt ein eigenes Vaterunser verfaßt und interpretiert.[2]

Im folgenden Zitat eines weiteren Vortrags wird z. B. (in der ungekürzten Fassung) zehnmal, fast in jedem Satz, der Terminus des Vaterprinzips verwandt.

---

[1] Klaus von Stieglitz, Die Christosophie Rudolf Steiners, Voraussetzungen, Inhalt und Grenzen, Witten 1955, S. 43 f.

[2] Rudolf Steiner, Das Vaterunser, Eine esoterische Betrachtung, Dornach 1954, 1. Aufl. 1907, der Vortrag wurde in Berlin am 28.1.1907 gehalten, der Text entspricht der Ausgabe von 1920.

Inhaltlich bringen die ständigen Wiederholungen nichts Neues, sondern erschweren nur das Lesen auf eine fast unerträgliche Weise. Hier eine gekürzte Kostprobe:

»Und der Verlauf des ganzen Menschenlebens, dieses Menschenlebens, das normalerweise eben als Patriarchenleben von 70 Jahren bezeichnet werden kann, schließt sich zusammen mit der Begegnung mit dem Vater-Prinzip. Wir werden eine gewisse Zeit unseres physischen Erdenlebens [...], aber in den intimen Tiefen der Seele vollwertig die Begegnung mit diesem Vater-Prinzip. [...] um auf das zu achten, was so in unser Leben aus uns selber kommend als Nachwirkung der Begegnung mit dem Vater-Prinzip hereinspielt. [...] Der Mensch entzieht sich durch den eigenwilligen Tod eventuell der Begegnung mit dem Vater-Prinzip. [...]«[1]

Untersuchen wir weiter, welche Gottesvorstellungen Steiner der *vorchristlichen* Jahrhunderte zugrunde legt, so finden wir in seinen geistigen Ergüssen den alles dominierenden URSTAMMESVATER. Nach Steiner wirkte diese väterliche Gottheit über Generationen hinweg in dem Bewußtsein der »heidnischen Welt« neben anderen Gottheiten durch das Blut der Menschen hindurch. Er erklärt das so:

»Die Gottvatervorstellung ist eine solche aus dem Grunde, weil man ja den Urvater des Stammes, des Volkes, als den Ausgangspunkt des Göttlichen ansah; aber als das Mittel, wodurch er wirkte, sah man die Erde an, und die Wirkungen der Erde im Blute, im ganzen Menschenleib sah man als dasjenige an, was eigentlich Wirkungen des Göttlichen sind. [...] Diese Wissenschaft von der Vatergottheit, die wirkte nach in den drei ersten Büchern des Johannes Scotus Erigena, von denen ich Ihnen gestern gesprochen habe. Im Grunde genommen weiß er es nicht mehr recht, denn er lebte eben schon im 9. nachchristlichen Jahrhunderte; aber Erbstücke der Urweisheit waren vorhanden, die davon sprachen, daß in dem, was den Menschen irdisch umgibt, der Vatergott lebt, der nicht geschaffen, aber schaffend ist, die anderen Gottheiten leben, die geschaffen sind, aber schaffend sind.«[2]

---

[1] Ausführungen Rudolf Steiners, Bd. I, a.a.O., S. 256 f.

[2] Rudolf Steiner, Perspektiven der Menschheitsentwicklung (GA 204), Dornach 1979, S. 282 f.

Die anderen Gottheiten sind bei Steiner Wesenheiten der verschiedenen Hierarchien, die als geschaffene und nichtschaffende Wesenheiten um den Menschen herum leben. Und nun seine Prophezeiung: »Erwarten soll der Mensch diejenige Welt, in welcher die Gottheit als eine nichtschaffende und nichtgeschaffene, also eine ruhende waltet, die alles andere in ihrem Schoße aufnimmt.«[1]

So schlußfolgert Steiner am Ende seines Vortrages: »Der Logos ist das Schöpferische, nicht der Vatergott«[2] Die beiden Prinzipien Vatergott und Christus werden einander dualistisch gegenübergestellt, obwohl er vorher immer betont hat, daß wir wieder zu dem intuitiven Bewußtsein der ersten Christen gelangen müßten, die den Stammesvatergott in den Naturgeistern und -dingen sahen und eben keine Trennung vornahmen. Steiner will ja gerade wieder mit Hilfe seiner »Geisteswissenschaft« zu dem zurück, »wie die Menschen damals gedacht haben.«[3] Allerdings wird bei seinen Ausführungen nicht deutlich, ob er die Position der von ihm zitierten ersten christlichen Kirchenväter teilt, die die Naturgeister als gegnerische Macht zum Vatergott stellten, oder nur darin mit ihnen übereinstimmt, daß Christus der eigentliche Schöpfer der Erde ist. Er referiert: »Und so sagten die ersten christlichen Kirchenväter: Die Alten der vorchristlichen Zeit glaubten an den Vatergott, aber sie konnten ihn ja gar nicht unterscheiden von den Naturgeistern; sie glaubten eigentlich an dieses ganze Reich des Vatergottes mit dem Naturreich zusammen. Sie glaubten, daß von dem herrührte die ganze sichtbare Welt. Das ist aber nicht wahr, so sagten sie. [...] Die irdischen Dinge aber, die wir mit den Sinnen sehen, die außer uns sind, die also geworden sind als irdische, die rühren nicht von diesen Naturgeistern und auch nicht vom Vatergotte her, [...] das rührt von dem Sohne, von dem Logos her, den der Vatergott hat aus sich hervorgehen lassen, damit der Logos die Erde schaffe; und das Johannes-Evangelium ist aufgerichtet, ein großes, bedeutsames Monument, um anzudeuten: Nein, es ist nicht so, wie die Alten geglaubt haben, daß die Erde vom Vatergott geschaffen sei; der

---

[1] Steiner, Perspektiven der Menschheitsentwicklung (GA 204), a.a.O., S. 283
[2] Ebd., S. 294.
[3] Ebd., S. 278

Vatergott hat den Sohn aus sich hervorgehen lassen, und der Sohn ist der Schöpfer der Erde.«[1]

Ein Widerspruch oder eine Unfähigkeit des klaren Ausdrucks Steiners? Meint er vielleicht: Der Logos sei das Schöpferische, genauso wie der Vatergott?

Eine Parallele zu Steiners fehlender Logik und Widersprüchlichkeit gerade im Hinblick auf die Überbetonung des Vaterprinzips hat eine lange Tradition. Sie findet sich bereits bei Philo von Alexandria, der zur Zeit Jesu lebte. Er spricht zunächst von der weiblichen göttlichen Weisheit, läßt diese aber dann auch wieder in den männlichen Logos münden, wie die feministische Theologin C. Mulack aufzeigt. »Auf jeden Fall wird der Logos als Führergestalt zum festen Bestandteil der philonischen Lehre, durch die die Weisheit ihre zentrale Rolle verliert.«[2] Sie konstatiert weiter: »Doch auch hier hält Philo seine eigenen Gedankengänge nicht konsequent durch; denn abgesehen davon, daß er von der Weisheit als dem Weg spricht, erwähnt er sie auch einige Male als Wegleiterin. Dennoch ist es letztlich nicht sie, die die Kraft hat, Hindernisse zu beseitigen und den Weg zu bahnen. Das ist vielmehr der Logos!«[3]

Ähnlich wie bei Steiner, der immer von dem Vaterprinzip, dem Stammesvater usw. als dem schöpfenden Prinzip spricht, dann jedoch auch in ein Entweder-Oder verfällt, d. h. alles im Logos = Christus münden läßt und den Gott-Vater in Gegensatz zu diesem stellt. Das ändert sich auch nicht durch die Tatsache, daß er in einem anderen Vortrag schlichtweg den Vater zur Unternatur erklärt, im Gegensatz zum Christus.

»So sehen wir, daß der Mensch in seiner Erdenorganisation sich herausreißen kann aus der Natur nach zwei Richtungen hin, nach der Richtung der Unternatur zum Vater, nach der Richtung zur Übernatur zum Geiste, und der Christus ist seit dem Mysterium von Golgatha der Vermittler von beiden Welten, der Durchgeistiger des Naturdaseins,

---

1 Steiner, Perspektiven der Menschheitsentwicklung (GA 204), a.a.O., S. 284 f.

2 Christa Mulack, Die Weiblichkeit Gottes, Matriarchale Voraussetzungen des Gottesbildes, Stuttgart 1983, S. 194

3 Ebd., S. 195

der Durchgeistiger des normalen Menschseins, der immer da die Harmonie hervorzurufen hat zwischen Unternatur und Übernatur.«[1]

Steiner lehnt sich inhaltlich an Freud an (ohne diesen zu erwähnen, und den er im übrigen eher ablehnt), denn dieser hatte bereits die väterliche Urhorde konstruiert.

Selbst wenn Steiner von der Weisheitslehre spricht, in deren Mittelpunkt die Sophia steht, eine weibliche göttliche Gestalt, führt er diese auf den Vatergott zurück.

»Man hatte im Altertum eine religiöse Weisheitslehre, und im Grunde genommen war diese religiöse Weisheitslehre um so mehr auf dem Wesen des Vatergottes aufgebaut, in je frühere Zeiten man zurückschaut.«[2]

Längst hat jedoch die Theologie herausgefunden, daß jene Texte, die den Logos als Abkömmling des Vaters hymnisch preisen, ursprünglich die Weisheit verehrten.[3]

Religionswissenschaftlich ist ebenfalls belegt, daß die Weisheit ursprünglich eine eigene Gestalt war, die dem Vatergott voraufging und erst später von ihm absorbiert wurde.

Und es gibt in allen Regionen auf der Welt neben der patriarchalen Sichtweise, die die Weisheit als »Vater« bezeichnet, jahrhundertelange Weisheitraditionen, die den weiblichen Ursprung herausstellen. In der jüdischen Mystik (Kabbala) heißt sie z. B. Chochma und in Ägypten Maat. Doch auch andere weibliche Gestalten sind in alten Mythen und sogar im Alten Testament zu finden. In der biblischen Schöpfungsgeschichte heißt es, die Ruach (hebräisch = die heilige Geistin) brütete über den Wassern. Die Bibel berichtet auch von den früheren Göttinnen, die als Himmelsköniginnen verehrt wurden. Ihnen brachten die von der Kirche als heidnisch bezeichneten Völker ihre Speise- und Trankopfer dar.[4] Diese religionswissenschaftlich belegten Kulturen, in denen Göttinnen als Himmelsköniginnen verehrt wurden, haben of-

---

[1] Rudolf Steiner, Das Zusammenwirken von Ärzten und Seelensorgen (GA 318), Dornach 1984, S. 159

[2] Steiner, Perspektiven der Menschheitsentwicklung (GA 204), a.a.O., S. 279

[3] vgl. den Theologen Bultmann, in: Felix Christ, Jesus Sophia, Zürich 1970, aber auch Ernst Haenchen, Johannes-Evangelium, Ein Kommentar, Tübingen 1980, S. 152

[4] Jeremia 7 u. 44, 15-19

fenbar in der Akasha-Chronik keinen Niederschlag gefunden. Ein Blick ins Alte Testament hätte genügt.

Doch die schöpferische Gottheit ist für Steiner der sich in der Ätherwelt seit Golgatha befindende Christus, der sich langsam auf die Erde niedersenkt, bis er sich irgendwann wieder inkarniert. Der Christus wird im Johannes-Evangelium mit dem Logos identifiziert. Im Gegensatz zum Johannes Evangelium, haben die Menschen nach Steiner in der Zeit vor dem 4ten nachchristlichen Jahrhundert, dem Christus das schöpferische Prinzip abgesprochen und allein dem Vater zugeschrieben. Steiner sieht in dieser Lehre einen Widerspruch zum Johannesevangelium, denn er spricht Christus die Schöpfung aller sichtbaren Dinge zu. (ebd. S. 279) Würde Steiner jedoch seine Lehre der abwechselnden Geschlechter in den Reinkarnationen zu Ende denken und mit in seine Gottesvorstellungen integrieren, könnte es ja möglich sein, daß dieser Christus eine »Christa« wird und somit zukünftig in weiblicher Gestalt auftritt.[1]

Nicht so bei Steiner, er will zurück zu einem Zustand, der vor dem vierten nachchristlichen Jahrhundert liegt. Für Steiner waren die Naturgottheiten männlich, die Menschen dieser Epoche haben angeblich in der Natur den Stammesvatergott gesehen. Dabei bedeutet das lateinische Wort Natura »Gebärung« und spricht somit eindeutig von weiblichen Kräften, die sich in der Natur offenbaren.

Steiner will zurück zu einem intuitiven, imaginativen Bewußtsein, das nicht von der Natur getrennt wahrgenommen wird, sondern in dem die Menschen die Gottheiten durch ihr Blut erleben, wie er es ausdrückt. Die Kirchenväter haben die Menschen von diesem Bewußtsein, das Naturhafte mit dem Vatergöttlichen zu verbinden, abgeschnitten, in-

---

[1] 1281 stirbt in Mailand eine Frau namens Vilemina (Guillelma in Latein), die von vielen als Heilige und Meisterin bewundert wurde. Sie war die Tochter aus der zweiten Ehe des Königs von Böhmen, Premysl I, mit Konstanze von Ungarn. Sie sammelte zu Lebzeiten einen Kreis von SchülerInnen um sich, die eine eigene Kirche gründeten. Die »Vilemiten« behaupteten, daß Vilemina der in einem Frauenkörper inkarnierte Heilige Geist gewesen sei. 1300 eröffnete die römische Inquisition einen Prozeß gegen die Sekte. Schwester Mayfreda, der Kopf der Sekte, endete auf dem Scheiterhaufen.(Luisa Muraro in: Luce Irigaray, Der Atem von Frauen, Rüsselsheim 1997, S. 57) Merkwürdig, daß Steiner nicht die Greueltaten der Kirchen, die Hexenverfolgungen, in seiner Akasha-Chronik sieht.

dem sie polarisierten. Hier die Natur, da der Vatergott und die Welt des Geistigen, das einzig schöpferische Prinzip.

Dieser beschriebenen Vaterdominanz liegen nach Auffassung Kathrin Taubes[1] gesellschaftlich gewachsene Allmachtsphantasien und narzißtische und egozentrische Bedürfnisse zugrunde, die sie auch bei Steiner und den AnthroposophInnen zu entdecken glaubt.

Taube beschreibt in Anlehnung an den individualpsychologischen Ansatz Horst E. Richters (Der Gotteskomplex), daß das gesamte anthroposophische System ein narzißtisches ist, welches Größenwahn und Allmachtsphantasien einschließt.

»Horst E. Richter hat in seinem Buch ›Der Gotteskomplex‹ die These aufgestellt, daß der Mensch – und das heißt nahezu uneingeschränkt bis zum heutigen Tag: der Mann – nach seiner allmählichen Loslösung aus der kindlichen Abhängigkeit von Gott unter dem Zwang steht, sich selbst mit Gottes Allmacht zu identifizieren: ›Sich aus der Verlorenheit in die absolute Selbstsicherheit, aus der hilflosen Kleinheit in die unversehrbare Größe und Stärke zu retten.‹ (Richter, S. 80)«[2]

Richter beschreibt, wie der Mensch sich allmählich aus der totalen Herrschaft Gottes zu befreien begann, indem er den Schritt zur Mündigkeit, zum Erwachsensein wagte. Damit einher ging eine Angst und Schutzlosigkeit, die in einer Überkompensation und Identifizierung mit göttlicher Allmacht bestand.

Der Mensch, d. h. in erster Linie faktisch der Mann begann die *Natur* zu erforschen und zu kontrollieren. Er versuchte sie sich »untertan zu machen«, sie zu be-»herr«-schen. Jedes Phänomen mußte jetzt erklärt, kontrolliert und berechnet werden, um die dahinter liegende Angst zu bannen und in den Griff zu kriegen.

»Richter spricht von einem starren Egozentrismus, der den neuzeitlichen Menschen kennzeichnet: Seit er sich mit Gottes Allmacht und Stärke identifiziert, betrachtet er sich als abgeschlossene Einheit, die je-

---

[1] Sozialpädagogin, arbeitete als hauswirtschaftliche Praktikantin in anthroposophischer Einrichtung, studierte dann Sozialpädagogik und publizierte die Studie: Ertötung aller Selbstheit, Das anthroposophische Dorf als Lebensgemeinschaft mit geistig Behinderten, München 1994

[2] Taube, a.a.O., S. 153

derzeit selbst mit allen Problemen und Schwierigkeiten fertigwerden kann – und es deshalb auch muß.«[1]

Deshalb konstatiert Taube zurecht: »Von den Produkten menschlich-männlichen Größenwahns sind wir heute reichlich umgeben.«[2]

Und diesen Größenwahn will sie auch in »Steiners Geistesschauungen« und der Anthroposophie entdeckt haben.

Es kehren hier in dieser narzißtischen Störung der AnthroposophInnen ihrer Meinung nach auch die Schattenanteile, die verdrängten Gefühle und Ängste wieder, denen ein mangelndes Selbstgefühl zugrunde liegt und die deshalb durch einen enormen Leistungswillen überkompensiert werden.

»Nicht anders als in der Anthroposophie finden sich folgende narzißtische Überzeugungen:

- Der Mensch strebt nach Omnipotenz bzw. wird aufgefordert, seine Energie auf dieses Ziel zu richten.

- Der einzelne ist ein sich abgeschlossenes Individuum, das sich in jeder Hinsicht perfektionieren soll; die menschliche Beziehungs- und Gemeinschaftsfähigkeit wird unterschätzt, genauso wie die darin liegenden Chancen zur gegenseitigen Ergänzung.

- Die Emotionalität wird miß- bzw. verachtet, das führt zur Abspaltung der Gefühle und verschiedenen Mechanismen zur Verdrängung der Schwäche und des Leidens.

- Der Körper und die ›Triebnatur‹ werden als Hindernis zur freien Entfaltung wahren Menschseins angesehen.

- Die Materie ist bedeutungslos oder feindlich; sie wird ignoriert, bekämpft oder durch eine geist-schaffende und deshalb bessere, vermeintlich kontrollierbarere zweite ›Natur‹ ersetzt.«[3]

Taubes angeführter zweiter Punkt stimmt nicht. Die Anthroposophie ist sehr wohl auf Gemeinschaftsfähigkeit angelegt, diese wird keineswegs unterschätzt. Ansonsten können die von ihr hervorgehobenen narzißtischen Überzeugungen nicht nur auf die Anthroposophie, sondern gleichermaßen auf den fundamentalistischen Katholizismus und

---

[1] Taube, a.a.O., S. 154
[2] Ebd., S. 154
[3] Ebd., S. 160

den fundamentalistischen Protestantismus angewandt werden. Taube weist im weiteren Verlauf ihrer Studie nach, »daß sich die Anthroposophie weder inhaltlich noch von der psychologischen Disposition her vom Mainstream westlich-neuzeitlichen Denkens unterscheidet – jedenfalls, was das Phänomen »Gotteskomplex« betrifft.«[1] Ihre zusätzlichen Ausführungen würden in diesem Zusammenhang zu weit führen, im Hinblick auf unsere Fragestellung ist jedoch interessant, daß sie den kosmischen Geist-Materie-Dualismus und die Verherrlichung des Geistes als weiteres Kennzeichen der Anthroposophie herausstellt, der bereits die abendländische Philosophie von der Antike bis in die Neuzeit prägte.

Auch in Steiners »Akasha-Chronik« finden wir diesen Dualismus. Er beschreibt, daß jede »Unterrasse«, die sich ihre egoistischen Begierden befriedigt, dem Untergang geweiht ist, besonders, wenn ihre Triebbefriedigung einhergeht mit der Weigerung, die Denkkraft auszubilden. Ähnlich wie die Zeugen Jehovas, so Taube, (nur auf einem höheren Niveau) werden bei Steiner nur jene Menschen erlöst, d. h. von ahrimanischen Einflüssen befreit, die den anthroposophischen Schulungsweg beschreiten und seiner Christologie nachfolgen.

8 Androzentrische Mängel in der Akasha-Chronik

Die Akasha-Chronik weist eigenartige Lücken auf. Ebensowenig wie Göttinnen haben sich offenbar die Erkenntnisse der Religionswissenschaft und Feministischen Theologie in ihr eingeschrieben. Darum konnten sie nicht von Steiner in seiner »Geisterschau« berücksichtigt werden.

Gemeint sind die wissenschaftlichen Untersuchungen zum patriarchalmännlichen Gottesbild auf der einen und zu seinen gesamtgesellschaftlichen Auswirkungen auf der anderen Seite.

Sowenig Steiner diese Erkenntnisse berücksichtigt hat, findet die Suche der Frauen nach weiblichen Gottesbildern ihren Niederschlag in der

---

[1] Taube, a.a.O., S. 160

religionspädagogischen Praxis der Waldorfschulen. Während an den Staatsschulen feministische Theologie in der Mittel- und Oberstufe erscheint, wird sie an Waldorfschulen völlig ignoriert.

Hier wird ein breites Spektrum weiblicher Wirklichkeit ausgeklammert und den Mädchen vorenthalten. Einerseits werden sie mit sämtlichen alten patriarchalen Geschichten konfrontiert, anderseits fehlt ihnen die gewandelte Präsenz des Weiblichen in der Gegenwart.

In einer Fülle von Büchern[1] protestieren Frauen bereits gegen die männlich geprägte Kirche und das von ihr vertretene Glaubensgebäude und Gottesbild, die weibliche Bedürfnisse und Seinsweisen außer acht lassen. Sie protestieren gegen Priester, die eine frauenfeindlich-chauvinistische Ethik verkünden. Unter dem Motto: »Wir sind auch Kirche« begeben sie sich auf die Suche nach ihren eigenen Gottesbildern, ihren eigenen Visionen und ihrer spezifisch weiblichen Ethik. Sie laden zu Veranstaltungen ein, formulieren ihre Gedanken, arrangieren Workshops und gründen Frauenkirchen. Weibliche Spiritualität ist das Stichwort. Die Suche nach Selbstverwirklichung, Eigenmacht und Ganzheit sind nicht nur Schlagworte, sondern entspringen einem tiefen Bedürfnis nach einem Aufbruch in andere Bewußtseinssphären. Esoterik, die Reise nach innen, wird von vielen auch als Selbstbefreiungsprozeß verstanden, sich von alten Vorstellungen zu lösen, um neue Gedanken in sich aufnehmen zu können. Angeknüpft wird an mystische Traditionen, die aus weiblicher Perspektive neu interpretiert werden.

Wer nach den Gesetzen der Großen Mutter lebte, durfte einen sakramentalen Trank zu sich nehmen, der zu ritueller Reinheit führt, ähnlich der christlichen Riten, »die sich im Blut des Lammes« wuschen. Die ägyptischen Moralvorstellungen waren hoch entwickelt, einige tauchten Jahrhunderte später wieder in der Bibel auf.

Maat war nicht nur Richterin der Toten, sie war mehr als das. Sie stand für alle ägyptischen Göttinnen wie Hathor, Isis, Neith (Nut), Nechbet

---

[1] z. B. Elisabeth Moltmann-Wendel, Frau und Religion, Frankfurt am Main 1983, Catharina J. M. Halkes, Gott hat nicht nur starke Söhne, Gütersloh 1980, Ursa Kratiger, Die perlmutterne Mönchin, Zürich 1983, Carola Wolf, Macht und Ohnmacht der Frauen in der Kirche, Stuttgart 1983, Uwe Gerber, Die Feministische Eroberung der Theologie, München 1987, Norbert Sommer, Nennt uns nicht Brüder, Frauen in der Kirche durchbrechen das Schweigen, Stuttgart 1985

u. a. Sie war auch die Hervorbringende und entsprach der griechisch-römischen Mutter der Morgenröte, Mater Matuta. Sie wurde nicht nur in Ägypten, sondern auch in anderen Ländern, teilweise unter anderen Namen, verehrt. Die Afrikanischen Pygmäen kennen Maat noch heute unter dem Namen, den sie als Mutter und Mutterschoß trug: Matu.[1]

Auch der Mond, der bei Steiner immer so eine große Rolle spielt, weil wir angeblich bereits das Mondenzeitalter hinter uns haben und die Erde den Mond und die Sonne aus sich herausgestoßen hat, bekommt in der ägyptischen Tradition eine weibliche Bedeutung. Steiner weiß dagegen von den Mondadepten zu berichten. So bezeichneten nach Plutarch ägyptische Priester den Mond als Mutter des Universums. Denn er »besitzt das Licht, das feucht und schwanger macht und die Zeugung lebender Wesen und die Befruchtung von Pflanzen fördert«[2]. In den meisten Sprachen ist auch der Mond weiblich und hat im mythologischen Kontext vieler Völker eine weibliche Wurzel. Obgleich das mittlerweile auch wieder in der Matriarchatsforschung strittig ist. Manche Forscherinnen behaupten, das Kennzeichen des Matriarchats sei es, den Mond männlich darzustellen. In den ältesten Texten ist der Mond männlich, er wurde erst dann weiblich, als man wußte, daß er von der Sonne bestrahlt wird. Klar ist jedoch, daß er immer das Geschöpf der Göttin ist. »Ob ›Gott‹ nun als Mondgott vorgestellt wird, wie El im ugaritischen Mythos, oder als Abkömmling der Sonne, wie Ba'al als Sohn der Himmelskönigin Anat – immer ist der Gestirnssohn das Geschöpf des weiblichen Himmels. Wo der Gott sich seinen Himmel, aus dem er immer wieder geboren werden muß, selbst erschafft, haben wir es mit theologischen Spekulationen zu tun, die der natürlichen Vorstellungswelt zuwider laufen.«[3]

Orientalische Völker verehren noch heute vor der Sonne den Mond. Die Mitglieder einer gnostischen Sekte glaubten an ein Urwesen, was sie als »das himmlische Horn des Mondes« bezeichneten. So war auch der Mond die ewige Große Mutter. In Zentralasien war er der Spiegel

---

[1] vgl. Barbara G. Walker, Das Geheime Wissen der Frauen, Frankfurt am Main 1993, S. 638 f.
[2] Plutarch, zitiert in Walker, a.a.O., S. 733
[3] Gerda Weiler, Ich verwerfe im Lande die Kriege, München 1986, S. 51, und dies., Das Matriarchat im Alten Israel, Berlin, Köln 1989

der Großen Göttin, der alles auf der Welt reflektierte. Die Sioux-India-
nerInnen nannten den Mond »die alte Frau, die nie stirbt«. Bei den Iro-
kesInnen wurde er als »Die Ewige« bezeichnet. Schön ist auch der
Name bei den PerserInnen »Metra, deren Liebe alles durchdringt.« Die
»Mondin« bestimmt den Menstruationszyklus der Frau, in einigen
Teilen Indiens richtet sich noch heute die landwirtschaftliche Arbeit
nach ihr aus. Das Tragen des Halbmonds war die sichtbare Verehrung
der Göttin. Der Prophet Jesaja rügte deshalb die Frauen Zions dafür,
daß sie Mondamulette getragen hatten (Jesaja 3, 18). Die Landbevölkerung in Frankreich und Portugal vermischte die Mutter Jesu mit der
Mondgöttin und nannte sie »Notre Dame« und »Muttergottes«.[1]
Doch auch die Isis galt als die älteste Göttin der Alten, aus der alles
Werden wuchs, wie ägyptische Inschriften verkünden. Sie war gleichzeitig ebenfalls die gesetzgebende Große Mutter. In ihren besonderen
Mysterienkult eingeweiht zu werden, bedeutete, nach dem Tode einen
privilegierten Status einzunehmen. Diese Vorstellung wurde sogar später von den Christen übernommen. Ihre AnhängerInnen glaubten an
die Isis als die »ewige Erlöserin der Menschheit«. Die Pharaonen saßen
auf ihrem Schoß. Der Name Isis leitet sich höchstwahrscheinlich von
dem Begriff »Ashesh« ab, was soviel bedeutet wie »Ausgießen und Er-
nähren«. Sie verschlang den Erlöser Osiris und schenkte ihm das Leben
wieder. Die Isis wurde auch in der griechisch-römischen Welt verehrt,
vom Rande der Sahara bis zu den britischen Inseln, von den Bergen
Asturiens bis zur Donau. Der Isis-Kult gelangte um das Jahr 80 v. Chr.
nach Rom und blühte im gesamten römischen Reich, bis er ca. vier
Jahrhunderte später vom Christentum verdrängt wird.[2]
Die griechische Göttin Demeter leitet sich auch von meter = Mutter ab.
De meint das Delta oder Dreieck. Es steht ebenfalls als Symbol für das
weibliche Geschlechtsorgan. Demeter verkörpert in Asien das Tor des
rätselhaften Weiblichen. »Wie alle ältesten Personifikationen der asiati-
schen Ur-Göttin war sie als Jungfrau, Mutter und altes Weib Schöpfe-
rin, Erhalterin und Zerstörerin. Die dreifache Kali-Cunti entsprach
derselben yonischen Ur-Mutter. Als Jungfrau erschien Demeter in Ge-

---

[1] vgl. Walker, a.a.O., S. 734 ff.
[2] vgl. ebd.

stalt der Kore, des keuschen Mädchens, das manchmal auch als ›Tochter‹ Demeters bezeichnet wurde. In der mythologischen Erzählung von der Entführung Kores traten beide Aspekte der Göttin – Jungfrau und Mutter – in zwei verschiedenen Personifikationen auf.«[1]

Dies sind nur einige Vorstellungen von Göttinnen, die aufgrund ihrer unterschiedlichen Vielfalt und Verbreitung über die gesamte Erde auch Steiner aus der Akasha-Chronik bekannt gewesen sein mußten, sofern hier das ganze Weltgeschehen aus Vergangenheit und Zukunft eingeschrieben sein soll.

Doch auch sein Zeitgenosse Bachofen müßte ihm bekannt gewesen sein, er hat immerhin »Das Mutterrecht« verfaßt und die mutterrechtlichen Kulturen im Orient beschrieben.

Es könnten noch etliche Beispiele genannt werden, die sowohl auf Göttinnenkulte als auch auf Matriarchate verweisen. Folgende Literaturhinweise sollen genügen, sich näher kundig zu machen.[2]

Das ausschließliche Vorkommen der Göttinnen prähistorischer Zeit läßt Steiner völlig außer acht, die gesamten religions- und symbolge-

---

[1] Walker, a.a.O., S. 160

[2] Elizabeth Gould Davis, Am Anfang war die Frau, München 1980, Göttner-Abendroth, Die Göttin und ihr Heros, a.a.O., dies., Matriarchat I und II, a.a.O., Weiler, Das Matriarchat im Alten Israel, a.a.O., Elaine Pagels, Versuchung durch Erkenntnis, Frankfurt am Main 1987, Esther Harding, Frauen-Mysterien einst und jetzt, Zürich 1949, Otfried Eberz, Sophia und Logos oder die Philosophie der Wiederherstellung, Freiburg 1976, Richard Fester, Sprache der Eiszeit, München 1980, ders., Weib und Macht, Frankfurt am Main 1980, R. Briffault, The Mothers, London 1928, Georg v. Gynz-Rekowski, Symbole des Weiblichen in Gottesbild und Kult des Alten Testamentes, Zürich u. Stuttgart 1963, J. J. Bachofen, Das Mutterrecht, a.a.O., Helmut M. Böttcher, Gott hat viele Namen, München 1964, Christa Mulack, Die Weiblichkeit Gottes, a.a.O., dies., Jesus der Gesalbte der Frauen, Stuttgart 1987, dies., Natürlich weiblich, a.a.O., dies., Maria, Die geheime Göttin im Christentum, Stuttgart 1985, dies., Im Anfang war die Weisheit, Feministische Kritik des männliches Gottesbildes, Stuttgart 1988, Maria Kassel, Feministische Theologie, Perspektiven zur Orientierung, Stuttgart 1988, Inge Wenck, Gott ist im Mann zu kurz gekommen, Eine Frau über Jesus von Nazareth, Gütersloh 1982, Mary Daly, Gynökologie, a.a.O., dies., Jenseits von Gottvater Sohn und Co, Aufbruch zu einer Philosophie der Frauenbefreiung, München 1980, Carola Meier-Seethaler, Ursprünge und Befreiungen, Eine dissidente Kulturtheorie, Zürich 1988, Jutta Voss, Das Schwarzmond-Tabu, Die kulturelle Bedeutung des weiblichen Zyklus, Stuttgart 1988, Robert von Ranke-Graves, Die weiße Göttin, Berlin 1981, Jean Markale, Die Keltische Frau, Mythos, Geschichte, soziale Stellung München 1984

schichtlichen, archäologischen und mythologischen Erkenntnisse werden von ihm ignoriert.

Es ist zu hoffen, daß irgendwann einmal die Richtung der neuen frauenbefreienden spirituellen Bewegung auch in die Waldorfschulbewegung Einzug erhält. Vielleicht erwächst aus ihr dann eine kritische Mädchen-, Frauen- und Männergeneration, die Steiner anders als bisher rezipiert und auch seine patriarchalen Inhalte kritisch reflektiert.

Nur so sind seine »geisteswissenschaftlichen« Erkenntnisse langfristig noch ernst zu nehmen und verhelfen zu einem wirklich »ganzheitlichen« Welt- und Menschenbild, daß Anstoß und Lebenshilfe sein kann.

Erst wenn der Göttinnengeschichte der alten Welten und der Unterdrückungsgeschichte von Frauen Rechnung getragen wird, kann einem differenzierteren und freieren als dem vom Meister okkupierten Göttinnen- und Frauenbild hier und anderswo zur Neugeburt verholfen werden, das den Anspruch verdient, für alle Menschen, auch für Frauen, eine wegweisende befreiende Funktion zu haben, bzw. den Anstoß dazu zu geben. Dies müßte ganz im Sinne des Meisters sein, der immerhin im Hinblick auf Frauen erkannt hat, daß sie neue Ideen mit ihrer ganzen Seele aufnehmen:

»Deshalb sind die Frauen empfänglicher für alle neuen Ideen, die Seele bemächtigt sich ihrer, und sie können ihre Gedanken leichter durch das Gehirn dirigieren, der Mann setzt seine zähen Gehirnteilchen nicht leicht in Tätigkeit.«[1]

---

[1] Steiner, zit. in Ausführungen Rudolf Steiners, Bd. I, a.a.O., S. 130 f.

9 Die Waldorfschule: eine religiöse Weltanschauungsschule

Steiner hatte, wie zu zeigen sein wird, nicht nur einen pädagogischen, sondern auch einen religiösen Anspruch im Hinblick auf die Waldorfschule. Dieser zeigt sich:

1. an seiner Rolle als Religionsstifter im Hinblick auf die Christengemeinschaft (s. nachfolgendes Kapitel),

2. an seinen Anweisungen und seinem besonderen Auswahlverfahren für Freie christliche ReligionslehrerInnen an Waldorfschulen,

3. an seinem Umgang mit den herkömmlichen Konfessionen an Waldorfschulen,

4. an seinen konkreten Äußerungen zur Anthroposophie und religiösen Erziehung im allgemeinen.

Steiner war nicht nur halber (nicht-examinierter) Pädagoge und promovierter Philosoph, Generalsekretär der Theosophischen Bewegung und selbsternannter spiritueller Meister, sondern für seine AnhängerInnen auch ein Prophet mit »hellseherischen Weihen« versehen und einem universalen »wissenschaftlichen« Anspruch als anthroposophisch-moderner Mystiker im Sinne eines Religionsstifters.

Woran wird nun deutlich, daß es sich bei der Waldorfschule um eine christlich-anthroposophische Religionsschule handelt?

1. Rudolf Steiner wird als Prophet und Gründer der anthroposophischen Bewegung und Waldorfschule verehrt. Er wird total überhöht und seine Worte sind das Evangelium. Ja, er hat angeblich selbst sogar das 5. Evangelium aus dem Weltenäther (der Akasha-Chronik) gesehen und aufgeschrieben.

2. Die KlassenlehrerInnen und meistens auch die FachlehrerInnen der Waldorfschulen müssen eine anthroposophische Unterweisung haben (1-4 Jahre), die sie an verschiedenen pädagogisch-anthroposophischen Ausbildungsinstituten vermittelt bekommen. Hier wird insbesondere das spirituelle und »geisteswissenschaftliche« Welt- und Menschenbild[1]

---

[1] vgl. Wolfgang Schneider, Das Menschenbild der Waldorfpädagogik, Freiburg, Basel, Wien 1991 und Heiner Ullrich, Waldorfpädagogik und okkulte Weltanschauung, 3. Aufl., Weinheim und München 1991

Steiners gelehrt, das verbindliche Grundlage ihrer künftigen pädagogischen Arbeit ist.

3. In der Waldorfschule wird neben dem konfessionellen Unterricht (evangelischer und katholischer Religionsunterricht) sowohl der Christengemeinschaftliche Religionsunterricht als auch der Freie christliche Religionsunterricht angeboten. In beiden Fächern wird je nach Altersstufe im Sinne Rudolf Steiners anthroposophisches Gedankengut (z. B. in dem anthroposophisch interpretierten AT die Michaeligeschichte) vermittelt, in den höheren Klassen auch sein metaphysisches Weltbild, sein Christusverständnis, sein Gottesverständnis, seine Zukunftsvisionen, seine Christologie und teilweise seine abstrusen Vorstellungen aus der Akasha-Chronik. (z. B. daß wir uns in der Zukunft auf dem Venusplaneten mit unseren Sprachwerkzeugen fortpflanzen werden usw.)

4. Im Freien christlichen Religionsunterricht werden die Kinder mal mehr und mal weniger massiv dazu angehalten, an den Sonntagshandlungen teilzunehmen.

5. Der Freie christliche und der Christengemeinschaftliche Religionsunterricht unterscheiden sich nach Aussagen von Christengemeinschaftlichen PriesterInnen nur im Kultus voneinander. D. h. die Christengemeinschaft definiert sich allein über den Kultus, der beim Freien christlichen Unterricht fehlt, hier werden in der Sonntagshandlung keine Sakramente erteilt. Es werden jedoch in beiden »Menschenweihe«-Handlungen dieselben Steinerworte gesprochen, die nicht verändert werden dürfen, genauso wenig wie seine sonstigen Anweisungen der Raumgestaltung, Altarschmückung usw.

6. Der konfessionelle Unterricht hat eine exterritoriale Stellung. Steiner sagt selbst über die Duldung der anderen Konfessionen, er müsse einen Kompromiß mit diesen schließen. Während kirchliche ReligionslehrerInnen an allen Schulen von der internen Konferenz ausgeschlossen bleiben, dürfen sie an manchen Schulen an den pädagogischen Konferenzen teilnehmen. Sie werden jedoch als Nicht-AnthroposophInnen niemals voll integriert, anders als die LehrerInnen des Freien christlichen Religionsunterrichtes, die oftmals auch FachlehrerInnen sind oder früher KlassenlehrerInnen waren.

7. Manchmal fließen eben doch direkt anthroposophische Inhalte in den Hauptunterricht ein, wenn auch überwiegend in der Oberstufe, die an der Waldorfschule ab der 9. Klasse beginnt.

Auf diese Merkmale verweist auch der evangelische Pfarrer Badewien, der trotz seines m. E. ungerechtfertigten eigenen apologetischen Ansatzes, dennoch zurecht für den freien christlichen Religionsunterricht fordert:

»Natürlich ist es das gute Recht einer Weltanschauungsgemeinschaft, die eine Schule betreibt, ihre Sichtweise in dem von ihr verantworteten Unterricht zur Sprache zu bringen. Aber die Benennung ist falsch! Die Bezeichnung ›Freier christlicher Unterricht‹ kommt einer Täuschung der Eltern gleich. Steiner selbst sprach bisweilen vom ›anthroposophischen Religionsunterricht‹. Diese Benennung ist ehrlicher und entspricht der Sache.«[1]

Wäre die Waldorfschule hingegen tatsächlich nur eine anthroposophische Methodenschule und keine Weltanschauungsschule, so müßten die konfessionellen ReligionslehrerInnen ebenso integriert werden und die divergierenden Inhalte und Vorstellungen, die von der Methodik unabhängig sind, dürften absolut keine Rolle spielen.

Helmut Schreiner, ein Zeitgenosse und Kritiker Steiners versuchte bereits den Ursachen seines Erfolges und der enormen Anziehungskraft der Anthroposophie auf den Grund zu gehen: »... hier liegt die große Anziehungskraft der Anthroposophie: ein ungeheurer Wissensstoff wird verbunden zu einem Ganzen, alles Spezialistentum, alle Scheidungen und Trennungen sind aufgehoben und verwertet in einem großen Organismus, der Religion, Kunst und Ethos umspannt. Der Mensch der Gegenwart, eingeengt von der ausdörrenden Nichtigkeit des Einzelwissens, vermag wieder etwas zu ahnen von der universitas literarum. Es gibt schlechterdings keinen Gegenstand, über den Steiner nicht schon geschrieben hätte.«[2]

Und im Hinblick auf den religiösen Aspekt weiß der Wissenschaftler Schreiner:

---

[1] Badewien, Anthroposophie, a.a.O., S. 154
[2] Helmut Schreiner, Die Anthroposophie als Wissenschaft und Religion, in: Der Geisteskampf der Gegenwart, 1923, 59. Jg., S. 172

»Sie [die Anthroposophie, J. W.] trägt ein doppeltes Angesicht. Sie tritt auf mit dem Anspruch, Wissenschaft zu sein, und wirkt doch durchaus als eine Art Religion. [...] Sie prägt dem Menschen ein geheimes Zeichen auf die Stirn, dem sich kaum einer der ihrigen entziehen kann.«[1]

Steiner aber behauptet steif und fest, die Anthroposophie sei eine Wissenschaft des Geistes und die Waldorfschule eine Methodenschule. Im Hinblick auf die Anthroposophie behauptet er gerade, *keinen* Weg der religiösen Erfahrung zu geben, sondern einen von jedem nachvollziehbaren und gangbaren »wissenschaftlichen« Schulungsweg. Doch Schreiner stellte bereits 1923 das genaue Gegenteil fest, auch wenn er hinzufügt (was m. E. falsch ist), daß nur ein geringer religiöser Anteil in der Anthroposophie vorhanden sei:

»Der andere Weg, Gewißheit zu erlangen, vom Wesen und der Wahrheit des Geistes und seiner Welt, ist der Weg der religiösen Erfahrung. Die Anthroposophie lehnt ihn als Weg zur Erkenntnis grundsätzlich ab. Sie will Wissenschaft sein und nicht Religion. Wer aber die religiöse Erfahrung als den Weg zur Geisteserfahrung ablehnt, sagt damit zugleich – seine Ehrlichkeit vorausgesetzt – daß er tatsächlich nichts weiß von der Welt der Religion, denn der lebendige Glaube trägt unmittelbar diese Gewißheit in sich, Gemeinschaft zu erleben mit dem ewigen Geist. Dem entspricht auch in der Tat eine sachliche Prüfung des religiösen Gehaltes der Anthroposophie. Er ist sehr gering. Aber weil er ein merkwürdiges Gemisch ist von Wissenschaft, Hellseherei und Religion, weil überall in ihr einzelne Wahrheitsmomente zerstreut liegen, wirkt sie zugleich mit ihrer Geschlossenheit und Weite auf eine verkümmerte Theologie ebenso wie auf hungernde und dürstende Menschenseelen für eine Zeitlang mit starker Anziehungskraft. Vor allem Frauen und weich veranlagte Männer, Ästheten, aber auch Intellektualisten fallen ihr anheim; Willensmenschen in allerseltensten Fällen.«[2]

Durch die Hoffnung auf die vollständige Kontrolle der metaphysischen Kräfte und zukünftigen Ereignissen fühlen sich die AnhängerInnen der Anthroposophie auf eine höhere Ebene entrückt. Hinzu kommt der Auserwählungsgedanke, sie hätten eine Mission für die Welt, den Men-

---

[1] Schreiner, a.a.O., S. 171
[2] Ebd., S. 176

schen den geistigen Aufstieg zu erleichtern, eine für viele verlockende Versprechung.[1]

Die Waldorfschule ist infolgedessen von Anfang an eine Religionsschule, die von Steiner als »eingeweihtem« Religionsstifter (mit finanzieller Hilfe des Zigarettenfabrikanten Emil Molts) ins Leben gerufen wurde, auch wenn er seine Rolle aus taktischen Gründen gerne kaschierte und aus pragmatischen Gründen behauptete, die Waldorfschule sei *keine* Bekenntnis- und Weltanschauungsschule, sondern lediglich eine Methodenschule.

Und dennoch behauptet der in Waldorfkreisen bekannte Autor Stefan Leber: Es »wird sinnwidrig, wenn man die Waldorfschule, weil sie sich aus der Anthroposophie heraus begründet, aus einer Philosophie der Freiheit, als Weltanschauungsschule bezeichnet. Genau dagegen wird sich jeder, der den Zusammenhang durchdenkt, zur Wehr setzen, [...] Denn weder liegt es in ihrer pädagogischen Absicht, eine Weltanschauung im Sinne einer Ideologie vermitteln zu wollen, noch versteht sich die Anthroposophie selbst als solche, weil jeder Weltanschauung die Gefahr der Erstarrung innewohnt.«[2]

Im Gegensatz zu Leber legt jedoch Wolfgang Schneider (1990) in seiner Dissertation recht überzeugend dar:

»Anthroposophische Weltanschauung und anthroposophische Praxis durch den Methodenbegriff zu trennen scheint uns deswegen weder theoretisch noch praktisch möglich zu sein. Dies vorzugeben durch den Begriff einer Methodenschule ist entweder – wie oben angedeutet – naiv oder sogar eine bewußte Täuschung von Eltern und Kindern. Erkenntnisinteresse und Erziehungsziel sind insofern notwendig anthroposophisch bestimmt.«[3]

---

[1] vgl. auch J. W. Hauer, Werden und Wesen der Anthroposophie, Eine Wertung und eine Kritik, Stuttgart 1922; Hans Leisegang, Die Grundlagen der Anthroposophie, Hamburg 1922; Heiner Ullrich, a.a.O.; Heiner Barz, Anthroposophie, a.a.O.; Richard Geisen, Anthroposophie und Gnostizismus, Paderborn, München, Wien Zürich 1992; Jan Badewien, Anthroposophie, a.a.O.; Klaus von Stieglitz, Die Christosophie Rudolf Steiners, a.a.O.

[2] Stefan Leber, Weltanschauung, Ideologie und Schulwesen, Ist die Waldorfschule eine Weltanschauungsschule?, Stuttgart 1989, S. 120

[3] W. Schneider, a.a.O., S. 265

Hätte Steiner diese Tatsache allerdings offen eingestanden, wären die Gelder möglicherweise nicht so bereitwillig von allen Seiten geflossen. Wahrscheinlich hätte auch nicht dieser enorme Zulauf bei der Bevölkerung eingesetzt. Denn als Bekenntnisschule würde er sowohl die konfessionellen als auch die konfessionsunabhängigen Eltern abschrecken, die ersteren würden ihren Glauben gefährdet sehen, die zweiten würden den Waldorfschulen mit größerer Skepsis begegnen. Insofern gilt sein methodischer Schachzug bis heute als gelungenes Unternehmen. Nur die Skeptiker und die durch bittere Erfahrung Enttäuschten merken hin und wieder, welches Maß an Inkongruenz zwischen den Versprechungen und Beteuerungen auf der einen und der tatsächlichen Praxis auf der anderen Seite oftmals vorliegt.

Die Waldorfschule ist unmittelbar mit der anthroposophischen Bewegung, d. h. mit dem geistigen Überbau und der Anthroposophie Rudolf Steiners verknüpft.

Infolgedessen ist die Waldorfschule eine Weltanschauungsschule, und entgegen allen Behauptungen wird auch Anthroposophisches direkt in den Unterricht hineingebracht.[1]

So z. B. in dem Fach »Eurythmie« (anthroposophischer Bewegungstanz), von dem Steiner schreibt: »Die Eurythmie kann man nicht ohne Anthroposophie machen. Man muß sich bemühen, möglichst ohne daß man theoretisch Anthroposophie lehrt, sie so hineinzubringen, daß sie eben drinnen steckt. Ja, ich denke mir, viel Anthroposophie ist darinnen, wenn Sie versuchen – das ist ein Ideal –, dasjenige, was man Rhythmus nennt, in die Arbeit hineinzubringen, wenn Sie versuchen, den musikalisch-gesanglich-eurythmischen Unterricht mit dem Hand-

---

[1] darüber täuschen auch die geschichtlichen Ausführungen Lebers nicht hinweg, »Weltanschauung« wertneutral als Anschauung von Welt zu definieren und sich auf Goethe zu beziehen, der bei der Betrachtung oder Anschauung den ganzen Menschen dazu aufruft. (vgl. Stefan Leber, Weltanschauung, a.a.O., S. 53) Obgleich ich Leber recht geben muß, daß sich natürlich aus sehr oft hinter »der Wissenschaft« bestimmte Weltanschauungen verbergen, in gewisser Weise auch die Wissenschaft schlechthin zur Weltanschauung erhoben werden kann, so ist doch mit Weltanschauung hier eine anthroposophisch eingefärbte gemeint, die, entgegen seiner Behauptungen, tatsächlich auch an manchen Stellen (und Schulen) in ihrer Ideologie erstarrt ist. Doch da unterscheidet sich die Anthroposophie und Waldorfschule als ein in sich geschlossenes, ideologisches System in nichts von den Kirchen, dem Staat, der Wissenschaft u. a. weltanschaulichen Systemen.

fertigkeits-Unterricht in Zusammenhang zu bringen. Es wirkt auf die Kinder außerordentlich gut.«[1]

An dieser Stelle kritisiert Leber, dieser erste Satz Steiners sei von dem Ev. Oberkirchenrat in Stuttgart zitiert worden, ohne den zweiten Teil, um zu suggerieren, das anthroposophische Inhalte in den Unterricht einfließen. Doch wieso soll das Einfließen der Anthroposophie allein dadurch im zweiten Teil wieder aufgehoben werden, weil Steiner hier trickreich (oder schwammig) plötzlich Anthroposophie mit Rhythmus gleichsetzt? Außerdem ist die gesamte Eurythmie eine angeblich von ihm (überwiegend von Marie Steiner und Lory Meier Smiths[2]) geschaffene Tanzkunst einer »Geistgebärde«, in der in sehr künstlich und willkürlich Vokale und Konsonanten die Bewegungsimpulse geben. Dessoir, ein Zeitgenosse Steiners, schreibt sehr sinnig und kritisch über die Eurythmie: »jedem Buchstaben des deutschen Alphabets unterlegt Steiner durchaus willkürlich einen Stimmungsgehalt, und ordnet diesem – wieder nach eigenem Gutdünken – eine bestimmte Gebärde zu. Natürlich wird die Willkür, die hier waltet, übersinnlich verankert: eurythmisieren bedeutet, auf die Urbewegungen zurückgehen, und diese sind von Gott übernommen. ›Gott eurythmisiert, und indem er eurythmisiert, entsteht als Ergebnis des Eurythmisierens die Menschengestalt‹.«[3]

Dessoir stellt des weiteren die Frage:

»Wie sehen nun die dem Anthroposophen Steiner offenbarten Urlaute und Urbewegungen aus? Einige Beispiele: a bezeichnet das Erstaunen, e bedeutet: das hat mir etwas getan, das ich spüre [...] ei ein Streicheln.«[4]

Das geht ja noch, doch dann kommen folgende abstruse Erklärungen Steiners, die Dessoir wiedergibt: »[...] daß ein Teil der eurythmisch-künstlerischen Bewegungen am besten durch – den Elefanten ausgeführt werden könnte! ›Nun kann das nicht auf viele Arten gemacht werden, weil z. B. der Mensch kein Elefant ist, er seine Nase also nicht so beweglich machen kann, daß er die Backe mit der Nasenspitze be-

---

[1] Steiner, GA 300 a, Konf. 23.6.20, zitiert nach Leber, a.a.O., S. 67

[2] vgl. mein Buch »Frauen um Rudolf Steiner«

[3] Max Dessoir, Vom Jenseits der Seele, Die Geheimwissenschaften in kritischer Betrachtung, Stuttgart 1931, S. 477

[4] Ebd., S. 477

rührt. Könnte er es, so wäre zunächst damit die e-Geberde [sic] in ganz ausgezeichneter Art gegeben. Aber das kann man eben nicht.‹ ›Sehr schön wäre das, wenn das auch Elephanten beigebracht würde; die könnten das so schön machen, Strecken dann den Rüssel nach vorne drehen: dann wäre das das vollkommenste m‹«‹[1]

Wenn das nicht Anthroposophie pur ist, dann müßte noch einmal zwischen anthroposophischen und nichtanthroposophischen Äußerungen Steiners unterschieden werden. Genau das geschieht aber nicht.

Doch zurück zum Religionsunterricht: Anders als an staatlichen Schulen gibt es keine Möglichkeit, Kinder vom Religionsunterricht abzumelden. Eltern haben lediglich die Wahl zwischen vier religiösen Pflichtfächern. Selbst die staatlich garantierte Religionsmündigkeit der Vierzehnjährigen wird auch hier unterbunden. Denn sie haben nicht die Möglichkeit, sich dem Religionsunterricht zu entziehen. Schon bei der Anmeldung müssen Eltern sich verpflichten, ihre Kinder diesem zuzuführen. Dabei haben sie die Auswahl zwischen:

- einem katholischen
- einem evangelischen
- einem frei-christlichen anthroposophischen Unterricht (mit Sonntagshandlungen, erteilt von einer erfahrenen und besonders geschulten Waldorflehrkraft, *nicht* von einem Priester oder einer Priesterin. Wobei die anthroposophischen Lehrkräfte dieses Freien christlichen Religionsunterrichtes auch sehr häufig Mitglieder der Christengemeinschaft sind).
- einem christengemeinschaftlichen Unterricht (die Christengemeinschaft versteht sich als Religion mit eigenem Kultus, sie basiert auf Steiners Weisungen, ist sozusagen ein anthroposophischer Religionsunterricht mit eigenem Kultus, die Handlungen werden von PriesterInnen erteilt).

Eltern sind oftmals der irrigen Meinung, daß Freier christlicher Religionsunterricht ein konfessionsloser Unterricht ist, weil das häufig die einzige Erklärung ist, die sie erhalten. Es handelt sich aber um einen anthroposophischen Religionsunterricht, der von Steiner selbst so bezeichnet wurde.

---

[1] Dessoir, a.a.O., S. 477

Auch in der Oberstufe fließt »Anthroposophie pur« in den Unterricht mit ein. Wie hätte mir sonst ein Schüler der elften Klasse, der regelmäßig den christengemeinschaftlichen Religionsunterricht und später den freichristlichen besuchte, von dem ganz neuen Christusimpuls und der besonderen Aufgabe Steiners und der Christengemeinschaft berichten können, von denen er angab, diese Dinge im Freien Christlichen Religionsunterricht erfahren zu haben.

Dennoch, für die Anthroposophie soll an dieser Stelle der Begriff Sekte bewußt nicht verwandt werden, weil er von Seiten der Kirchen dazu benutzt wurde und wird, andere Weltanschauungen zu diskriminieren, um sich selbst den alleinigen Macht- und Glaubensanspruch zu sichern. Der Begriff Sekte kommt aus dem Griechischen (secare = abspalten) und Lateinischen (sequor = nachfolgen). Somit ist jede religiöse Gruppierung eine Sekte, das trifft dann ebenso auf die katholische und evangelische Kirche selbst zu. Denn was ist die katholische Kirche ursprünglich anderes als eine Abspaltung vom Judentum. Ebenso ist die protestantische Kirche eine Abspaltung vom Katholizismus. Will man also die Waldorfbewegung als Sekte klassifizieren, muß man fairerweise sagen, daß sämtliche Kirchen zu Beginn Sekten waren und auch heute noch sind, bliebe die quantitative Verbreitung über die ganze Welt dabei außer acht, die erst aus einer ›Sekte‹ das macht, was wir unter Religion (religio = Rückbindung) verstehen.

Die Geschichte der Religionen ist die Geschichte von religiösen Führern, die sich zu ProphetInnen ausgerufen haben und denen andere nachfolgten; es ist die Geschichte von Gruppierungen, die sich aus einem Werte- und Bewußtseinswandel heraus von den vorher existierenden Religionen abgespalten und eigene Ideen verfolgt haben. Propheten traten mit dem Anspruch auf, göttlichen Willen zu offenbaren.

Genau das tat Rudolf Steiner mit »seiner« Anthroposophie. Auch er schuf seine religiöse Weltanschauung nicht aus einem luftleeren Raum.[1] Wie ich bereits in meinem ersten Buch zur Anthroposophie[2] dargelegt habe, war er ebenfalls Sohn seiner Zeit, katholisch und zugleich freigeistig (sein Vater war ein Freigeist) erzogen und von einem nationalen

---

[1] vgl. Hauer, a.a.O.; Hövels, a.a.O.; Geisen, a.a.O.; Barbara Zinke, Die Rezeption traditioneller Erzählinhalte durch die Anthroposophie, Diss., München 1979

[2] Weibring, a.a.O.

Bewußtsein seiner Eltern und seiner Umgebung beeinflußt. In seiner Autobiographie (Mein Lebensgang, GA 238) macht er allein karmische Zustände dafür verantwortlich, daß er nicht Schüler eines Ordensgymnasiums wurde, dem er sich aber sehr nahe fühlte. Er behauptet sogar von sich: »Wäre ich ins Zisterzienser-Gymnasium gekommen ..., ich wäre selbstverständlich Zisterzienser geworden.«[1]

Daneben prägte ihn im Hinblick auf »seine« spätere anthroposophische Bewegung (die er zusammen mit seiner zweiten Frau Marie von Sivers gründete) die jahrelange Tätigkeit und Agitation innerhalb der theosophischen Gesellschaft, die Rezeption der Bücher Helen P. Blavatskys und Annie Besants u. a.

Steiner hat hier viel von Frauen gelernt und konnte überhaupt nur mit ihrer Hilfe und Opferbereitschaft seine anthroposophische Bewegung gründen, d. h. sie von der theosophischen in die anthroposophische überführen. »Seine« Anthroposophie ist ein Konglomerat aus der Theosophie, dem Rosenkreuzertum, der indischen, gnostischen und kabbalistischen Mystik, der germanischen, griechischen und ägyptischen Mythologie, dem Katholizismus, Naturreligionen und seiner eigentümlichen Christusinterpretation aus der sogenannten Akasha-Chronik (Weltenäther).[2]

Der Freie christliche Religionsunterricht

Es soll an dieser Stelle näher auf den Freien christlichen Religionsunterricht eingegangen werden, weil er neben der Eurythmie zu den wichtigsten Standbeinen der Anthroposophie innerhalb der Waldorfpädagogik gehört.

Zur Gründung des Freien christlichen Religionsunterrichts, zu seiner Bedeutung und zu Steiners Definition desselben heißt es:

»Im Herbst des Jahres 1919 wurde der freie Religionsunterricht an der Stuttgarter Freien Waldorfschule durch Dr. Rudolf Steiner als ein mit dem Geist der Schule verbundener, aber verwaltungsmäßig exterritorialer Sektor eingesetzt, dessen Betreuung und Versorgung aus anthropo-

---

[1] Rudolf Steiner, Esoterische Betrachtungen karmischer Zusammenhänge, Vierter Band: Das geistige Leben der Gegenwart im Zusammenhang mit der anthroposophischen Bewegung (GA 238), Dornach 1991, 68 f.

[2] vgl. Hauer, a.a.O.; Ullrich, a.a.O.; Leisegang, a.a.O.; Geisen, a.a.O.; Zinke, a.a.O.

sophischer Verantwortlichkeit erfolgen solle. In den Jahren 1919 bis 1923 gab Dr. Rudolf Steiner für die im Zusammenhang mit dem freien Religionsunterricht gedachten kultischen Sonntagshandlungen nacheinander vier Texte, deren Betreuung und Weitergabe in die Hände eines an der Stuttgarter Waldorfschule allmählich entstehenden Kollegiums der Lehrer des freien Religionsunterrichts gelegt wurde. Es waren: die Sonntagshandlung, die Weihnachtshandlung, die Jugendfeier, die Opferfeier. Die Art, in der Dr. Steiner diese Texte übergab, und auch die geistige Strenge, Zurückhaltung und Behutsamkeit, mit denen er nur sehr langsam die Erweiterung des hier erwähnten Religionslehrerkollegiums vornahm, ließen durchblicken, daß es sich im ganzen Umfange dieser Angelegenheiten um imponderable Dinge von höchster geistiger Verantwortlichkeit handelt.«[1]

Der freie christliche Religionsunterricht bildet das religiöse Herz der Waldorfschule.

Besonders ersichtlich, daß es sich hier um einen anthroposophischen Religionsunterricht handelt, wie Steiner ja selbst formuliert hat, wird dies auch an seinem kultischen Charakter. »Die Schüler des freien Religionsunterrichts bilden gemeinsam mit Eltern und Lehrern eine eigene Gemeinde. Für sie wird in der Schule eine besondere ›Sonntagshandlung‹ angeboten und auch ein Ritus, der der Konfirmation entspricht (›Jugendfeier‹).«[2]

Bei diesem Ritus werden immer von Steiner gegebene Worte gesprochen, die zuvor nicht öffentlich und für alle zugänglich sind, sondern nur für die jeweiligen Lehrkräfte, die diese Handlungen vollziehen.

Es sind übrigens dieselben Worte, die bei den Handlungen in der Christengemeinschaft gesprochen werden.

»Mit der Opferfeier für die Schüler der Oberstufe öffnet sich die Teilnahme für alle diejenigen, die ein Bedürfnis haben, diesen von den Religionslehrern ›nicht priesterlich‹ gehaltenen Kultus mitzumachen.«[3]

---

[1] o. Nennung des Autors in: Zur religiösen Erziehung, Wortlaute R. Steiners als Arbeitsmaterial für Waldorfpädagogen, Als Manuskript gedruckt durch die Pädagogische Forschungsstelle beim Bund der Freien Waldorfschulen zum internen Gebrauch, Stuttgart 1985, S. 63

[2] Badewien, Anthroposophie, a.a.O., S. 154

[3] Kügelgen, in: Zur religiösen Erziehung, a.a.O. S. 16

»Und das Ziel der Opferfeier ist, sich in Leib und Blut, bis ins Physische, mit dem Menschheits-Ich zu verbinden. Daß dieses Ziel erreichbar ist in unserer Gegenwart, hat Rudolf Steiner auch in persönlichen Gesprächen betont.

[...] So waren Anfrage und Forderung jener Schülerin von weittragender Bedeutung und gaben Rudolf Steiner die Möglichkeit, was er schon 1909 und 1911 angedeutet hatte, in Kultform der Menschheit zu geben.«[1]

An dieser Stelle wird nochmals deutlich, daß Steiner die »Kultform der Menschheit« bereits *vor* der Gründung »seiner« anthroposophischen Gesellschaft (1913) geplant hat, als er noch Generalsekretär für die Theosophische Gesellschaft war.

Somit ist die Idee, »seiner« zukünftigen Bewegung kultische Formen zu geben, wesentlich älter als die Begründung des Freien christlichen Religionsunterrichtes an der ersten Stuttgarter Waldorfschule 1919. Seine »religiös-prophetischen« Umtriebe sind somit auch älter als die Gründung »seiner« Christengemeinschaft 1922.

Der »Freie christliche Religionsunterricht« suggeriert zunächst, daß die SchülerInnen hier einen »freien«, ggf. christlich orientierten, jedoch nicht ideologisch verbrämten anthroposophischen Unterricht erhalten.

»Der Religionsunterricht soll nicht in Bekenntnisform gegeben, sondern vornehmlich soll das gefühlsmäßige Erleben und die entsprechende Vertiefung an religiösen Inhalten versucht werden. ›Das Credo ist als solches nicht die Hauptsache, sondern dasjenige, was empfunden wird beim Credo; nicht der Glaube an den Vater-Gott, an den Sohn-Gott, an den Geist-Gott, sondern was man empfindet dem Vater, dem Sohne, dem Geist gegenüber. So daß immer in den Seelengründen waltet: Gott nicht erkennen, ist eine Krankheit; Christus nicht erkennen ist ein Schicksal, ein Unglück; den Geist nicht erkennen, ist eine Beschränktheit der Menschenseele.«[2]

---

[1] Siegried Pickert, in: Zur religiösen Erziehung, a.a.O., S: 59

[2] Helmut Kügelgen, Zum Religionsunterricht an den Freien Waldorfschulen, in: H. W. Schroeder/M. Debus u. a., Christentum, Anthroposophie, Waldorfschule, Waldorfpädagogik im Umfeld konfessioneller Kritik, Stuttgart 1987

Stets wird darauf verwiesen, daß Steiner zunächst für die Arbeiterkinder der Zigarettenfabrik einen »Freien (im Sinne von konfessionsunabhängigen) christlichen Religionsunterricht eingerichtet hat, da er von der Grundreligiösität des Kindes ausging. Diesem wollte er einen Nährboden verschaffen, den Christus von hier aus kennenzulernen. Das hört sich zunächst wertneutral und gut an, und dagegen wäre ja auch nichts einzuwenden, wenn dieser Unterricht nicht doch letztlich dazu dienen würde, das Kind durch den anthroposophischen Glauben der LehrerInnen, mit Steiners Weltsicht zu infiltrieren. Dazu schreibt Steiner:

»Es war besonders schwierig, dasjenige in das religiöse Element hineinzubringen, was wir in der Waldorfschule ausbilden wollen: das rein menschliche Entwicklungsprinzip. Denn in bezug auf das Religiöse sind ja heute die Menschen noch am wenigstens [sic] geneigt, von ihrem Speziellen abzugehen. Man redet vielfach von einem allgemeinmenschlich Religiösen. Das aber ist doch bei dem einzelnen Menschen so gefärbt, wie eine Spezial-Religionsgemeinschaft es ihm färbt. Wenn wir die Aufgabe der Menschheit in die Zukunft hinein richtig verstehen, so wird dieser Aufgabe schon auch im rechten Maße gedient durch diesen freien religiösen Unterricht, mit dem wir in der Waldorfschule eigentlich erst begonnen haben.

Anthroposophie, so wie diese für Erwachsene heute vorgetragen wird, wird ganz gewiß nicht in die Waldorfschule hineingetragen; dagegen dasjenige, wonach der Mensch lechzt: das Ergreifen des Göttlichen – des Göttlichen in der Natur, des Göttlichen in der Menschheitsgeschichte – durch das richtige Einstellen auf das Mysterium von Golgatha. Das ist es, was im rechten Sinne hineinzutragen auch in den Unterricht wir als unsere Aufgabe betrachten.

Damit erreichen wir es aber auch, daß wir dem ganzen Unterricht dasjenige Kolorit geben können, das er braucht.[1]

Und »dasjenige Kolorit« ist anthroposophisch durchtränkt. Das sich Steiners Freiheitsverständnis mit seinem Verständnis von Anthroposophie deckt, wird in dem folgenden Zitat deutlich, das isoliert betrachtet auf einen liberalen Anspruch schließen läßt. Hier heißt es:

---

[1] Zur religiösen Erziehung, a.a.O., S. 102

»Es muß also der freie christliche Religionsunterricht als Teil des Ge-
samtlehrplanes der Waldorfschule dargestellt werden, in dem über allen
Unterricht hinaus die religiösen Kräfte gepflegt und entwickelt werden,
ohne daß damit eine konfessionelle oder im dogmatischen Sinne festgelegte Weltanschauung den mündig werdenden Schüler daran hindert,
eigenständig seine zukünftige Bindung an eine Religionsgemeinschaft
zu bestimmen.«[1]

Diese Zitate zeigen, wie der freie christliche Religionsunterricht dargestellt, bzw. den Außenstehenden verkauft werden soll. Dahinter steckt
jedoch ein anderes Wissen, das nicht so offen transparent werden darf
und daher heuchlerische Züge trägt: Es ist der absolutistische Anspruch, allein mit der anthroposophischen Erkenntnismethode den
Menschen in seiner Ganzheit zu erfassen, zu deuten und letztlich auch
allein erlösen zu können.

Im Hinblick auf die religiöse Aufgabe der Waldorflehrer/innen fährt
Steiner deshalb fort:

»Ich habe schon gesagt, der Lehrer muß eigentlich dazu kommen, daß
alles Unterrichten für ihn eine sittliche, eine religiöse Tat werde, daß er
sozusagen in dem Unterrichten selber eine Art Gottesdienst sehe. [...]
Den ganzen Menschen erziehen, diesen als ganzen Menschen erzoge-
nen Menschen religiös zu vertiefen, das haben wir als eine der bedeut-
samsten Aufgaben des Waldorfschul-Prinzips zu erfassen gesucht.«[2]

Die Schwierigkeit liegt deshalb, wie bei allen religiösen Weltanschauungen, in dem universalen Anspruch, der leicht verabsolutiert wird.

In allen fundamentalistischen Bewegungen gibt es eine besondere Be-
tonung der vertikalen hierarchischen Ordnung. Die Wahrheit kommt
deshalb immer von oben, von einer Institution oder einer moralisch
akzeptierten Autorität. Solche absoluten Autoritäten können auch be-
gnadete Prediger, Religionsstifter oder andere Führer sein. Besonderes
Merkmal ist immer, daß die fundamentalistisch Gläubigen meinen,
Wahrheit und Irrtum klar voneinander unterscheiden zu können. Sie

---

[1] Kügelgen in: Zur religiösen Erziehung, a.a.O., S. 15
[2] Zur religiösen Erziehung, a.a.O., S. 102

selbst sind im Besitz der Wahrheit und daher von wesentlichen Irrtümern verschont.[1]

So weiß daher auch der fundamentalistische Anthroposoph Kügelgen zu proklamieren:

»Das Christentum der Waldorfpädagogik liegt in der ›Wahrheit, die uns frei machen wird‹, wenn sie in ihrer Größe erkannt wird. Keime zu dieser Zukunftsperspektive liegen auch im Auftrag des freien christlichen Religionsunterrichtes. In diesem Sinne – Anthroposophie als Erkenntnisgrundlage des Geistigen in Welt und Mensch und als Seelenimpuls für moralisches und religiöses Leben‹ (GA 239) – hat ihn Rudolf Steiner in den Konferenzen auch den anthroposophischen Religionsunterricht genannt. Anthroposophie ist eine Pfingstgabe an die Welt – und die kultischen Handlungen des freien christlichen Religionsunterrichtes wurden aus diesem Feuer der Pfingstflammen über den Häuptern der Pfingstgemeinde geboren.«[2]

Es wird eben nicht überall und selbstverständlich transparent gemacht, mit welchen Inhalten sich hier das Kind zu beschäftigen hat, welche Welt der Erdgeister, Trollen, Elfen und Engelwesen ihm in Geschichten vorgestellt werden und an welche Wunder es zu glauben genötigt wird. Die Engelhierarchien und Weltenäonen aus anthroposophischer Sicht werden an manchen Waldorfschulen sogar im Hauptunterricht gelehrt.

Wie wenig der Unterricht losgelöst ist von christlichen *und* anthroposophischen Inhalten, zeigt die nachfolgende Beschreibung der Lehrinhalte des Freien christlichen Religionsunterrichtes:

»Neben der alljährlichen Beschäftigung mit den christlichen Festen im Jahreskreislauf liegt gerade der Schwerpunkt des Religionsunterrichts der ersten vier Schuljahre im Vertrautmachen mit dem Vater in dem Himmel, dem Schöpfer und Erhalter aller Dinge. In phantasievoll-sinnigerweise wird von der Natur, den Steinen, Pflanzen und Tieren so zu erzählen sein – in der ersten und zweiten Klasse –, daß sich Staunen und Ehrfurcht einstellt vor allen Erscheinungen der Natur, [...] aber auch den Schicksalen in Märchen. In Bildern lassen sich alle Geheim-

---

[1] vgl. Martin Odermatt, Der Fundamentalismus, Ein Gott, eine Wahrheit, eine Moral?, Düsseldorf, 2. Aufl., Düsseldorf 1994, S. 20 f.

[2] Kügelgen, in: Zur religiösen Erziehung, a.a.O., S. 16

nisse des Lebens ansprechen: Schlafen und Wachen, Lachen und Weinen, Glück und Unglück. In der zweiten Klasse, parallel zum Erzählstoff des Klassenlehrers, kommen die Legenden und Heiligengeschichten hinzu, Taten und Leiden, die Siege und Freuden der gottergebenen Menschen. Auch im dritten Schuljahr hat der Klassenlehrer denselben Erzählstoff wie der Religionslehrer: Geschichten aus dem Alten Testament: die Genesis, die Erzväter usf. [...] Nach dem 10. Lebensjahr bis in die Pubertät, d. h. in der 5. bis 8. Klasse, steht nun das zweite Schlüsselwort über allen Bestrebungen des Religionsunterrichts: Christus nicht erkennen, ist ein Schicksal, ein Unglück.«[1]

Wobei natürlich auch an dieser Stelle gesagt werden muß, daß in dem Freien christlichen Religionsunterricht, wie überall, tatsächlich freidenkende und freilassende Lehrkräfte zu finden sind, denen es gelingt, die Kinder wirklich zu einer größeren inneren Freiheit und Selbsterkenntnis zu führen, trotz oder gerade wegen des anthroposophischen Weltbildes. Doch das gibt es bekanntlich in allen Weltanschauungen, FreidenkerInnen, die sich durch kein System und keine Ideologie gefangen nehmen lassen.

Der Freie christliche Religionsunterricht ist *allein* ein Glaubensunterricht, (wie es der konfessionelle Unterricht früher war und manchmal auch heute noch ist) in dem die religiöse Frömmigkeit in die Herzen der Kinder gepflanzt wird und die Stille und Besinnlichkeit geübt werden. Das kann je nach Unterrichtsgestaltung sehr wertvoll sein.

Wie stark jedoch der religiöse Charakter einer Waldorfschule ist, bringt eine Schülerin der 10. Klasse zum Ausdruck:

»Bei uns hier in der Schule ist Religion ein Hauptfach und kommt in jedes andere Fach mit hinein.«

Und nicht umsonst hat auch Steiner empfohlen, daß jeder Unterricht eine Fortsetzung der Taufe sein solle. Außerdem schreibt er:

»Daß der Mensch ... als geistiges Wesen aus einer geistigen Welt heruntersteigt in diese irdische Welt, das kann bei einer lebensvollen Menschenerkenntnis in der Erziehungskunst praktisch werden ... Man fühlt in der Praxis: Die Götter haben den Menschen heruntergeschickt in dieses irdische Dasein, haben ihn uns als Erzieher anvertraut. Was die

---

[1] Kügelgen in: Schroeder u. a., a.a. O., S. 87 f.

Götter uns mit dem Kinde übergeben, das sind Rätsel, die den schönsten Gottesdienst ergeben.«[1]

Obwohl der Freie christliche Religionsunterricht frei sein soll von anthroposophischen Inhalten, lassen folgende Hinweise erkennen, wie sehr auch er von ihnen durchtränkt ist. Zum einen werden die religiösen Inhalte durch die menschenkundliche Lehre der Anthroposophie gegliedert, zum anderen werden christliche Inhalte in anthroposophische Gewänder gekleidet:

»Der Aufbau des freien Religionsunterrichts hat drei Stufen, die den Stadien der Kindesentwicklung entsprechend als ›naturhaft‹, ›seelisch‹ und ›geistig‹ bezeichnet werden. Sein Gang kann auch als ›ein fortschreitendes Erfassen des Vaters, des Sohnes und des Geistes‹ angesehen werden.

In der ersten Stufe (1.-4. Schuljahr) wird das Kind zur Ehrfurcht zu dem Vatergott geführt: Ehrfurcht vor dem, was über uns ist. Legenden, Gedichte und Erzählungen aus dem Alten Testament stehen im Vordergrund. Das Neue Testament tritt noch völlig zurück. Es herrscht die Auffassung, das Kind habe zum Bericht von Christus noch nicht die Beziehung eines innerlichen Bedürfnisses. Allerdings hört das Kind, daß der Christusname in den Gebeten und kultähnlichen Schulveranstaltungen genannt wird.

Die zweite Stufe (5.-8. Schuljahr) steht unter der Überschrift: Christus, der mit dir durchs Leben geht, der neben dir ist. Die Begegnung mit Christus, der mit durchs Leben geht, soll die Ehrfurcht vor dem, was neben uns ist, bilden. Das Heroische im Leben großer Menschen, [überwiegend dargestellt an Männern, J. W.] die sich für andere eingesetzt haben, tritt in den Vordergrund. Die Christuserkenntnis bringt das Kind in den Nöten der anbrechenden Entwicklungszeit in Berührung mit Verwandlungskräften.

In der dritten Stufe (9.-12. Schuljahr) wird der junge Mensch zur Freiheit und Eigenheit des Geistes geführt. Er soll seine Sendung erkennen und lernen, sich sozial einzuordnen. Die tätige Ehrfurcht vor dem, was unter uns ist, wird gebildet. Der gesamte Religionsunterricht entfaltet,

---

[1] Rudolf Steiner, Anthroposophische Menschenkunde und Pädagogik, GA 304a, S. 121

was im Menschen ist. Seine Zielsetzung ist zu erwecken, ›was dem Menschen angeboren ist zu glauben‹.« Den Unterricht ergänzt, wie erwähnt, ein sonntäglicher Kultus, die »Sonntagsfeier«. Hierzu werden festgelegte Worte Steiners gelesen.

»Besonders kennzeichnend ist das Wort vom Gottesgeist, dem die Kinder anvertraut werden, und den jedes Kind zu suchen verspricht.«[1]

Der freie christliche Religionsunterricht wird vom Religionsunterricht der Christengemeinschaft streng unterschieden. Obgleich beide auf dem Boden anthroposophischen Gedankengutes stehen, ist der letztere wie weiter oben beschrieben durch seinen Kultus definiert. Hinzu kommt, daß der Unterricht von einem Priester oder (in seltenen Fällen) auch von einer Priesterin der Ortsgemeinde abgehalten wird. Wobei versucht wird, den Unterricht mit dem Gemeindeleben zu verbinden.

Die Einsetzung der Freien christlichen ReligionslehrerInnen

Im Hinblick auf die Einrichtung der ersten Waldorfschule und die Einsetzung der Freien christlichen ReligionslehrerInnen ist bemerkenswert, daß Steiner zunächst das Direktoratsprinzip durchgesetzt hat. In seiner Nachfolge wird dies von allen WaldorfanhängerInnen konsequent abgelehnt; Waldorfschulen sind ja gerade stolz darauf, keine/n Direktor/in zu haben und die Schule gemeinsam »von allen Lehrkräften, teilweise zusammen mit den Elternvertretern« zu leiten und zu verwalten. Doch Steiner ist hier offensichtlich nicht so demokratisch vorgegangen.

»W. Gädeke: [...] gerade bei der Waldorfschule ist ja auffällig, daß er [Rudolf Steiner, J. W.] zunächst einmal das Direktoratsprinzip durchgesetzt hat. Er wollte es nur machen, wenn er der Direktor ist und das letzte Wort in Personalentscheidungen hat. Das war knallhartes Direktorium. Er hat alles bestimmt. Das hat er solange aufrechterhalten, bis er durch einen Brief vom Krankenlager die Verantwortung in den ›Eigenrat des Kollegiums‹, wie es hieß, zurückgegeben hat. Die große Rätselfrage bleibt natürlich, wie es ohne eine Erkrankung Rudolf Steiners weitergegangen wäre. In der Christengemeinschaft hat er von vornher-

---

[1] Zum Verhältnis des christlichen Glaubens zu Anthroposophie und Waldorfpädagogik, Eine Arbeitshilfe des Evangelischen Oberkirchenrats Stuttgart, Neufassung 1992, S. 44

ein die Verantwortung an ein Gremium übergeben, das aus mindestens drei Persönlichkeiten bestehen sollte, am besten aber aus sieben. Die Christengemeinschaft hat noch einen Vorteil, indem sie einen verbindlichen, ganz klar festgelegten Kultus hat. Das kann man natürlich in bezug auf die Pädagogik so nie sagen, und insofern liegt die Vermutung nahe, daß die Waldorfschule gar nicht anders hätte entstehen können als durch die direkte Leitung Rudolf Steiners.«[1]

Die Waldorfschulen haben aber alles dazu getan, »rituelle bzw. kultische Elemente«, wie z. B. die Morgengebete, die inhaltslosen Sprach- und Stimmübungen, die Eurythmie, die Theaterinszenierungen, und auch die Menschenweihehandlungen (die Sonntagshandlung, die Weihnachtshandlung, die Jugendfeier und die Opferfeier im Freien christlichen Religionsunterricht) »künstlerisch« zu untermalen.

So fährt Gädeke weiter fort:

»Pädagogik ist keine Religion sondern Kunst, und da ist viel mehr Freiheit und Individuum notwendig. Rudolf Steiner wollte eben eine Musterschule aufbauen, durch die er einmal exemplarisch zeigen wollte, wie man es macht [...]«.[2]

Das Herz der Schule, d. h. die reale Bedeutsamkeit des Freien christlichen Religionsunterrichtes wird auch daran deutlich, daß Rudolf Steiner persönlich die ersten ReligionslehrerInnen bestimmte und nicht verlegen darum war, manchen, die gerne diesen Freien christlichen Religionsunterricht erteilt hätten, eine Abfuhr zu erteilen. Das zeigt, wie ernst ihm der Freie christliche Religionsunterricht war.

So sagt er ausgerechnet zu einer jungen Frau, die ihn bittet, den Religionsunterricht in Stuttgart erteilen zu dürfen:

»Sie müssen längere Zeit hier leben. Man kann sich das nicht vornehmen. Vielleicht später einmal, wenn sie dazu den Beruf fühlen. Jetzt sind sie zu kurz in Stuttgart und in der Schule. Das ist nicht möglich.«[3]

An dieser Stelle zeigt sich, daß es wohl nicht darauf ankommt, ob die junge Frau »den Beruf fühlt«, sondern daß *Steiner* den Ruf für die junge Waldorflehrerin fühlt. Er weiß das hier sehr schön zu kaschieren.

---

[1] Flensburger Hefte, Die Christengemeinschaft heute, a.a.O., S. 138
[2] Ebd., S. 138
[3] Zur religiösen Erziehung, a.a.O., S. 119

Anderen WaldorflehrerInnen antwortet er in Stuttgart ähnlich:

»(zu Fräulein Dr. Röschl:) Wenn Sie nicht siebzehn Stunden hätten, würde ich das ihnen auferlegen. Ich fürchte mich bei Ihnen wegen der Stundenzahl.

(Zu einem anderen Lehrer:) Ich war so wenig mit Ihrem Unterricht einverstanden, daß ich dafür nicht die Verantwortung übernehmen könnte. Sie müssen verzeihen, nachdem Sie mir die Enttäuschung bereitet haben, daß ich ganz frisch von der Leber weg rede. Nach dem, wie ich an Ihrem Unterricht teilgenommen habe, kann ich die Verantwortung nicht übernehmen. Der Religionsunterricht ist ein sehr verantwortungsvoller Unterricht.

X.: Ich würde gerne Religionsunterricht geben.

Dr. Steiner: Vielleicht in fünf Jahren, wenn Sie bis dahin sehr fleißig sind. In diesen Dingen [sic] muß man sich einleben. Man darf nicht ohne volle Verantwortung in die Sache hineingehen. Denken Sie nach, was es bedeutet, daß in Ihnen das religiöse Leben entzündet wird. Es muß entzündet werden, das religiöse Leben. Es kann auf vielerlei Art entzündet werden. – Wie wäre es, Herr Wolfhügel?

X.: Ich glaube nicht, daß es geht.

Dr. Steiner: Ich glaube, Sie könnten sich hineinfinden. Ich muß ganz objektiv die Dinge nehmen. Ich glaube es verantworten zu können bei Ihnen und bei Herrn Baumann auch.«[1]

Hier entsteht die Frage, nach welchen Kriterien Steiner die Religiosität dieser Menschen beurteilt, die ja doch Voraussetzung für die Erteilung des Freien christlichen Unterrichts ist. Wir wissen es nicht. Fest steht jedoch, daß bis heute der Freie christliche Religionsunterricht von kirchlicher Konfessionalität frei sein sollte, wohingegen christengemeinschaftliche Elemente dort selbstverständlich sind. So ist es zum Beispiel möglich, daß engagierte Mitglieder der Christengemeinschaft durchaus auch Freien christlichen Religionsunterricht erteilen können, so daß dieser wohl frei sein soll von einem kirchlichen, aber nicht von einem anthroposophischen Christentum, entgegen Steiners anders lautender Beteuerungen.

---

[1] Zur religiösen Erziehung, a.a.O., S. 120

Die von Steiner »berufenen« ReligionslehrerInnen bildeten aus der Religionslehrerschaft insgesamt ein überregionales Gremium der internationalen Waldorfschulbewegung, indem sie neben ihrem Unterricht tätig waren.

Dies wiederum zeigt den Religionsunterricht vor anderen Fächern aus, die keine derartige Vereinigung hatten.

Die neuen ReligionslehrerInnen wurden nach Dornach gemeldet und erhielten von dem Dornacher Vorstand ein »Religionslehrer-Zertifikat«.[1]

Damit sollten die kultischen Texte von Steiner besser geschützt werden. Diese wurden zusammen mit den kultischen Handlungen nur an einen verantwortlichen Freien christlichen Religionslehrer bzw. in einigen Fällen auch an eine Religionslehrerin mit Zertifikat ausgegeben.

»Jeder neu hinzutretende Handlungshaltende schreibt sich einen Text von diesem Exemplar ab. Die Handlungstexte müssen so wie es einem esoterisch, persönlich anvertrautem Gute entspricht, verwahrt werden.«[2]

Für die deutschen Schulen wurden die Texte von der Freien Waldorfschule Uhlandshöhe in Stuttgart übergeben. Für ein anderes Land war ein Gremiumsmitglied für das betreffende Land dafür verantwortlich.

Die neuen ReligionslehrerInnen wurden dann später (an anderen Waldorfschulen) in Übereinstimmung mit dem ganzen Kollegium der Waldorfschule und einem Gremiumsmitglied gewählt. Im Hinblick auf den an jeder Schule eingerichteten Kultraum (nur für den Freien christlichen Religionsunterricht, nicht für den konfessionellen) heißt es:

»Der Schulraum, der auch für die Handlungen eingerichtet wird, muß die angegebenen Bedingungen erfüllen. Rudolf Steiners Angaben für den Altar und die Einrichtung des Handlungsraumes gehören inhaltlich-substantiell zum Kultus und dürfen nicht willkürlich verändert werden.«[3]

Eindeutiger kann nicht belegt werden, daß es sich bei dem »Freien christlichen« Religionsunterricht in Wahrheit um einen »anthroposo-

---

[1] Zur religiösen Erziehung, a.a.O., S. 69
[2] Ebd., S. 69 f.
[3] Ebd., S. 70

phisch-christlichen« Religionsunterricht mit einem theosophisch-gnostisch-buddhistisch-kabbalistischen Einschlag handelt, bezogen auf Steiners religiöses und philosophisches Ideenkonglomerat, aus dem er schöpfte.

Zur Stellung der konfessionellen ReligionslehrerInnen
Welchen Stellenwert kann parallel zum Freien christlichen und Christengemeinschaftlichen der konfessionelle Religionsunterricht haben, wenn Steiner zur protestantischen und katholischen Kirche folgende Haltung einnimmt:

»Wie können wir es dahin bringen, daß der Rest von evangelisch-protestantischer Theologie, der noch in uns ist, aus unserer Seele herauskommt? – Der muß eigentlich ganz und gar heraus, weil das eben ein Extrem vorstellt, ebenso wie nach der anderen Seite die katholische Praktizierung ein Extrem ist. [...] Nur liegt bei der katholischen Kirche natürlich das vor, daß sie allmählich in eine ahrimanische spirituelle Führung gekommen ist, was man ja wirklich belegen kann, daß es so ist. [...] Bei der Prüfung, die ich anstellte, stellte sich heraus, daß das, was damals päpstliche Enzyklika war, tatsächlich eine geistige Offenbarung war, nur war bei dem Offenbaren in die Schrift überall dort, wo eine positive Behauptung war in der geistigen Urschrift, eine negative Behauptung hineingekommen, so daß die Bulle das genaue Gegenteil von dem sagte, was geistig geoffenbart wurde. Daraus ist zu sehen, daß die katholische Kirche überall ihre spirituellen Inspirationen durch Ahriman gefälscht erhält. Aber das hindert nicht, daß eben doch Spirituelles da ist. Dieses Spirituelle ist in dieser CHRISTENGEMEINSCHAFT im eminentesten Sinne in derjenigen Richtung da, die der heutigen Entwicklungsetappe der Menschheit entspricht. Die CHRISTENGEMEINSCHAFT ist auf geistigem Boden von geistigen Wesenheiten gestiftet in Wirklichkeit. Das ist das, was, wenn es in vollem Ernste genommen wird, alle Schwächezustände der Seelen heilen kann.«[1]

Hier erhebt sich die Frage, ob Steiners Anthroposophie nicht ebenfalls durchdrungen wurde von ahrimanischen (teuflischen) Kräften, und ob das, was er als unwiderrufliche Wahrheit der Akasha-Chronik zu ent-

---

[1] Steiner, Vorträge und Kurse II, a.a.O., S. 228 ff.

nehmen glaubte, nicht auch von Irrtümern durchsetzt war, wie er schließlich selbst zugeben mußte. In diesem Fall stellt sich die Frage, ob es sich hier nicht um eine unnötige Abgrenzung von den Kirchen handelt.

Aufgrund dieser negativen Haltung Steiners zu den Kirchen ist die Stellung der konfessionellen ReligionslehrerInnen an Waldorfschulen eine zähneknirschend geduldete. Das macht sich wie folgt bemerkbar:

* Konfessionelle ReligionslehrerInnen haben (wie die christengemeinschaftlichen PriesterInnen) eine exterritoriale Stellung, d. h. sie gehören eigentlich gar nicht richtig zum Kollegium, sondern geben nur ihren Unterricht und gehen dann wieder, ohne die lästigen pädagogischen und internen Konferenzen an den rituellen Donnerstagen mitmachen zu müssen bzw. zu dürfen.
* an vielen Schulen wird der Religionsunterricht in der Woche nur einstündig erteilt. (Manchmal sind auch zwei Klassen zusammengefaßt, wenn nur wenige SchülerInnen in die jeweilige Religionsgruppe gehen.)
* wenn die KlassenlehrerInnen dringend eine Zusatzstunde brauchen, wird gerne die Religionsstunde dafür genommen,
* ReligionslehrerInnen werden nur selten in die internen Theaterdarbietungen, Vorbereitungen, Klassenfahrten, Elternkreise, Feste und vor allem Elternsprechtage einbezogen, ihre Stellung bleibt demzufolge sehr stark marginal. Die konfessionellen Lehrkräfte haben deshalb keine stabile Position, die wirklich ernst genommen wird.

Das Selbstverständnis der Freien christlichen ReligionslehrerInnen ist dagegen ein zutiefst anthroposophisch-christologisch durchtränktes. LehrerInnen, die diesen Unterricht erteilen, haben sich intensiv mit der Christologie Steiners auseinandergesetzt, gehen seinen Schulungsweg und glauben an seine Schauungen.

Der Umstand, daß der konfessionelle, d. h. evangelische und katholische Religionsunterricht an den Waldorfschulen von Anfang an (seit Gründung der ersten Waldorfschule 1919) erteilt wird, ist bis heute nichts weiter als ein »Kompromiß«. Er soll verhindern, daß die Waldorfschule als eine Religionsschule durchschaubar wird – hat also eine

Makulaturfunktion, trotz der gegenteiligen Beteuerung, daß sich das Kind später selbst »frei« entscheiden kann. Zudem sollen auch die Eltern der jeweiligen Konfessionen nicht verschreckt werden.

»Uns ist allerdings, weil wir Kompromisse [mit den konfessionellen Religionen J. W.] schließen müssen, zum Beispiel für viele Kinder der Religionsunterricht [gemeint ist hier nur der anthroposophische Religionsunterricht, J. W.] ermöglicht.«[1]

Über den konfessionellen wird der eigene Religionsunterricht abgesichert.

Denn die Hüter in Dornach haben darauf geachtet, daß Steiners Doppelstrategie, die ihm selbst ja auch sehr wichtig war, weiter gefahren wird.

Denn er betont in seinen Vorträgen unermüdlich, daß es sich bei der Waldorfschule nicht um eine Weltanschauungsschule, sondern um eine reine Methodenschule handle.

Er proklamiert daher immer und immer wieder:

»So darf man auch nicht unter dem freien Religionsunterricht der Waldorfschule, der sogar mit einem entsprechenden Kultus verbunden ist, sich etwas vorstellen wie eine in die Schule hineingetragene anthroposophische Weltanschauung.«[2]

Dann beschreibt er, was die Kinder in diesem anthroposophischen Religionsunterricht lernen, der angeblich kein Weltanschauungsunterricht ist.

»[...] wir versuchen in der Natur diejenigen Symbole und Gleichnisse zu finden, die nach dem Religiösen hinleiten. Wir versuchen das Evangelium in der Weise, wie man es verstehen muß aus einer spirituellen Erfassung der Religion [wie er allein sie sieht, J. W.], dem Kinde beizubringen und so weiter. Wer meint, daß es uns mit der Waldorfschule um eine Anthroposophenschule zu tun ist, der versteht weder die Waldorfschul-Pädagogik, noch versteht er die Anthroposophie.«[3]

---

[1] Zur religiösen Erziehung, a.a.O., S. 132
[2] Ebd., S. 139
[3] Ebd., S. 133

Hier herrscht dasselbe Prinzip wie in der Kirche: »Du sollst nicht merken.«[1]

Die Realität zeigt vor Ort, daß die »eingeschränkten Rechte« der konfessionellen LehrerInnen oder die fehlende Gleichbehandlung je nach Schule sehr divergieren. Es gibt Waldorfschulen, da klappt die Zusammenarbeit zwischen konfessionellen und Freien christlichen sowie christengemeinschaftlichen ReligionslehrerInnen trotz des Status der Geduldeten der ersteren ganz gut. An anderen Schulen gibt es dagegen gar keinen Kontakt zwischen beiden Parteien und die Stellung der Konfessionellen ist mangelhaft bis ungenügend. Die Teilnahme an der internen Konferenz ist für ReligionslehrerInnen dennoch, auch bei den »offeneren«, wie bereits erwähnt, an *allen* Waldorfschulen verboten.

Eine weitere Schwierigkeit, die den ReligionslehrerInnen eine angemessene Integration fast unmöglich macht, ist der an vielen Waldorfschulen praktizierte einstündige Religionsunterricht. »Bis heute ist an den meisten Waldorfschulen der konfessionelle Religionsunterricht ein Randfach, mit einer Stunde pro Woche zur Bedeutungslosigkeit verurteilt. Und die kirchlichen Lehrer haben gar keinen oder nur begrenzten Zugang zu den Schulkonferenzen, sie bleiben Außenseiter. Ein Gegengewicht gegen die anthroposophische Beeinflussung der Schüler kann durch sie kaum erfolgen.«[2]

10 Rudolf Steiner, der Religionsstifter der Anthroposophie und Christengemeinschaft

In dem nun folgenden Kapitel soll es darum gehen, aufzuzeigen, daß Steiner der eigentliche Religionsgründer der Anthroposophie und Christengemeinschaft ist. Daneben wird nachgewiesen, daß sein Frauen- und Rollenverständnis im religiösen Kontext trotz seiner häufig zu beobachtenden Fortschrittlichkeit auch sehr konventionell und stark an die katholische Kirche angelehnt war. Das wird zum einen

---

[1] Alice Miller, Du sollst nicht merken, Frankfurt a. M. 1983
[2] Badewien, Anthroposophie, a.a.O., S. 153

daran deutlich, daß er bei dem christengemeinschaftlichen Trauungsritual, genau wie bei der Trauformel der katholischen Kirche, die Frau dem Manne nachfolgen läßt. Zum anderen zeigt es sich auch darin, daß bis heute unter den »Erzoberlenkern« niemals Frauen zu finden sind.

Wir fragen uns an dieser Stelle ein wenig enttäuscht: Wo bleibt hier sein sensibles Bewußtsein für Frauen und die Konsequenz aus seinen oben »geschauten Wahrheiten«? Ob sich in diesen Äußerungen sein »verholztes Männergehirn«[1] ausdrückt, daß sich aus verknöcherten Anschauungen (seiner Umgebung) nicht zu lösen vermochte und Frauen in der Führungsspitze der Christengemeinschaft einen gleichberechtigten Platz neben den Männern verwehrte?

Die christengemeinschaftliche Kirche ist in ihrem Selbstverständnis sehr von ihrem eigentlichen Gründer Rudolf Steiner geprägt, auch wenn das gerne nach außen hin, besonders gegenüber Nicht-AnthroposophInnen, kaschiert wird. So muß auch der christengemeinschaftliche Lenker W. Gädeke bekennen:

»Dem Bedürfnis des modernen Menschen [...] sucht die Christengemeinschaft durch eine Theologie zu entsprechen, die sich im Wesentlichen auf die Geisteswissenschaft Rudolf Steiners (Anthroposophie) stützt. [...] Deswegen ist die neue Kirche eine ›Tochter der anthroposophischen Bewegung‹, wie Rudolf Steiner dieses Verhältnis mal charakterisierte. Sie ist es auch heute noch, denn die Priester der Christengemeinschaft betrachten sie als ihre ›Mutter‹, von der ihr die Erkennt-

---

[1] »... weil für das Durchschnittsgehirn des Mannes in der Tat dasjenige vorliegt, daß es den gewissen mittleren Entwicklungspunkt überschritten hat. Es ist trockener, verholzter geworden, es hält daher an den überkommenen Begriffen strenger fest, kann nicht heraus aus den Vorurteilen, in denen es steckt. Das ist etwas, was zuweilen von einem, der von der geisteswissenschaftlichen Betrachtung aus dieses männliche Gehirn gebraucht, so schwer empfunden wird: daß er in dieser Inkarnation ein männliches Gehirn hat! Denn es ist ungelenk, es ist hart und läßt sich schwerer handhaben als das weibliche, das daher auch leichter über gewisse Hindernisse, die sich das männliche Gehirn in seiner Dichtigkeit setzt, über gewisse Schwierigkeiten sich hinwegsetzt, das daher leichter folgt demjenigen, was als Neues in unsere Weltanschauung hereintritt. Insofern im Bau des menschlichen Gehirnes das Männliche und Weibliche sich auslebt, kann sogar gesagt werden, daß für unsere jetzige Zeit es höchst unangenehm und unbehaglich ist, just ein männliches Gehirn benutzen zu müssen. Das männliche Gehirn muß viel ordentlicher, radikaler dressiert werden als ein weibliches.« (Rudolf Steiner, Das Ereignis der Christus-Erscheinung in der ätherischen Welt (GA 118), Dornach 1984, S. 105)

nishilfen gegeben werden, ohne die ein modernes religiöses Leben nicht möglich ist. Ja, die Priester sind selber auf verschiedene Art Träger der anthroposophischen Bewegung, ›Repräsentanten der Anthroposophie‹.«[1]

Offiziell wurde die Christengemeinschaft 1922, drei Jahre vor Steiners Tod, gegründet. Interessant ist jedoch, daß Steiner seine Vorträge über »christlich-religiöses Wirken, spirituelles Erkennen, religiöses Empfinden und kultisches Handeln« bereits viel früher (1919-1920) gehalten und somit die Grundlage für die spätere Religion geschaffen hat, lange bevor sie offiziell gegründet wurde.

In seiner Autobiographie (Mein Lebensgang) berichtet Steiner sogar, daß er seine Gedanken zu Christus bereits vor 1890 »entwickelt und gegenüber dem Zisterzienser Wilhelm Neumann ausgesprochen hatte«.[2]

In Steiners »Geheimwissenschaft« bildet die Christus-Tat und das Mysterium von Golgatha den Mittelpunkt. In seiner Schrift »Das Christentum als mystische Tatsache« schreibt er bereits 1902 von der Bildsprache der Evangelien und der Apokalypse, die er von den antiken und ägyptischen Mysterien her deutete:

»Die Mysterienweisheit ist eine Treibhauspflanze, die Einzelnen, Reifen geoffenbart wird; die christliche Weisheit ist ein Mysterium, das als Erkenntnis Keinem, als Glaubensinhalt Allen geoffenbart wird. ... Das Christentum holte das Mysterium aus der Tempel-Dunkelheit in das helle Tageslicht hervor. Aber es verschloß zugleich die Tempeloffenbarung in das innerste Gemach, in den Inhalt des Glaubens.«[3]

Doch sehen wir uns Steiners religiöse Kultanweisungen näher an, die erst vor einigen Jahren (die letzte 1994/95) von der Nachlaßverwaltung in Dornach freigegeben wurden.

Diese Vorträge, intern auch Priesterschriften genannt, sind heute noch für die Christengemeinschaftlichen Erzoberlenker (bis heute, wie bereits erwähnt, nur männlich) und OberlenkerInnen (die zweite hierar-

---

[1] Flensburger Hefte, Erneuerung der Religion, Die Christengemeinschaft, Sakramente, Kirche und Kultus, Heft 14, 3. Aufl., 1988, S. 60

[2] Lindenberg, Rudolf Steiner, a.a.O., S. 443

[3] Rudolf Steiner, Das Christentum als mystische Tatsache, 1902, S. 140 f., zitiert nach Lindenberg, Rudolf Steiner, S. 444

chische Stufe, die katholische Kirche läßt grüßen!) religiöse Grundlage und zeigen, wie Steiner der Christengemeinschaft Anweisungen gibt, nicht immer ohne sich dabei indirekt an der katholischen Kirche zu orientieren.

An einer Stelle wird Steiner von einem Teilnehmer gefragt, ob die Landbevölkerung nicht gerade besonders für Kultisches empfänglich sei. Daraufhin antwortet Steiner:

»Ja, für die Einführung des Kultus ganz gewiß. In dem Augenblick, wo Sie mit dem Kultus auftreten, werden Sie das Herz des Landmannes viel leichter gewinnen als mit einer Lehre, das ist ganz gewiß. Die katholische Kirche hat das Christentum zunächst weniger durch die Lehre als durch den Kultus verbreitet, wenn auch die Lehre in äußere Formen hineingeflossen ist.«[1]

Hier wird deutlich, warum auch an Waldorfschulen der Kultus im Christengemeinschaftlichen Unterricht und die Sonntagshandlungen im Freien christlichen Religionsunterricht so eine große Rolle spielen. Es ist eben nicht so, wie immer behauptet, daß die Waldorf-Pädagogik allein bestrebt ist, die ur-religiöse Grundhaltung des Kindes zu erhalten und zu fördern. Das wäre ja selbstverständlich zu begrüßen, doch es ist eine anthroposophische Indoktrination, die ganz subversiv abläuft. Auch gegen eine anthroposophisch-religiöse Erziehung wäre nichts zu sagen, warum sollte es keinen anthroposophischen Freien christlichen oder Christengemeinschaftlichen Unterricht geben?

Massiv zu kritisieren ist an dieser Stelle allerdings, daß das *nicht offen* gesagt wird, sondern das ganze System auf Heuchelei und doppelte Botschaften aufgebaut ist. Steiner war ein Taktiker. Daß aber die WaldorfpädagogInnen heute noch taktieren, ihr System nicht offenlegen und transparent machen, sondern wie Steiner damals, Worte bewußt mit anderen Inhalten belegen und auf diesem Hintergrund Seelenfängerei betreiben, das soll hier angeklagt werden.

So heißt es noch in dem 1996 erschienen Orientierungsbuch für Eltern und Pädagogen: »Es wird kein anthroposophisches Gedankengut hineingetragen in die Waldorfschulen, denn die Auseinandersetzungen damit bleibt den Erwachsenen vorbehalten, die sich aktiv dafür entschei-

---

[1] Steiner, Vorträge und Kurse II, a.a.O., S. 503

den müssen; aber aus dem Geist der Anthroposophie nährt sich das persönliche Leben und erzieherische Wirken der Waldorf-Pädagogen.«[1] Im Zusammenhang mit der Gründung der Christengemeinschaft fällt immer wieder der Name des evangelischen Pfarrers Friedrich Rittelmeyer, der sich mit den organisatorischen Formalien zwecks einer Institutionalisierung beschäftigte. Daneben halfen aber noch 44 weitere Gründungsmitglieder, die jedoch heute nicht solch eine Popularität genießen wie Rittelmeyer. Steiners Name wird im Hinblick auf die Gründung der Christengemeinschaft *vor* NichtanthroposophInnen nur am Rande erwähnt, um nicht dem Vorurteil eines Sektengründers Vorschub zu leisten. Doch intern, in den »eingeweihten Kreisen und Zweigen« ist bekannt, wer der geistige Gründer der Christengemeinschaftlichen Religion ist.

In einem Interview der Flensburger Hefte (einem anthroposophisch orientierten, jedoch auch kritischem Presseorgan) unter der Überschrift »Die horrenden Widersprüche Steiners« wird ein Lenker der Christengemeinschaft (W. Gädeke) von dem Redakteur der Zeitschrift Wolfgang Weirauch (der selbst bekennender Anthroposoph und Mitglied der Christengemeinschaft, sowie Mitglied der Ersten Klasse der Freien Hochschule für Geisteswissenschaften ist) gefragt:

»Wer hat nun faktisch die Christengemeinschaft gegründet, Rudolf Steiner, Friedrich Rittelmeyer oder wer?«[2]

Darauf antwortet Gädeke:

»Das kommt darauf an, was man unter Gründung versteht. Wenn man darunter Inauguration versteht, d. h. ein Hereinleiten eines Geistigen in ein Irdisch-Soziales, dann ist die Gründung Rudolf Steiners Tat. Wenn man aber unter Gründung das Hereinführen in die soziale irdische Wirklichkeit versteht, also auch die institutionelle Begründung, dann hatte Rudolf Steiner so gut wie gar nichts damit zu tun. Die Widersprüche, die in Rudolf Steiners eigenen Aussagen zu diesem Punkt zu finden sind, lassen sich nur auflösen, wenn man diese zwei Arten der Gründung unterscheidet. [...] Der erste Teil, das Hereinleiten der geistigen Substanz, damit die Rituale und Sakramente überhaupt da sein

---

[1] Seitz/Hallwachs, a.a.O., S. 179

[2] Flensburger Hefte, Die Christengemeinschaft heute, a.a.O., S. 23

152

konnten, ist eindeutig Rudolf Steiners Tat. Der zweite Teil, das Verantworten auf Erden, das Gründen von Gemeinden, die sozialen, wirtschaftlichen, rechtlichen Gegebenheiten schaffen, ist eindeutig die Tat der 45 Begründer.«[1]

Hier wird also ohne Umschweife zugegeben, daß Rudolf Steiner der geistige Gründer und Wegbereiter der christengemeinschaftlichen Weltanschauung ist, auch wenn der evangelische Pfarrer Dr. Friedrich Rittelmeyer (geb. 1872) an »den Meister« herangetreten ist und ihn gefragt hat, »in welchem Maße Steiners Ratschläge, Anregungen und Hinweise für die Christenheit und für die Erneuerung des Christentums fruchtbar zu machen seien.«[2] Nach Wehr hat Rittelmeyer für seine Lebensaufgabe von Steiner eine nachhaltige Förderung erfahren, lange bevor 1922 die Christengemeinschaft gegründet wurde. Der damals 50jährige Rittelmeyer, der bereits über Meditationen, Glaubenserfahrungen und die Jesusgestalt veröffentlicht hatte, nahm 1922 durch den damals 61jährigen Steiner Kultanweisungen u. ä. entgegen. Über die anderen 45 BegründerInnen ist zu sagen, daß auch hier die Männer wieder weitgehend unter sich waren. Leider zählten nur drei Frauen zu den ersten PriesterInnen.[3]

Doch immerhin dürfen Frauen in der Christengemeinschaft überhaupt das Priesteramt ausüben, im Gegensatz zur katholischen Kirche. Erzoberlenkerinnen sind sie jedoch bis heute nicht geworden, die Machtführungsspitze behalten sich allein die Männer vor. Und diese hierarchische Struktur ist viel rigider als in der katholischen Kirche, in der der neue Papst ja immerhin von seinen Kardinälen gewählt wird. In der Christengemeinschaft ernennt der jeweils letzte Erzoberlenker seinen Nachfolger noch zu seinen Lebzeiten selbst. Ob ein Erzoberlenker also jemals eine Erzoberlenkerin ernennen wird? Ich wage dies zu bezweifeln. (Vielleicht weil Jesus (oder Steiner) ein Mann war?) Dann wäre noch eine Gemeinsamkeit mit der katholischen Kirche vorhanden, die ja deshalb auch keine Frau Päpstin werden läßt, weil Christus nun ein-

[1] Flensburger Hefte, Die Christengemeinschaft heute, a.a.O., S. 23
[2] Friedrich Rittelmeyer, dargestellt von Gerhard Wehr, Profile christlicher Spiritualität, Schaffhausen 1982, S. 252
[3] Flensburger Hefte, Erneuerung der Religion, a.a.O., S. 6

mal männlichen Geschlechts war und zudem angeblich nur männliche Apostel hatte.)[1]

Daß Steiner nicht nur im Hinblick auf die Christengemeinschaft, sondern in bezug auf die Anthroposophie ein Religionsstifter war, weil sie ein »Gemisch von Hellseherei und Religion« ist, zeigt bereits Steiners Zeitgenosse Dr. J. W. Hauer (damaliger Dozent in Tübingen) in seiner Dissertation auf.

»Macht also hier die Anthroposophie nicht den Anspruch [geltend, J. W.], auf ihren höchsten Stufen Religion zu sein, entgegen den hartnäckig wiederholten Behauptungen des Gegenteils? Vollends deutlich wird dies aus dem Satze: ›Nach dieser Entwicklungsstufe tritt dann etwas ein, was man geisteswissenschaftlich als ›Gottseligkeit‹ bezeichnen kann. Es ist weder möglich noch notwendig, diese Entwicklungsstufe näher zu beschreiben, denn keine menschlichen Worte haben die Kraft, das zu schildern, was der Mensch durch dieses Erlebnis erfährt.‹ Wer wagt es eigentlich noch angesichts dieser Sätze zu behaupten, die Anthroposophie wolle nicht Religion sein?«[2]

Und Hauer fährt weiter fort:

»Meine Erklärung ist diese, dass Steiner die eben angeführten Sätze aus der Theosophie, die nicht nur Geheimwissenschaft, sondern auch Religion – *die* Religion – sein will, in seine Anthroposophie herübergenommen hat, die vorgeblich nur Wissenschaft vom Übersinnlichen – ›Naturwissenschaft des Geistes‹ – sein will, in Wahrheit aber sich Aufgaben stellt, die einzig und allein der Religion vorbehalten sind, d. h. die Anthroposophie ist ein unmögliches Gemisch von Hellseherei und Religion.«[3]

---

[1] Da es doch einmal im 9. Jh. der Päpstin Johanna in männlicher Verkleidung gelungen war, Papst zu werden (als Papst Johannes) ließ die katholische Kirche seitdem (bis in unser Jahrhundert hinein) vor der Papstwahl den Kandidaten auf dem sogenannten »offenen Stuhl«, ohne Hose, nur im Priesterrock, Platz nehmen, damit ein Kardinal den sogenannten »Eiertest« bei ihm durchführen konnte (Er hat, er hat!!, wurde dann gerufen). Auf diese Weise wollte man vermeiden, daß sich wieder eine Frau in dieses Männerrefugium einschleicht. (Literatur: Donna Cross, Die Päpstin, München 1997, Anke Wolf Graaf, Die verborgene Geschichte der Frauenarbeit, Eine Bilderchronik, Weinheim und Basel 1983, S. 61)

[2] Hauer, a.a.O., S. 142 f.

[3] Ebd., S. 143

Hauer geht sogar noch weiter, indem er unmißverständlich deutlich macht, daß es sich ausschließt, von Christus, seiner speziellen Mission zu wissen, diese in einer Bewegung zu verkünden und über angebliche hellseherische Fähigkeiten zu verfügen, ohne eine Verbindung zur Religion zu haben.[1] Deshalb steht für ihn fest: »Darum kann nur *der* ›Pfad‹ zu dieser Gewißheit führen, der zu Gott führt, also *Religion*. Und nun wird uns doch von Dr. Steiner und seinen Schülern immer wieder versichert, Anthroposophie sei nicht Religion und wolle es nicht sein. [...] So kann aber auch keiner ›Seher‹ der übersinnlichen Welt, übermenschlicher, sagen wir göttlicher Art sein, er sei denn mit dem göttlichen Wesen verbunden und erfüllt; er müßte in jener Welt wie ein Irrer, wenn er je schaut, falsch schauen. Dieses Verbundensein mit göttlichem Wesen, dieses Erfülltsein ist aber *Religion*.«[2] Er kritisiert dann sehr scharf weiter und postuliert m. E. zu überzogen:»weil die Anthroposophie nach ihrem eigenen Geständnis nicht Religion ist, d. h. weil sie nicht ›jene Verbundenheit schafft, darum *muss* sie irren, wenn sie in die übersinnliche Welt göttlicher Art schauen will. *Christus kann man nur mit Religion anschauen, ja nur Religion kann ihn überhaupt schauen.*«[3]

Somit hat Hauer recht, wenn er sich darüber ereifert, daß Steiner so tut, als geschähe seine geisteswissenschaftliche »Schau« wie ein unbeteiligtes Forschen und Anschauen, das ähnlichen naturwissenschaftlichen Gesetzen unterliegt, die eben von jedem Menschen erforscht werden können. Demgegenüber betont Hauer, daß genau das Umgekehrte der Fall sei, ein »Ergriffensein, ein Hineingehobenwerden in seliger Freude«, eine »Gemeinschaft mit dem Gegenstand der inneren Wahrnehmung« und kommt zu dem Ergebnis, daß das wiederum *Religion* sei.

Letztlich resümiert er in einem fast verzweifelnden Ton: »Wo in aller Welt hat je einer behauptet, Schau dieser Welt zu haben *ohne* Religion! Selbst die Gnosis hat hier noch echter gefühlt und tiefer erlebt als die Anthroposophie, auch der Manichäismus, darum sind beide Religionen gewesen.«[4]

---

[1] vgl. Hauer, a.a.O., S. 140
[2] Ebd.
[3] Ebd.
[4] Ebd.

Im Zusammenhang mit dem letzteren zeigt er übrigens sehr eindrucksvoll auf, daß Steiner von dieser Bewegung sehr vieles für seine Christologie übernommen hat. So z. B. die Idee, daß der Sonnengeist Christus, nachdem er aus der Urerde ausgeschieden ist, das Licht mit sich gerissen hat und seitdem auf der Sonne seinen Platz hatte. Von hier aus wirkt der Christus zur Erlösung der gefangenen Weltseele. »Er regt zunächst alle Naturkräfte an zum Heile des Menschen und was zuerst nur die dunkle Regung *bewusstlos* wirkender Naturkräfte ist, wird unter dem fortdauernden und verstärkten Einfluss desselben Prinzips zur bestimmten, mit klarem Bewusstsein verbundenen, von freier Willenstätigkeit geleiteten Sehnsucht nach Erlösung.« Auch er erscheint als Mensch und ordnet die Kräfte der Natur so an, daß die Seele zum Lichtreich zurückkehren kann und die kosmischen Zustände geordnet werden. Hauer schreibt: »Wir stossen hier auf alle wesentlichen Gedanken der Steinerschen Christologie.«[1]

Er sieht den Unterschied nur darin, daß es im Manichäismus »Erlösung aus der Materie« heißt, während die Anthroposophie von »Entwicklung« spricht.

Weite Teile der Anthroposophie stammen nach Hauer aus der *Gnosis*. Von dieser hat Steiner z. B. die Idee, daß der Christus oder Logos bei der Taufe auf Jesus herabgestiegen sei, übernommen, doch noch vieles andere mehr.[2]

Doch auch Steiners »Einsicht«, daß das Blut Jesu sich in der Erde befinde und die Menschheit zur Reinheit zurückbringe, stammt nicht von ihm, sondern von den Rosenkreuzern, wie Hauer aufzeigt.[3]

Resümierend fällt er im Hinblick auf die steinersche Christologie und Anthroposophie das Urteil, daß sie im Kern »geistiger Materialismus« sei, eine ungeheuerliche These für Steiner und die AnthroposophInnen damals und heute, die ja immer und überall gerade den Materialismus bekämpfen. Hauer erhebt deshalb diesen Vorwurf, weil er meint, daß die anthroposophische Gepflogenheit darin bestünde, alle Begriffe so gegenständlich aufzufassen, daß z. B. die Urbilder des Löwen, der Ras-

---

[1] Hauer, a.a.O., S. 136
[2] vgl. ebd., aber auch insbesondere Geisen, a.a.O.
[3] Hauer, a.a.O., S. 137

sen u. a., als wirkliche übersinnliche Wesenheiten in übersinnlichen Räumen sich ergehen sollen. Weiter führt er z. B. die Eurythmie (anthroposophische Tanzkunst) an und sagt von ihr:

»Auch die ganze Eurythmie scheint mir auf solch zufälligen Ideenassoziationen und Symbolisierungen aufgebaut zu sein, und es geradezu ein Verbrechen am freien Spiel des körperlichen Ausdrucks seelischer Erlebnisse, wenn man diese in die starre Schablone von zufälligen Ideenassoziationen Einzelner, deren Empfindung man krampfhaft zum allgeltenden Gesetz erhoben hat, zu zwängen versucht. Wenn man nun aber vollends diese zufälligen Verbindungen von bestimmten Farben und Gedanken z. B. zur Wesenseinheit macht, und den Gedanken Farbeigenschaften beilegt, so beweist dieser Irrtum, dass der Vorwurf des *geistigen Materialismus* gegen die Anthroposophie mit Recht erhoben wird. Diesen halte ich aber letzten Endes für viel gefährlicher als den reinen Materialismus, dieser leugnet die geistige Welt; jener aber zieht sie in den Stoff herab, wo ihr Lebendiges zur Mumie wird. Am verheerendsten wirkt diese Verstofflichung des Geistes da, wo die Anthroposophie die ›Wesenheiten‹ der übersinnlichen Welt, wie sie sich etwa im prophetischen Gesicht offenbaren, vergegenständlicht. Die ganze Bilderwelt solchen Schauens wird zu halbstofflichen, geistig sein sollenden Schemen, die schwer in der geistigen Welt unterzubringen sind, weil die Bilderwelt jedes Sehers ganz individuell geartet ist, [...] als ernstgemeinte Philosophie offenbart die Anschauung eine Geistentfremdung, eine Neigung zum Stofflichen, die um so lähmender auf reines Geist-Erleben wirkt, als sie den anthroposophischen Hellseher selbst auf seinen höchsten Flügen nicht verlässt.«[1]

Hauer zieht deshalb aus seinen Erkenntnissen den Schluß, daß der steinersche Geist sich nicht in seiner Ganzheit und Einheit erfassen läßt, weil er immer damit beschäftigt ist, die hellseherischen Anschauungen zu Stoff zu verdichten.

Resümierend läßt sich feststellen:

Steiners religiöse Äußerungen gemeinsam mit seinen prophetischen Zukunftsvisionen und seinen kultischen Anweisungen tragen alle Merkmale eines Propheten und Religionsstifters.

---

[1] Hauer, a.a.O., S. 114

Er ist der religiöse Gründer sowohl der Christengemeinschaft als auch der Anthroposophie. Es besteht eine Abhängigkeit und eine inhaltliche Gemeinsamkeit zwischen beiden Gruppen.

Da Steiner jedoch *nicht* als Religionsstifter sichtbar in Erscheinung treten wollte, griff er zu dem strategischen Schachzug, diese beiden Organisationen – die Anthroposophie und die Christengemeinschaft – formalrechtlich voneinander zu trennen und somit ihre unmittelbare Verwandtschaft zu kaschieren.

Es ist daher verdächtig, wenn in anthroposophischen Schriften immer wieder darauf hingewiesen, daß die Christengemeinschaft von der Anthroposophischen Gesellschaft völlig unabhängig sei. Durch ihre formalrechtliche und organisatorische Unabhängigkeit suchen sie dem Sektenvorwurf der Kirchen entgegenzutreten. Dennoch wiesen damalige Pfarrer beider Konfessionen darauf hin, daß es sich bei den neuen Ansiedlern in Dornach auf dem Berge um AnhängerInnen einer neuen Religionsgemeinschaft handelte, die sie als »Sekte« oder »Loge« bezeichneten. So schreibt der damals schärfste Gegner der AnthroposophInnen, der katholische Dorfpfarrer Kully über seine religiöse Konkurrenzbewegung:

»Der Steinerismus. Wir verstehen darunter Plan und Ziel der okkulten Schulung: Autoritätsfanatismus, geistiges Sklaventum, Abhängigkeit. Der Anthroposoph ist immer ›Steinerist‹, Petrefakt, versteinert. Er kennt nur Steiner, glaubt nur an Steiner. Auf dem blindesten Wahnglauben an seine Unfehlbarkeit stützt sich des Meisters Macht über die z. T. völlig hypnotisierte Herde. [...] Steinerismus besteht in der Ausbildung der Einbildung mit grenzenlosem Hochmut und lächerlich posenhafter Selbstüberhebung.«[1] Mit dieser Beschreibung könnte er allerdings genauso gut den Katholizismus beschreiben. Die hier von Kully vertretene Auffassung und Beurteilung Steiners und der anthroposophischen Bewegung ist daher mit Vorsicht zu genießen, da der äußerst konservative Dorfpfarrer von Arlesheim selbst einer Kirche angehörte, in der es ein unfehlbares Papsttum gibt, Dogmen, die geglaubt werden müssen, eine Glaubenskongregation, einen Buchindex und verschiedene

---

[1] Max Kully, Die Wahrheit über die Theo-Anthroposophie als eine Kulturverfallserscheinung, Ein Beitrag zur Geschichte des Okkultismus der Gegenwart, speziell des Steinerismus, Basel 1926 und Leipzig 1926, S. 285

Machtmittel wie Exkommunikation, Entlassungen, Lehrzuchtverfahren usw. Im übrigen hatte Pfarrer Kully, ganz im Einklang mit seiner Kirche, ein sehr rigides Frauenbild.

»In der Anthroposophischen Gesellschaft ist die Weiblichkeit stark vertreten: Geschiedene, von ihren Männern getrennt Lebende, ›unverstandene‹ Frauen und Mädchen, ›Suchende‹, Typen mit kurz geschnittenen Haaren, Pagenfrisur, und Trägerinnen des Cléo de mérode-Scheitels, mit tiefem Haarknoten, Emanzipierte.«[1] So fürchtete Kully in erster Linie um seine Gemeindeschäfchen, die sich von dem Meister verführen lassen könnten und dann nicht länger mehr wie bisher ihren mütterlichen und ehelichen Pflichten nachgingen. Viele hatten sich von den Kirchen abgewandt und fanden in der anthroposophischen Bewegung eine neue Heimat. Das galt besonders für alleinstehende und geschiedene Frauen, die in der katholischen Kirche bis heute nicht respektiert werden. Der Dorfpfarrer wird deshalb nicht müde, auf Steiner und »seine« Bewegung zu schimpfen:

»Anthroposophie und die okkulte Dressur wirken destruktiv, Ehe und Familie auflösend. Der ›Geheimlehrer‹ hat schon manche Söhne und Töchter ihren Eltern, Frauen ihren Gatten entfremdet, die elterliche Autorität untergraben und zerstört.«[2]

Ein Verhalten, das in der Kirche jahrhundertelang Tradition hat. Denn die Kirche kämpfte lange Zeit gegen die sogenannten heidnischen Kulte, die sie mit brachialer Gewalt schließlich ausrottete. Wieviele Kinder hat sie, zusammen mit der evangelischen Kirche, den Müttern entfremdet, indem beide diese als Hexen verurteilt und verbrannt haben?!

Trotzdem gibt es eine starke Affinität zwischen Anthroposophie und Katholizismus. Es ist gerade diese Nähe, die diese Feindseligkeit ausmacht. Geschwister bekämpfen sich oft mehr als Feinde (Kain-und-Abel-Syndrom). So ist auch Steiners Dämonenlehre in erzkonservativen Teilen der katholischen Kirche zu finden (Engelwerk).

Der kultisch-religiöse Weihecharakter der katholischen Kirche hat auf Steiner von Kindheit an einen starken Eindruck gemacht. Gleichzeitig

---

[1] Kully, a.a.O., S. 314
[2] Ebd., S. 311

hat er aber später versucht, diese Dinge mit der Vernunft in Einklang zu bringen, sie durch das Denken zu erfassen. Die starke Empathie zur katholischen Kirche, sein Interesse für Religion und ihre geistige Durchdringung derselben stellt auch Lindenberg in seiner neusten Steinerbiographie heraus. Er schreibt:

»Vielmehr trachtete er danach, sich über das Verhältnis von Religion und Vernunft aufzuklären, denn die Religionslehre, Dogmatik und Symbolik, Kirchengeschichte und die Beschreibung des Kultus fesselten ihn damals ungemein.«[1]

Auch Hübe-Schleiden, Mitbegründer der Theosophischen Gesellschaft in Deutschland (1884), sieht nach Ausschluß Steiners aus der Theosophischen Gesellschaft gewisse Parallelen zwischen Anhängern Steiners und dem Jesuitenorden.[2]

Doch Hübbe-Schleiden wirft der Deutschen Sektion der Theosophischen Gesellschaft, die damals noch von Steiner geleitet und von Hübbe-Schleiden erst 1913 übernommen wurde, Dogmatik und Intoleranz vor, die nach dem Muster der katholischen Kirche organisiert sei.[3]

Und Annie Besant nennt im Januar 1913 in der Zeitschrift »Theosophist« die Steineranhänger »Jesuiten«: »Die T. S. [Theosophie, J. W.] steht einem organisierten Angriff gegenüber, der von den gefährlichsten Feinden der Gedanken- und Rede-Freiheit angezettelt wird: von den Jesuiten. ... In Deutschland wirken sie nun, um die Vorherrschaft des Christentums in der T. S. zu sichern und um die T. S. zu einer christianisierenden Sekte zu machen. Damit wollen sie die Zurückweisung der T. S. im Osten sicherstellen. ... Alle Mittel sind ihnen zum größeren Ruhme Gottes recht. Der Schwarze General [Steiner, J. W.], wie man das Haupt der Jesuiten nennt, hat seine Agenten überall. Angriffe werden in vielen Ländern in Umlauf gesetzt; Geld wird wie Wasser ausgeschüttet; die Post eines Tages bringt Angriffe aus Rom, Stockholm und Hongkong. Es ist sehr interessant, das zu verfolgen, und man erinnert

---

[1] Lindenberg, Rudolf Steiner, a.a.O., S. 52
[2] Hübbe-Schleiden, 1912, S. 39 f. zitiert nach Lindenberg, Rudolf Steiner, a.a.O., S. 494
[3] vgl. Lindenberg, Rudolf Steiner, a.a.O., S. 494

sich an die warnenden Worte: ›Der Teufel ist zu euch herabgestiegen mit großem Zorn, weil er weiß, daß er nur noch eine kurze Zeit hat‹.[1]

Steiner hat es vermieden, in der Öffentlichkeit als Religionsstifter aufzutreten. Folgendes Beispiel macht dennoch seine verborgene Absicht unmißverständlich deutlich. Hier nimmt er eine sprachliche Umbenennung vor, die bei ihm als strategisches Mittel häufig vorkommt. Er antwortet einem Waldorflehrer, der fragt, ob es nicht gut sei, die Kinder morgens ein Gebet sprechen zu lassen:

»Das ist etwas, was gemacht werden könnte. Ich hatte auch schon die Aufmerksamkeit darauf gewendet. Ich werde Ihnen morgen noch etwas darüber sagen; auch wegen eines Gebetes werden wir noch sprechen. Da würde ich nur Sie um eines bitten. Sehen Sie, bei diesen Dingen kommt es wahrhaftig auf Äußerlichkeiten an. Nennen Sie den Spruch niemals »Gebet«, sondern »Eröffnungsspruch der Schule«. Vermeiden Sie es, daß man aus Lehrermund den Ausdruck »Gebet« hört. Dann haben Sie das Vorurteil, das es eine anthroposophische Sache sei, schon für ein gut Stück überwunden.«[2]

Diese Empfehlung ist wirklich entlarvend. Ein Gebet ja, doch im Gewand eines Morgenspruches, um den Eindruck des Anthroposophischen als Religion zu vermeiden.

Steiners Vorgehen zieht sich durch sein ganzes System. Es wird dem eigentlichen – anthroposophischen – Anliegen nach außen hin nur ein anderer Name verliehen, und schon wird über die religiösen Absichten hinweggetäuscht. »Die Eingeweihten« wissen jedoch, was in Wahrheit dahinter steckt. Geschickt und strategisch gut ausgeklügelt hat Steiner somit erreicht, daß er zu allen Seiten hin taktieren kann, je nachdem, wer gerade vor ihm steht. Nicht umsonst hat er deshalb wohlwissend, schon in jungen Jahren die »Wandelbarkeit« als seine bezeichnende Charaktereigenschaft für sich angegeben.[3]

In der ihm eigenen Art, mit der Bewegung und der Waldorfschulkonzeption umzugehen, zeigt sich, daß »sein« System stellenweise heuchlerische Züge trägt, die hier nach und nach aufgedeckt wurden.

---

[1] Annie Besant, zitiert nach Lindenberg, Rudolf Steiner, a.a.O., S. 502
[2] Zur religiösen Erziehung, a.a.O., S. 73
[3] vgl. Fragebogen der FR in: Barz, Anthroposophie, a.a.O., S. 251

161

Rudolf Steiner als Großmeister im Ordo Templis Orienties

Obgleich AnthroposophInnen (bis auf wenige Ausnahmen) die Tatsache gerne unerwähnt lassen oder aber nicht wahrhaben wollen, daß Steiner im O.T.O (Ordo Templis Orienties), auch Orientalischer Tempelorden genannt, Mitglied und höchster Würdenträger war, so ist dies doch unumstritten.[1]

Der O.T.O wurde als Geheimgesellschaft konzipiert, in der alle möglichen »mystisch-maurerischen und okkult-magischen Strömungen unter einem Dach«[2] vereinigt waren. Doch wurden dort auch aus dem Tantrismus »sexualmagische Praktiken« ausprobiert, was Steiner heute immer wieder in ein zweifelhaftes Licht setzt. Genau diese Erwähnung der Sexualmagie macht den O.T.O und den Zusammenhang mit Steiner für viele AnthroposophInnen so anstößig, daß sie ihn gerne verschweigen. Hinzu kommt die Tatsache, daß dieser Orden auch in direktem Zusammenhang mit dem heroinsüchtigen Schwarzmagier Aleister Crowley stand. Dieser wurde 1912 zum Oberhaupt des britischen Ablegers des O.T.O »Mysteria Mystica Maxima« initiiert. Später (nach Reuß) übernahm er sogar die Gesamtleitung des Ordens.

Der O.T.O wurde am 1.9.1901 von Karl Kellner, Theodor Reuß und Franz Hartmann gegründet. Hartmann war wie Steiner, jedoch früher (1897) auch führend für die Theosophische Gesellschaft tätig und hatte dort den Vorsitz in Deutschland. Steiner löste ihn 1902 ab und wurde zum offiziellen Generalsekretär der Theosophischen Gesellschaft ernannt. Er übernahm diese Aufgabe zusammen mit Marie von Sivers, seiner späteren zweiten Frau.

Lange vor Steiner hatte Hartmann bereits Theosophisches in den Orden einfließen lassen. So berichtet Hans Biedermann: »Es ist schwierig, zu unterscheiden, was von Hartmanns Gedankengängen in dem 1902 erschienenen Buch theosophisch und was freimaurerisch ist. Jedenfalls war der Verfasser [Hartmann, J. W.] 1881 in den USA (Georgetown)

---

[1] Rudolf Steiner, Zur Geschichte und aus den Inhalten der erkenntniskultischen Abteilung der Esoterischen Schule von 1904 bis 1914 (GA 265), Dornach 1987, S. 83 und ders., Mein Lebensgang (GA 28), TB, Dornach 1982, S. 335

[2] Thomas Höfer, Wasch mich, aber mach mich nicht naß!, Rudolf Steiner und der O.T.O, in: Flensburger Hefte, Destruktive Kulte, Schwarze Magie, Sexualmagie, Heft 33, 6/1991, S. 167

Mitglied der Loge ›Georgetown No. 12‹, und er war auch später vermutlich Stellvertretender Großmeister der Schottischen Freimaurerei. Offenbar lassen sich indisch-theosophische und freimaurerische Gedankengänge über die Kraft des schöpferischen und Erleuchtung bringenden Wortes ohne große Schwierigkeit miteinander vergleichen oder sogar zu einer Synthese führen.«[1]

Diese Tradition dürfte Steiner fortgesetzt haben. Es ist sehr wahrscheinlich, daß Steiner, als Nachfolger Hartmanns, sein Buch »Mysterien und Symbole als magisch wirkende Kräfte« kannte und daraus schöpfte. Übrigens hinterließ Steiner nach seinem Tod ein Bibliothek von 9000 Büchern, wozu eigentlich, wenn er seine entscheidenden Lehren sowieso aus der Akasha-Chronik bezog? Jedenfalls vermutet Biedermann, daß die Vermischung zwischen dem theosophischen und dem freimaurerischen Gedankengut möglicherweise in der Gleichartigkeit der menschlichen Psyche in Orient und Okzident und ihrem Streben nach höheren Erkenntnisstufen liegt.

Schauen wir uns einige Glaubensinhalte näher an. Biedermann verweist in diesem Zusammenhang auf eine Studie des Schweizer Physikers Hans Jenny, der sich im Studium der Auswirkungen von Schallwellen auf Materie widmete und feststellte, daß Laute (somit auch Namen und Worte) besondere Eigenschaften und eine ihr spezifische Macht besitzen. Und dieses Faktum sei auch von Okkultisten und Magiern nie bezweifelt, sondern immer recht ernst genommen und genutzt worden. Denn Hartmann beschreibt in seinem Buch ebenfalls die große Kraft und Bedeutung der »Mantram«. »Hierbei kommt es nicht nur auf den Sinn dieser Worte und auf den Geist, der in sie hineingelegt wird, an; denn jeder Ton hat seine bestimmte Schwingungen, die gleichartige Tonwellen im Äther erzeugen und sich mit den ihnen ähnlichen geistigen Wellen verbinden.«[2]

Somit wäre es wahrscheinlich, wenn Steiners Anregungen zur Eurythmie und Heileurythmie (eine Bewegungskunst, die Buchstaben und Laute in Bewegungen umsetzt und damit psychische und körperliche

---

[1] Hans Biedermann, Das verlorene Meisterwort, Bausteine zu einer Kultur- und Geistesgeschichte des Freimaurertums, München 1988, S. 116

[2] Franz Hartmann, Mysterien und Symbole als magisch wirkende Kräfte, Leipzig o. J. (1902), zitiert nach Biedermann, a.a.O., S. 115

Zustände der Menschen zu heilen versucht) ebenfalls auf diese Überlegungen zurückgingen. Dies wäre jedenfalls naheliegender als ein Lesen der Übungen und »Figuren« aus der Akasha-Chronik.

Jedenfalls wurden neben der »Wortmagie« und der Lehre und Weitergabe asiatischer »Mantram« auch sexualmagische Praktiken, Ekelübungen, sowie Übungen zu Astral- und Ätherkörperaustritten vorgenommen.

Ziel des Ordens war, sich mit der Verbesserung und geistigen Fortentwicklung des Menschen zu beschäftigen und diese voranzutreiben. Es ging um die Erschließung der »absoluten Wahrheit«.

Wichtiger Bestandteil des O.T.O war von Anfang an der sogenannte Memphis-Misraim-Ritus. Diesen Ritus hatte Reuß »von dem britischen Okkultisten John Yarker – eine in Freimaurerkreisen ebenfalls als ominös geltende Gestalt – käuflich erworben.«[1] Dieser hatte ihn wiederum von einem anderen gekauft. Jedenfalls distanziert sich Steiner später rückblickend (einige Jahre vor seinem Tod) von jenen Praktiken und Riten, »wie sie sich erhalten haben mit Bewahrung der alten Symbolik und der kultischen Veranstaltungen, in welchen die ›alte Weisheit‹ verkörpert war. Ich dachte nicht im entferntesten daran, irgendwie im Sinne einer solchen Gesellschaft zu wirken.«[2] Vielleicht hatte Steiner tatsächlich eine starke Abneigung gegen die im O.T.O praktizierte Sexualmagie, so daß wir hier die Ursache hätten, für seine Verbannung der Sexualität ins Ahrimanische (Teuflische), die auch an Waldorfschulen bis heute tabuisiert wird.

Offenbar war jedoch eine Mitgliedschaft ohne diese inhaltliche Auseinandersetzung mit den Sexualpraktiken (ob theoretischer oder praktischer Natur sei dahingestellt) nicht möglich. Im Gegensatz zu den vorherigen Beteuerungen Steiners wird in dem Mitteilungsorgan des Ordens, der »Oriflamme«, die Mitgliedschaft ganz anders beschrieben. Hier heißt es: »In diese geweihte Gesellschaft kann nur aufgenommen werden, wer die Kraft besitzt, sich selbst zu überwinden, um zur inneren Erleuchtung zu gelangen. [...] Unser Orden besitzt den Schlüssel, der alle maurerischen und hermetischen Geheimnisse erschließt, es ist

---

[1] Höfer, in Flensburger Hefte, Destruktive Kulte, a.a.O., S. 169
[2] Steiner, Mein Lebensgang (GA 28), a.a.O., S. 335

164

die Lehre von der Sexual-Magie, und diese Lehre erklärt restlos alle Rätsel der Natur, alle freimaurerische Symbolik und alle Religions-Systeme [...] Wir haben es gar nicht nötig, die ›Öffentlichkeit‹ erst um Entschuldigung zu bitten, daß wir es wagen, diese delikate Frage öffentlich anzuschneiden, denn es steht doch fest, daß die Sexual-Frage die brennendste Frage unserer Zeit geworden ist.«[1]

1905 übernahm Theodor Reuß allein die Führung des Ordens, dessen Sitz nach Berlin verlegt wurde. Er war mit seiner Loge bzw. seinem Orden von den ›regulären‹ Freimaurern nicht anerkannt und wurde sogar offiziell ausgeschlossen. »Reuß war eine überaus zwielichtige Gestalt, ein Hansdampf in allen Gassen des Okkultismus und der Geheimgesellschaften. Einer seiner hervorstechenden Charakterzüge war eine ausgeprägte und unermüdliche Sammlerleidenschaft. Alle für ihn nur erreichbaren Freimaurerdiplome und Riten eignete er sich an, ohne aber jemals den Weg eines regulären Freimaurers zu gehen. In der Absicht, ganz groß herauszukommen und in Sachen Geheimgesellschaften ein Wörtchen mitzureden, gründete er zahlreiche Logen; keine wurde anerkannt. Niemals erlangte Reuß die Bedeutung, die er gerne gehabt hätte. Und ausgerechnet Rudolf Steiner nahm ihn ernst!«[2]

Ein Faktum ist, daß Steiner nicht nur Mitglied des O.T.O (von 1905/1906 bis ca. 1918), sondern einer seiner höchsten Würdenträger war, d. h. General-Großmeister des Ordens. Und Marie von Sivers »wurde als General-Großsekretärin für die Adoptionslogen eingesetzt.«[3] Wie sinnig, wo sie doch seit 1902 in der Theosophischen Gesellschaft auch schon den Posten seiner Sekretärin innehatte, d. h. Steiner managte und all seine mehrsprachige Korrespondenz innerhalb der Theosophischen Gesellschaft erledigte.

Im Hinblick auf Steiners Mitgliedschaft im O.T.O wird behauptet:

»Allerdings war es nicht die Sexualmagie, die Steiner an Reuß und seiner Einrichtung interessierte. Weder mit der Person Theodor Reuß

---

[1] Jubiläumsausgabe der Oriflamme von 1912, S. 16-23. Zitiert nach Frick, S. 481-483, in: Höfer, in Flensburger Hefte, Destruktive Kulte, a.a.O., S. 168

[2] Höfer, in Flensburger Hefte, Destruktive Kulte, a.a.O., S. 167

[3] zitiert nach Möller/Howe, S. 164, zitiert nach Höfer, in Flensburger Hefte, Destruktive Kulte, a.a.O., S. 168

noch mit einer seiner zahlreichen Unternehmungen dürfte Steiner etwas zu tun gehabt haben.«[1]

Inwieweit jedoch diese Beteuerung von dem Anthroposophen Höfer und von Steiner selbst (in seiner Autobiographie: »Mein Lebensgang«, S. 335) zutreffen, und er tatsächlich nichts mit den dortigen Praktiken zutun hatte, sei dahingestellt. Solange nicht alle noch unveröffentlichten Unterlagen aus dem Goetheanum vorliegen, bleibt das lediglich eine durch nichts begründete, fromme Hoffnung der AnthroposophInnen.

Denn Höfer muß gleichzeitig im Hinblick auf Steiners Mitgliedschaft zugeben:

»Daß Steiner eine eigene erkenntniskultische Abteilung begründet hat, kann ihm nicht zum Vorwurf gemacht werden. Dazu müßte man sich mit den Inhalten des dort Gepflegten auseinandersetzen. Erstaunlich ist aber die Tatsache, daß für ein an sich wertloses Diplom eine große Summe Geldes bezahlt wurde. Weiter erstaunt es, daß er über Theodor Reuß nicht besser informiert war, um zu wissen, daß ihn allein der Kontakt zu dieser Person in ein schräges Licht setzt.«[2]

Fest steht, daß Steiner Reuß 1906 für 1500 Mark ein Diplom abgekauft hat, das ihn dazu berechtigte, eine eigene Loge unter dem Namen »Mystica aeterna«zu führen. Reuß erhielt außerdem von Steiner für jedes aufgenommene Mitglied 40 Mark und für ein Diplom über dem achtzehnten Grad 10 Mark.

In dem Vertrag heißt es: »Wenn Br. [Bruder, J. W.] Dr. Steiner für den hundertsten (100.) Kandidaten die in diesem Vertrage stipulierte Gebühr von Vierzig Mark (40 M.) an Br. Reuß bezahlt haben wird, ernennt Br. Theodor Reuß den Br. Dr. Rudolf Steiner zum Amtierenden General-Großmeister 33.0 90.0 96.0 für das Deutsche Reich, mit Jurisdiktion über sämtliche im Deutschen Reich bestehenden Organisationen des Ritus und Ordens.«[3]

Steiner, der zu diesem Zeitpunkt (1906) gerade vier Jahre Generalsekretär der Theosophischen Gesellschaft war, hatte offenbar hier schon ein

---

[1] Höfer, in Flensburger Hefte, Destruktive Kulte, a.a.O., S. 169
[2] Ebd., S. 170
[3] »Vertrag und brüderliches Einkommen« zwischen Steiner und Reuß in: GA 265, S. 83, zitiert nach Höfer, in Flensburger Hefte, Destruktive Kulte, a.a.O., S. 169

gesteigertes Interesse, selbständig in einer eigenen Geheimgesellschaft zu lehren. Elemente dieser Riten und Praktiken (ausgenommen der Sexualpraktiken) sind dann später in die Anthroposophische Gesellschaft (1913) eingeflossen. Denn »der Bruch mit Reuß erfolgte ca. 1918. In diesem Zusammenhang gründete Steiner einen neuen ›Inneren Kreis‹ nach Freimaurer-Gesichtspunkten, d. h. mit drei Graden, deren Eingeweihte aus seiner Hand ein goldenes Kreuz erhielten. Der Text der Rituale soll aus Werken von Elivas Levi, den Steiner hoch schätzte, zusammengestellt sein.«[1]

So haben z. B. viele Frauen, die Steiner häufig finanziell, emotional und geistig unterstützten und seine esoterische Schule besuchten, sozusagen als Gegenleistung, aus seiner Hand das Goldene Kreuz empfangen. Ita Wegmann, seine neun Jahre jüngere Schülerin und Ärztin, die später für ihre Mistelpräparate bekannt wurde und ihn bis zu seinem Tod begleitete, erhielt ebenfalls diese Auszeichnung von ihm.[2]

Steiner machte sie später zur Leiterin der ersten Klasse seiner esoterischen Schule. Hier wurden möglicherweise ähnliche Rituale und Übungen vollzogen, wie früher in seinem »Mystica aeterna«.

Auch hier zeigt sich Steiner als geborener Kreator und Verwandler fremden Gedankenguts.[3] Möglicherweise ist Steiner inhaltlich vom O.T.O angeregt worden, selbst wenn es nicht die Sexualmagie war, die ihn reizte.

So erklärt Thorbrügge, ein Magier aus unseren Tagen, hierzu: »Soweit ich informiert bin, hat Rudolf Steiner diverse Techniken übernommen und abgeändert, seinem Weltbild entsprechend, d. h. entschärft.«[4]

---

[1] Horst E. Miers, Lexikon des Geheimwissens, 1982, S. 386, zitiert nach Höfer, in Flensburger Hefte, Destruktive Kulte, a.a.O., S. 168. Interessant ist in diesem Zusammenhang, daß Olaf Thorbrügge im Gegensatz zu Höfer nur von einem kurzen Gastspiel Steiners in dem O.T.O spricht. Er schreibt, daß Steiner sich bereits 1906 (also direkt nach dem Kauf seines Diploms) von Reuß losgesagt haben soll. (vgl. Wolfgang Weirauch, Tue, was du willst, Interview mit Olaf Thorbrügge, in Flensburger Hefte, Destruktive Kulte, a.a.O., S. 175)

[2] J. E. Zeylmans von Emmichhoven, Ita Wegman, Kämpfe und Konflikte, Bd. III 1924-1935, Heidelberg 1992, S.446

[3] vgl. Zinke, a.a.O., Barz, Anthroposophie, a.a.O., Hauer, a.a.O., Hövels, a.a.O., Ullrich, a.a.O., Leisegang, a.a.O., Weibring, a.a.O.

[4] Thorbrügge, in Flensburger Hefte, Destruktive Kulte, a.a.O., S. 175

Vielleicht waren es die dort praktizierten Übungen der Astral- und Ätherkörperaustritte, die ihm »das Lesen aus der Akasha-Chronik« suggerierten – möglicherweise auch unter Zuhilfenahme von Kokain.[1] Und was Steiners teures Diplom angeht, so berichtet Olaf Thorbrügge über die gegenwärtige Praxis des O.T.O: »Nach meinen letzten Informationen kann man sich heutzutage die höchsten Grade des O.T.O gegen Pornohefte erwerben.«[2] Das veranlaßt zu dreierlei Vermutungen: Entweder handelt es sich hier um Degenerationserscheinungen, oder aber der O.T.O war von jeher ein magisch-satanischer »Sexclub«, der sein Handeln nur hinter »höheren Weihen« verbarg. Die Fragen, die sich hier stellen, sind:

a) War Steiner zu naiv, das zu durchschauen?

b) Wußte er davon, ohne sich daran zu stören?

c) Waren diese Praktiken durchaus in seinem Sinne?

d) Fühlte er sich davon abgestoßen, oder waren sie sogar Teil seines eigenen Ekeltrainings?

Mit dem Hinweis auf das Schwarzbuch[3] wird Steiner von einigen TAZ-Journalisten[4] aufgrund seiner Mitgliedschaft im O.T.O als Sexmagier und Satanist bezeichnet. Das erscheint mir zu weit hergeholt und ist nicht wirklich zu belegen. Die Gebrüder Grandt unterstellen Steiners Anthroposophie »eine neue Form von ›Satanismus‹, nämlich ein ›vergeistigter Satanismus‹ zu sein.«[5] Diese Behauptung ist unhaltbar, da sie jeglicher Grundlage entbehrt.

---

[1] vgl. mein Buch »Frauen um Rudolf Steiner«, a.a.O. Dort versuche ich u. a. anhand von Briefen Steiners nachzuweisen, daß er möglicherweise Kokain zusammen mit Schnupftabak genommen hat.

[2] Thorbrügge, in Flensburger Hefte, Destruktive Kulte, a.a.O., S. 175

[3] Guido und Michael Grandt, Schwarzbuch Anthroposophie, Rudolf Steiners okkult-rassistische Weltanschauung, Wien 1997. Gegen die Autoren dieses Buches ist von anthroposophischer Seite eine einstweilige Verfügung wegen fehlenden Copyrights und pauschalen Anschuldigungen des anthroposophischen Hamborner Internats ergangen, so daß es in Deutschland und in der Schweiz bis heute nicht verkauft werden darf und nur in Österreich zu bekommen ist.

[4] Philipp Maußhardt, War Rudolf Steiner ein Sexmagier?, in: die tageszeitung, Mittwoch, 5.2.1997

[5] Grandt, a.a.O., S. 112

Da in der heutigen anthroposophischen Gesellschaft, wie bereits erwähnt, Steiners Mitgliedschaft im O.T.O überwiegend verdrängt wird, verbleibt die von den Gebrüdern Grandt aufgeworfene Frage:

Wie die heutige ›Anthroposophische Gesellschaft‹ zu Steiners Verhältnis zur Freimaurerei und deren Riten allgemein steht.[1]

Dabei stellen sie fest:

»Manfred Schmidt-Brabant, Vorsitzender der Anthroposophischen Gesellschaft, sieht Steiner in freimaurerisches Gedankengut eingebettet [...] Ferner stellte er dar, Steiner hatte sich den Freimaurern ›angeschlossen‹, die insbesonders mit dem ›Memphis- und Misraim-Kultus‹ verbunden sind; 1911 hatte er die Bezeichnung ›Freimaurer‹ (FM) durch ›Misraim-Dienst‹ ersetzt. ›Es ist überdies belegbar‹, führt er aus, ›daß Rudolf Steiner die Bezeichnung ›Misram-Dienst‹ noch einmal änderte in ›Michael-Dienst‹. Hier erscheinen wir erkennen zu können, wieviel dem Begründer der Anthroposophie wirklich daran gelegen ist, zwar Freimaurerei mit zu übernehmen, sie aber nach außen hin, Uneingeweihten gegenüber zu ›tarnen‹.«[2]

Dieses Verhalten Steiners wurde bereits mehrfach auch in diesem Buch nachgewiesen. Hier zeigt sich wieder einmal die Virtuosität Steiners im Adaptieren und Verschleiern.

---

[1] vgl. Grandt, a.a.O., S. 129
[2] Ebd., S. 129 f.

11   Christengemeinschaft, Kirche, Kultus und Sakramente

> *»Die Heiden haben das Wort Gottes in den Naturerschei-*
> *nungen gelesen. Sie mußten es durch äußere Offenbarungen*
> *empfangen. Die Christen müssen das Wort Gottes, das*
> *schaffende Wort Gottes dadurch empfangen, daß sie den*
> *Christus in sich aufnehmen. Die Zeit wird kommen, wo*
> *durch den Fortgang der Ereignisse alle Menschen, die das*
> *Christentum ehrlich in ihre Seelen aufnehmen, wissen wer-*
> *den, daß das Wort Gottes bei Christus ist, und daß dieses*
> *Wort Gottes seinen Keim hat in dem Verständnis des Myste-*
> *riums von Golgatha und des mit Blut besprengten Kleides.«*[1]

Da ich Steiner als Religionsstifter, Propheten und Großmeister eines Magierordens gekennzeichnet habe, möchte ich in diesem Kapitel jene Inhalte seiner Religion umreißen, die in der Christengemeinschaft zu Buche schlagen.

Dabei geht es

a) um Inhalte, in denen sich die Christengemeinschaft vom Kirchen-christentum unterscheidet,

b) um jene Sakramente, die die Frau benachteiligen.

Zunächst lassen sich folgende Merkmale im Hinblick auf die Christo-logie Steiners und die Christengemeinschaft benennen, einige davon erkennen die Kirchen nicht mehr als christliches Traditionsgut an:

* Jesus und Christus werden deutlich von einander unterschieden.
* es ist die Rede von zwei Jesuskindern und entsprechend von zwei Marien und zwei Josefs. Nachdem eine Mutter nach dem ersten Je-sus gestorben ist, werden die beiden Familien zusammengeführt.
* der salomonische Jesusknabe des Matthäus-Evangeliums (aufgrund des Stammbaums: Davidsohn Salomo) ist eine Inkarnation des Za-rathustra.
* der nathanische Jesusknabe des Lukas-Evangeliums (aufgrund des Stammbaums: Davidsohn Nathan) soll eine Inkarnation des Buddha sein.

---

[1] Steiner, Vorträge und Kurse II, a.a.O., S. 145

- Bei Jesu Taufe durch Johannes am Jordan senkt sich die Christus-Wesenheit (der Sonnengott) auf ihn herab. Die Aufnahme der Christus-Wesenheit ist jedoch noch keine Geburt der Christus-Wesenheit.
- Der Tod Jesu am Kreuz bedeutet gleichzeitig die Geburt der Christus-Wesenheit.
- Der Leichnam Jesu verschwand im Felsengrab in einer Erdspalte.
- »Endgültig zieht die Christus-Wesenheit in die ›Erdenaura‹ ein beim Ereignis der Himmelfahrt, die eigentlich eine ›Erdenfahrt‹ gewesen ist. [...] Nun beginnt ein neuer Abschnitt im Wirken Christus. Es ist die Geschichte des Christus-Impulses im Geiste der Menschen, die Geschichte des wechselnden Verstehens des Mysterium von Golgatha, die Geschichte immer neuer Offenbarungen bis hin zur Offenbarung jenes »Fünften Evangeliums«, dem Steiner seine ›Mitteilungen‹ entnimmt.«[1]
- Das Mysterium von Golgatha wird als kosmisches Ereignis angesehen, das aus einer Notwendigkeit heraus kommen mußte.
- Dieser Christus-Impuls ist tätig durch DienerInnen und spirituelle GehilfInnen.
- Der Anbruch eines neuen Zeitalters wird mit der welt- und heilsgeschichtlichen Bedeutung der Anthroposophie verknüpft.

Rudolf Steiner hat in seiner Christusschau »in einem Akt übersinnlicher Erkenntnisse die Grundlagen eines neuen sakramentalen Lebens empfangen und geschaffen. Dieser Kultus ist die Mitte der Christengemeinschaft.«[2]

Die Ausführungen Steiners sind für die AnhängerInnen der Christengemeinschaft Beschreibungen der in Sakramenten erfahrenen Wirklichkeit. Durch die im Kultus gemachten Erfahrungen der Christengemeinschaft erwächst die Schriftauslegung.

---

[1] Badewien, Anthroposophie, a.a.O., S. 113
[2] Hartmut Höfener, Die Christengemeinschaft und die Evangelische Kirche in Deutschland gegeneinander, nebeneinander oder miteinander, Dortmund und Lünen 1996, S. 59

Diese zuerst von Steiner gegebenen »sakramentalen Handlungen« wollen in die Entwicklung des Menschen und des Kosmos »Wandlungskräfte« hineintragen.[1]

Die Christengemeinschaft versteht sich zunächst als die geistig-übersinnliche *eine* Kirche Christi, die *ohne* Absolutheitsanspruch die unsichtbare Gemeinschaft aller Christen verkörpern will, aller Gemeinden und aller christlichen Religionsgemeinschaften. Sie ist sogar offen für diejenigen, die keiner religiösen Gemeinschaft angehören wollen und doch auf individuellem Weg eine Verbindung mit Christus suchen. Die Christengemeinschaft ist »eine Kirche ohne jeden Dogmenzwang, weil in ihr in bezug auf die christlichen Tatsachen Glaubens- und Lehrfreiheit herrscht; eine Kirche ohne moralisch-ethische Bevormundung und Gängelung, weil in ihr der einzelne selbst für seine Lebensführung verantwortlich ist; eine Kirche ohne geistige Hierarchie, weil es nur die eine Priesterweihe gibt und ansonsten nur eine Gliederung der Verantwortung in verschiedene Ämter, [...]«[2]

Das hört sich tolerant und offen an. Doch wie bei allen Religionsgemeinschaften hat die Toleranz dort ihre Grenzen, wo die Intoleranz und Kleingeistigkeit einzelner PriesterInnen und LenkerInnen anfängt. So berichtete mir eine Lehrerin des Freien christlichen Religionsunterrichtes, die selbst auch Mitglied in der Christengemeinschaft war, daß sie ausgetreten sei, weil sie Schwierigkeiten mit den Priestern der Gemeinde bekam. Sie wollte einen 15 Jahre jüngeren Mann heiraten. Die Priester hatten wiederholt um ein Gespräch gebeten und wollten ihr die Heirat ausreden. Nach ihrem Austritt ließ sie sich in der evangelischen Kirche trauen, in der sie Mitglied geblieben war. Heute ist sie glückliche 20 Jahre mit ihrem 15 Jahre jüngeren Mann verheiratet.

Die Christengemeinschaft verzichtet auch auf jede Mission? Es heißt: »Dieser Verzicht [auf kirchliche Mission, J. W.] gründet nicht auf Resignation, sondern auf der Überzeugung, daß die Wirklichkeit Christi so groß und umfassend ist und die Menschenseelen in ihren Bedürfnissen und Fähigkeiten so verschieden sind, daß es voller Berechtigung viele Wege gibt, in Gemeinschaft danach zu streben, den Christus in sich zu

[1] vgl. Höfener, a.a.O., S. 59
[2] Flensburger Hefte, Erneuerung der Religion, a.a.O., S. 62

fühlen. Ja, es wird sogar anerkannt, daß es auch einen unmittelbaren, individuellen geistigen Weg zu dem Christus außerhalb jeder Religionsgemeinschaft gibt. Daraus entsteht eine positive, aktive Toleranz.«[1]

In der Christengemeinschaft ist die erklärte Mitgliedschaft nicht die Voraussetzung für den Empfang der Sakramente, dennoch wird jede Kommunion, jede Erteilung eines anderen Sakramentes als ein unausgesprochenes Mitglied-Werden gedeutet, »weil es ein Schicksal, eine Verantwortung gegenüber der Religionsgemeinschaft begründet, wenn man den Vorgang wirklich ernst nimmt. Religion und Sakrament sind ihrem Wesen nach Bindung. Deshalb hat es keinen Sinn, von ›freiem‹ Kultus, ›freiem‹ Sakrament zu sprechen. Die Freiheit liegt darin, ob jemand überhaupt ein religiöses Leben in Gemeinschaft führen will. Hat er den Entschluß gefaßt, ein solches Leben zu üben, so hat er sich aus Freiheit gebunden. In dieser Bindung, und nicht mehr in einem Lehrbekenntnis, liegt im Sinne eines zeitgemäßen Christentum das christliche Bekenntnis, das ein Tatbekenntnis ist.«[2]

Die Christengemeinschaft hat genau wie jede Religion ihre Sakramente, d. h. die Zelebrierung physischer Handlungen, in denen Spirituelles anwesend ist.

In der Christengemeinschaft gibt es in Anlehnung an die katholische Kirche 7 Sakramente: Taufe, Beichte, Trauung, PriesterInnenweihe, letzte Ölung, Bestattung und Abendmahl, gefeiert im Gottesdienst, der »Menschenweihehandlung«.

Die Taufe in der Christengemeinschaft

In der Christengemeinschaft gibt es genau wie in der katholischen und evangelisch-lutherischen Kirche, die Kindertaufe (in den ersten Wochen nach der Geburt).

Dagegen wird hier mit Wasser, Salz und Asche getauft. Diese Substanzen verkörpern für die AnhängerInnen der Christengemeinschaft die drei Weltenkräfte. Das Wasser soll die Gedankenkräfte segnen, die eher zum Versalzen neigen, das Salz segnet das formlos Unbeherrschte des Willens, die Asche segnet die Empfindungskräfte, die nach Auffassung

---

[1] Flensburger Hefte, Erneuerung der Religion, a.a.O., S. 59
[2] Ebd., S. 64 f.

der Christengemeinschaft eher zum Zerfließen und Sich-Verlieren neigen.

Die Taufe ist der erste Schritt zur Aufnahme in die Gemeinde, »so daß das Kind an der Ätherhülle, dem Geistleib der christlichen Gemeinde teilhat und etwas von der Substanz dieser Gemeinde auf das Kind überfließen kann. Mit der Substanztaufe wird ein geistig-physischer Keim für die Entfaltung des nichtnatürlichen, des eigentlichen Christenmenschen gelegt. Die Taufe dient also der Wiedergeburt – nicht der Wiederverkörperung –, also zur Entstehung des zweiten Adam. Das wird wie eine Saat in die unterbewußten Schichten des Menschen eingesät.«[1]

Auch hier wieder männliche Sprache, die den Begriff Mensch mit Adam assoziiert und die Frau außen vor läßt.

Trauung in der Christengemeinschaft
(»Die Frau hat dem Manne nachzufolgen«)

Die Trauung findet in der Christengemeinschaft innerhalb der Menschenweihehandlung statt. An Mann und Frau werden zunächst gleichlautende Fragen gerichtet: »Gedenkst Du, in jene Entschlüsse, mit denen Du in der Geist-Welt wandelst, aufzunehmen des Lebens Gemeinschaft mit [Name, J. W.] ...?« Der Geistes-Wille des Mannes und der Seelen-Geist der Frau finden sich wieder: »Es bindet sich, was getrennt.«[2]

Dann erhält der Mann den Auftrag: »Du, [Name] leuchte ihr [Name] voran dem Lichte, das der Wieder-Erstandene in Deinem Geist leuchten läßt. »Der Auftrag der Frau lautet: Du, [Name] folge ihm [Name] in dem Lichte, das der Wieder-Erstandene in Deiner Seele leuchten läßt.«[3]

Bei dem Trauungsritual treten drei Bilder auf: das Ringwechseln, das Kreuzen der Stäbe und das Bild des Auferstandenen.

Bei dem dritten Bild, dem Auferstanden, folgt nun eine Formulierung, die sich für die Frau folgendermaßen ausnimmt:»Die Frau soll dem

[1] W. Gädeke, in Flensburger Hefte, Die Christengemeinschaft heute, a.a.O., S. 71
[2] Steiner, Vorträge und Kurse II, a.a.O., S. 264 ff.; ders., Vorträge und Kurse III, a.a.O., S. 79-84
[3] Steiner, Vorträge und Kurse III, a.a.O., S. 82 f.

Manne nachfolgen.« An dieser Stelle wurde die Formulierung von der katholischen Kirche übernommen.

W. Gädeke begründet das in einem Interview so:

»Das stimmt, es heißt, daß die Frau dem Mann folgen solle. Aber zuerst heißt es, daß der Mann der Frau voranleuchten solle, und zwar mit dem Lichte, daß er von dem Lichte des Auferstandenen in seinem Geist empfängt. Die erste Aufgabe wird also an den Mann gestellt, und das ist die Aufgabe zur Bestätigung des religiösen Lebens. [...] Der Frau wird eine andere Aufgabe zugemessen, auf die ich gleich zu sprechen komme. [...] Es wird immer Anstoß an diese Passage genommen, weil mit dem Nachfolgen immer etwas Sekundäres, Abgeleitetes, Passives und damit Negatives verbunden wird.«[1]

Daraufhin fragen Klaus-Dieter Neumann und Wolfgang Weihrauch, die Redakteure der Flensburger Hefte, die selbst Anthroposophen und Mitglieder der Christengemeinschaft sind, kritisch nach:

»Wolfgang Weihrauch: Es könnte doch auch sein, daß die Frau mit ihrer Seele die Beziehung zu dem Christus aufgreift und der Mann ihr folgt. Die Präpositionen, die sie hervorgehoben haben, und was aus ihnen folgt, sind verständlich und nachvollziehbar, aber das Heikle ist ja die Festlegung der Nachfolge. Es ist doch überhaupt nicht einzusehen, warum der Mann vorangeht und die Frau ihm folgt, denn genauso kann es umgekehrt sein.

W. Gädeke: [...] Was hier im Trauritual ausgesprochen ist, besagt jetzt nicht nur, daß das der natürliche Ausgangspunkt für die Religiosität von Mann und Frau ist, sondern es enthält ja auch eine Aufforderung: ›Leuchte voran‹ – ›Folge‹. Für eine moderne Religiosität in der Ehe – denn darum geht es ja hier –, ist es unverzichtbar, daß diese männliche natürliche Qualität primär ist. Es reicht nicht aus, mit weiblicher Religiosität die Ehe zu führen. Sie müssen beide zusammenwirken und der Mann muß seine Möglichkeit, die er von Natur hat, aktivieren und einbringen. Und die hat etwas Instrumentales, deswegen heißt es mit dem Lichte.

---

[1] Gädeke, in Flensburger Hefte, Die Christengemeinschaft heute, a.a.O., S. 90

Wolfgang Weihrauch: Dann wäre mit ›Folge ihm‹ nicht der individuelle Mann gemeint, sondern nur die männliche Seite, die Religion denkerisch zu ergreifen.

W. Gädeke: Richtig! [...] Aber von der Entwicklung her ist das Leuchten im Geiste ein Vorangehendes, weil der Mann – nicht aus persönlichem Verdienst, sondern aus der allgemeinen männlichen Natur – an dieser Stelle einen Vorsprung hat, dadurch allerdings nicht besser oder religiöser ist. Es muß nur im Entwicklungsgang das erste sein, bevor das nächste folgen kann. Und das wird in Zukunft immer mehr der Fall sein. Für die frühere Religiosität galt das noch nicht, denn da konnte man unmittelbar empfindungsmäßig fromm und religiös sein. Ob diese Religiosität nun denkerisch durchdrungen wurde oder nicht, war nicht so wichtig. Für die Zukunft wird das aber immer wichtiger werden, und deshalb wird an dieser Stelle des Traurituals auch an erster Stelle der Mann genannt. Man[n, J. W.] kann das nicht umkehren.«[1]

Es ist an dieser Stelle wirklich haarsträubend, was da von Gädeke als einem Repräsentanten und Lenker der Christengemeinschaft ausgesagt wird. Implizit heißt es doch: Der Mann ist das primär denkende Prinzip, er ist von Natur aus das ›Leuchten im Geiste‹ und muß daher das der Frau vorangehende Prinzip sein, besonders für die Zukunft, weil hier das Durchdringen des Religiösen mit dem Geiste immer wichtiger wird. Diese Auffassung unterscheidet sich nicht in der Konsequenz, sondern nur in der Begründung von der Auffassung der katholischen Kirche. Letztere begründet die Zweitrangigkeit der Frau damit, daß Jesus ein Mann war und folglich nur Männer Jesus repräsentieren können. Heute sagt man, daß Jesus nur Männer als Apostel gerufen hat und auch beim Abendmahl nur Männer zugegen waren.

Im Neuen Testament in dem Brief an die Epheser 5, 21-33 über die christliche Familienordnung heißt es:

»Einer ordne sich dem andern unter in der gemeinsamen Ehrfurcht vor Christus, ihr Frauen, ordnet euch euren Männern unter wie dem Herrn (Christus); denn der Mann ist das Haupt der Frau, wie auch Christus das Haupt der Kirche ist; er hat sie gerettet, denn sie ist sein Leib. Wie

---

[1] Flensburger Hefte, Die Christengemeinschaft heute, a.a.O., S. 92 f.

aber die Kirche sich Christus unterordnet, sollen sich die Frauen in allem den Männern unterordnen.«

Diese Stellen belegen, daß Steiner sich der kirchlichen Tradition sehr gut anpaßt und hier in keinster Weise einen für Frauen »freien« und fortschrittlichen Weg begeht.

Einige Lenker der Christengemeinschaft (s. o.) begründen die Nachfolge der Frau damit, daß Man(n) ihr subtil verschlüsselt die geistigen Fähigkeiten abspricht. Eine Diskriminierung sondergleichen.

Hiermit wird verständlich, warum sich die Priester der Christengemeinschaft bei der anthroposophischen Religionslehrerin gegen die Heirat des um so viele Jahre jüngeren Mannes sträubten. Vielleicht fürchteten sie, daß die um 15 Jahre ältere Frau nicht dem jüngeren Mann, sondern dieser ihr nachfolgen würde und diese damit eine ›weibliche Religiösität‹ in die Ehe einbrächte, mit der nach Auffassung der christengemeinschaftlichen Lenker und Erzoberlenker allein nicht die Ehe zu führen sei.

Nur im Hinblick auf das Amt der Priesterinnen, erlauben sie wenigstens der Frau zu lehren, auch wenn die Erzoberlenker in ihrer männlichen Nachfolge unter sich bleiben. Und in dem höchsten Siebenergremium ist heute ebenfalls nur eine Alibifrau neben sechs Männern zu finden.

Transsubstantiation (die Wandlung von Brot und Wein in Fleisch und Blut Christi) und die anthroposophische Erlösung

Ähnlich wie in der katholischen Kirche glaubt die Kirche der Christengemeinschaft auch an die Transsubstantiation (Wandlung des Brotes und Weines in das Fleisch und Blut Christi) im Sinne der über-subjektiven Präsenz Christi. So hat der Tod und damit das Blut Christi auch für sie eine zentrale Bedeutung. Es wird jedoch im Gegensatz zu dieser mit einer eigenen steinerschen Interpretation belegt, die an die Naturreligionen anknüpft, die die Kirchen vehement als heidnisch ablehnen. So heißt es:

»In den frühen Ausführungen Rudolf Steiners (z. B. 17. März 1905) finden wir den Hinweis, daß die katholische Messe ihrem Ursprung nach auf Mysterien zurückführt, die von Persien und Ägypten herüberkamen und in diesen Kulturströmungen eine besonders populäre

Form angenommen hatten. Dem Schüler solcher Geheimschulen wurde ursprünglich zunächst die Entstehung der Welt und des Menschen, seine Bedeutung in der Welt verkündet, wie der Weltengeist sich ergoß in jede Erscheinungsform der Schöpfung der Naturreiche, und wie der Mensch ein Zusammenfluß von all dem Geschaffenen sei – die kleine Welt innerhalb der großen. Wie dann der Mensch, der in diese reine Welt durch seine Leidenschaften und Unvollkommenheiten Trübung hineinbrachte, durch die Opferung seiner niederen Natur zur Katharsis [Reinigung, Entsühnung, J. W.], dadurch zur Wandlung seines Wesens und so zur Vereinigung mit seinem göttlichen Ursprung kommen konnte, wurde dem Schüler auf einer nächsten Stufe durch Handlungen vorgeführt.«[1]

An diese Handlungen knüpft die Christengemeinschaft unmittelbar an, die den oben beschriebenen Sinn haben. Diesen finden wir auch in der Anthroposophie, denn es geht auch hier immer um die Überwindung der niederen »ahrimanischen« Triebe, hin zur Entwicklung einer höheren »Geistigkeit«, wie dies schon die vorchristlichen GnostikerInnen (Gnosis = Erkenntnis) anstrebten.

Der Unterschied zwischen dem anthroposophischen meditativen Schulungsweg Steiners und dem christengemeinschaftlichen Weg ist einzig und allein der *Weg*, d. h. die Methode. Die Christengemeinschaft meint eben durch den Kultus, d. h. durch die von PriesterInnen erteilten Sakramente diese im Sinne der Anthroposophie höhere Geistigkeit zu erlangen. Während andere AnthroposophInnen, die nicht der Christengemeinschaft angehören, sich gegen die Weiheerteilung anderer entschieden haben und selbst aktiv werden wollen. D. h., sie nehmen für sich in Anspruch eigenständig mit Hilfe des Schulungsweges Steiners an sich zu arbeiten, um die egoistischen Umtriebe und die ahrimanischen und luziferischen Kräfte zu läutern.

Das Mysterium von Golgatha ist Steiner in diesem Zusammenhang der Opferfeier besonders wichtig. Zu der eigenen anthroposophischen Interpretation und dem Mysterium von Golgatha Steiner deshalb noch einmal hier im Originalton:

---

[1] Zur religiösen Erziehung, a.a.O., S. 55

»Wir sind erst am Anfang derjenigen Entwickelung, welche die christliche Entwickelung ist. Die Zukunft dieser Entwickelung besteht darinnen, daß wir in der ganzen Erde sehen den Körper des Christus. [...] Und dieses Geistige ist ein Teil des Christus. Nehmen Sie jetzt irgend etwas von der Erde. Wann erkennen Sie es richtig? Wenn sie sagen: ›Das ist ein Teil des Leibes Christus!‹ Was konnte der Christus sagen zu denjenigen, die ihn erkennen mochten? Indem er ihnen das Brot brach, das aus dem Korn der Erde kommt, konnte der Christus sagen: ›Dies ist mein Leib!‹ Was konnte er ihnen sagen, indem er ihnen den Rebensaft gab, der aus dem Saft der Pflanzen kommt? – ›Dies ist mein Blut!‹ Weil er die Seele der Erde geworden ist, konnte er zu dem, was fest ist, sagen, ›Dies ist mein Fleisch‹ und zu dem Pflanzensaft: ›Dies ist mein Blut‹, wie Sie zu ihrem Fleisch sagen: ›Dies ist mein Fleisch, und zu ihrem Blut: Dies ist mein Blut‹«[1]

Alles Flüssige wurde auch in den alten Mysterienkulten, die damals in Eleusis noch eine große Bedeutung hatten, als Säfte der Großen Göttin gesehen und verehrt.[2]

Die Früchte der Felder und Bäume wurden als Produkte der Göttin verehrt, die Menschen glaubten, daß ihr Geist in ihnen direkt präsent war.

Steiner knüpft also hier an alte Naturreligionen an, in die er die Gestalt Jesus integriert, er ist dann in diesem Sinne ein Träger der Naturreligion der Großen Mutter, der heiligen Ruach oder der heiligen Sophia.

Doch das sagt Steiner so natürlich nicht, im Gegenteil, er hält sich auch weiterhin statt dessen lieber an die paulinische Tradition der katholischen Kirche, für die auch das Blut Christi (für unsere Sünden vergossen) eine immense Bedeutung hat. Jedoch glauben die AnthroposophInnen und auch die Mitglieder der Christengemeinschaft nicht an die Sündenvergebung Jesu durch sein Blut. Das würde auch ihrem Glauben an die Reinkarnation (Wiederverkörperung) und dem Karmagedanken widersprechen.

---

[1] Rudolf Steiner, Das Johannes-Evangelium im Verhältnis zu den drei anderen Evangelien (GA 112,) Vortr. v. 7.07.1909, S. 267 f.

[2] vgl. Weiler, Ich verwerfe im Lande die Kriege, a.a.O., Heide Göttner-Abendroth, Die Göttin und ihr Heros, a.a.O., dies., Das Matriarchat I und II, a.a.O.

Steiner spricht allerdings von der »Sündenkrankheit«. Der protestantische Theologe Höfener, beschreibt das so:

»Die Sündenkrankheit ist ein allgemein-menschlicher Zustand, die
Folge des Sündenfalls.‹ [...] Sündenkrankheit sei eine Wirklichkeit, in
der der Mensch, und zwar jeder Mensch, sich vorfinde. Dennoch habe
der einzelne die Möglichkeit, sich fortzuentwickeln – durch Erkenntnisarbeit, Gefühlsveredelung und Willenszucht –. Dabei müsse der
Ringende die schmerzliche Erfahrung machen, daß er ›schuldig ist‹.
Entlastend wirke sich dabei die Erkenntnis aus, daß es sich mit allen
Menschen so verhalte. Jeder Mensch könne für ihn zum Spiegel werden, in dem er seine Fehler sähe.«[1]

Auch wenn Steiner von Sündenkrankheit spricht, so erkennt er doch
den in Genesis 2 beschriebenen Sündenfall an, spricht von der Schuld
des Menschen, die nur durch Erkenntnisarbeit, Gefühlsveredlung und
Willenszucht wieder gutgemacht werden kann. Einen wesentlichen Anstoß gibt seiner Ansicht nach die Anthroposophie, weil sie den »Christusimpuls« aufgreift und die »Michaelbotschaft« ernst nimmt. Sie allein könne deshalb dazu beitragen, daß die ahrimanischen Kräfte auf
der Erde besiegt werden und eine Transformation des Geistigen stattfindet.

12 Theologischer Fundamentalismus und Erlösungspädagogik in der Anthroposophie

Zunächst fällt bei Steiners Ausführungen auf, daß er seine subjektiven
Sinneseindrücke und Erkenntnisse als seine »geistigen Schauungen«
ausgibt und kurzerhand als allgemein gültig und für jede/n nachvollziehbar deklariert. Er spricht von Gesetzmäßigkeiten, die angeblich
dem allgemeinen Menschen- und Seelenleben zugrunde liegen. Sie sind
nach Beschreiten seines Schulungsweges und der Beschäftigung mit
Anthroposophie (im Klartext: mit der Verinnerlichung seiner Sichtweise bzw. seiner Erkenntnisse aus höheren Welten) selbst für jede/n

---

[1] Höfener, a.a.O., S. 52

überprüfbar. Außerdem behauptet er, sein Wissen nicht aus bereits vorhandenem Wissen zu schöpfen, sondern aus dem Weltenäther, der Akasha-Chronik:

»Das müssen wir uns immer wiederum vor die Seele stellen, daß wir nicht aus Urkunden schöpfen, sondern daß wir schöpfen aus der geistigen Forschung selbst, und daß wir dasjenige, was aus der Geistesforschung geschöpft wird, in den Urkunden wieder aufsuchen.«[1]

Somit setzt er seine »Geisteswissenschaft« á priori als empirisch und wissenschaftlich fest und behauptet, daß seine »geistigen« Einsichten und »Wahrheiten« z. B. über die Entwicklungsphasen des Kindes, der Welten, der Elementarwesen usw. von jedem Menschen nachvollziehbar sind, sofern man sich mit der Anthroposophie beschäftigt und seinen Schulungsweg beschritten hat. Ganz abgesehen davon, daß es bisher in den 80 Jahren außer Steiner noch niemandem gelungen ist, seine Wahrheiten zu schauen und diese ebenfalls aus der »Akasha-Chronik« zu lesen.

Der Anspruch ist fatal, denn keiner darf jemals zu anderen Erkenntnissen als Steiner gelangen, denn diese sind ja angeblich allein gültig, auch wenn Steiner dann wieder zugesteht, daß die Geisteswissenschaft sich auch mal irren kann. Und wer immer meint, diesen Weg gegangen zu sein, kann am Ende nur zu seinen Ergebnissen gelangen, da sonst in Zweifel gezogen wird, daß er die Erkenntnisse höherer Welten geschaut hat. Insofern braucht man gar nicht mehr die »Erkenntnis höherer Welten« und kann Steiner sofort nachbeten, wozu dann der Umweg?

In die gleiche Richtung denkt auch ein Zeitgenosse Steiners, E. Engelhardt, er bemerkt zurecht bereits 1922 sehr sinnig:

»Steiner spricht immer von Geisteswissenschaft. Aber was er bringt, ist keine ›Wissenschaft‹, sondern populärwissenschaftliche Dogmatik. Katholisches Dogma hat doch auch nichts mit Wissenschaft zu tun, weil die Ergebnisse etwaiger ›Forschungen‹ von vornherein feststehen und vorgeschrieben sind.«[2]

---

[1] Rudolf Steiner, Das Lukas-Evangelium (GA 114), Dornach 1985, S. 22
[2] Emil Engelhardt, Jugendbewegung gegen Anthroposophie, Eine Absage an Dr. Steiner, Rudolfstadt 1922, S. 20

In seinen weiteren Ausführungen kritisiert Engelhardt auch Steiners Denken, weil es sehr verschwommen und widersprüchlich ist. Er beklagt, daß sich auf diese Weise jeder/r das herausnehmen kann, was er/sie brauche. Der Willkür sei somit Tür und Tor geöffnet. In diesem Zusammenhang stellt er schlußfolgernd eine Frage: »Nun soll aber klares, korrektes Denken eine Vorbedingung für erfolgreiche Geheimforschung sein. Wenn Steiner selbst unklar ist, wie wenig Vertrauen wird man dann zu den Ergebnissen seiner nicht nachprüfbaren ›geheimen‹ Forschungen‹ haben dürfen, da er selbst die von ihm immer wieder betonten Grundvoraussetzungen in seinen Schriften nicht erfüllt?«[1]

Der berühmte evangelische Theologe Paul Tillich, ebenfalls ein Zeitgenosse Steiners, zeigt drei Vorbedingungen auf, die der »anthroposophischen Theologie« zugrunde liegen:

»1. Geistes-Welt und Geister-Welt sind identisch.

2. Gott ist die Einheit der Geistes-Welt.

3. Der Weg zu Gott führt durch die Anschauung der Geistes-Welt.«[2]

Tillich führt weiter aus, daß die erste Voraussetzung eine religiös-philosophische, die zweite eine religiös-dogmatische und die dritte eine religiös-ethische sei. Er wendet ein, daß weder philosophisch noch theologisch á priori zu entscheiden sei, ob die Geister-Welt, die die Anthroposophie erschließen will, existiert oder nicht existiert. Er kritisiert, daß Steiner hier die Grenzen der Wirklichkeit zu ziehen versucht, was unmöglich sei. Er schreibt: »Die Grenzen der Wirklichkeit sind ebensowenig á priori zu ziehen wie die Grenzen unserer Organbildung für Wirklichkeitserkenntnis.«[3]

Steiner verleiht seinen Worten »die Wahrheit zu verkünden« eine doppelte Bedeutsamkeit, da er ein apokalyptisches Szenario konstatiert und den entscheidenden Wendepunkt durch die Beschäftigung mit der Anthroposophie setzt. Dies machen übrigens sehr viele religiöse Weltanschauungsgemeinden. Und auch Jesus hat das unmittelbare Weltenende vor Augen gehabt. Mit dieser psychologisch sinnvollen Taktik wird den

---

[1] Engelhardt, a.a.O., S. 21
[2] Paul Tillich, Anthroposophie und Theologie, in: Theologische Blätter 1922, 1. Jg., Sp. 87
[3] Ebd.

Menschen in ihrer Orientierungs- und Hoffnungslosigkeit zum einen Sicherheit vermittelt und zum anderen Mut gemacht, etwas an der Weltsituation ändern zu können. Gleichzeitig wird der »richtige« anthroposophische Weg und die »richtigen« Handlungsweisen aufgezeigt, zu denen sie nach einem lebenslangen Studium angeblich gelangen können.

In dem oben genannten Sinne wird den AnhängerInnen die Möglichkeit eröffnet, sich aus dieser materialistisch-ahrimanischen Zwangslage zu »erlösen«. Insofern ist die Anthroposophie und die Waldorfpädagogik eine Erlösungsreligion mit einer integrierten Erlösungspädagogik. So sagt Steiner z. B.:

»In diesem Zeitpunkte entscheidet es sich, ob der Mensch aus dem tiefsten Innern heraus ehrlich und wahr aufblicken kann zu etwas, was göttlich die Welt und das Menschenleben durchseelt und durchgeistigt. Und derjenige, der durch Geistesanschauung sich hineinversetzen kann in das Menschenleben, der wird – man möchte sagen – intuitiv darauf geführt, gerade in diesem Zeitpunkte als Erzieher die richtigen Worte, die richtigen Verhaltensmaßregeln zu finden. Denn dasjenige, was Pädagogik in Wahrheit ist, das ist etwas Künstlerisches.«[1]

Und weiter konstatiert er im Hinblick auf die pädagogische Kunst:

»Ohne die Beobachtung dieser dem Menschenleben zugrunde liegenden Gesetzmäßigkeiten kann es keine wirkliche pädagogische Kunst geben. [...] Ich will nur den Anteil charakterisieren, den Geisteswissenschaft an der Ausgestaltung einer pädagogischen Kunst der Gegenwart und der Zukunft haben kann ... Pädagogik muß, weil sie allgemein sein muß für die Menschheit, zu gleicher Zeit zur individuellen und individuell gehandhabten Kunst des Erziehers und des Unterrichters werden. Man muß gewisse innere Zusammenhänge einsehen, wenn man dasjenige, was oftmals instinktiv ausgesprochen wird, aber doch eben nicht klar durchschaut wird, eben klar durchschauen will.«[2]

Zu dieser künstlerischen Erlösungspädagogik bemerkt Prange:

»Es kommt hier nie zur Probe des Gelernten aus der Einsicht in einen eigenständig verfügbaren Zusammenhang, wie ihn der Unterricht in

---

[1] Ausführungen Rudolf Steiners, Bd. II, a.a.O., S. 310
[2] Ebd., S. 311

der 4. Stufe formuliert, sondern man lernt auf Vertrauen und Kredit, ohne sich selber überzeugen zu können, ob die Bank noch liquide ist. Deshalb geht es auch nicht ohne Vertrauen in Menschheitsführer und Lehrer [...].«[1]

Nicht nur Erziehungswissenschaftler wie Prange und Barz, sondern auch langjährige Waldorflehrer kritisieren mittlerweile diese Formen der künstlerischen »Erlösungspädagogik«. So schreibt Hans Moritz, der ca. 30 Jahre in anthroposophischen Zusammenhängen als Waldorflehrer lehrt und arbeitet, in seiner kürzlich (1996) erschienen Dissertation: »Gelingt es, aus einem gewissen Abstand das Schulleben an einer Waldorfschule sowie die Unterrichtsgestaltung und den anthroposophischen Hintergrund zu betrachten, so zeigt sich deutlich der Charakter eines Gehäuses, eines Gehäuses, in das Hoffnungen gesetzt werden und von dem man sich auch so etwas wie Erlösung in einer als Belastung erlebten Situation erhofft.«[2]

Moritz verweist im weiteren Verlauf auf die typischen Verhaltensweisen im »Gehäuse«, auf die H. Schär in seiner Arbeit hingewiesen hat. Schärs Arbeit ist bereits in den fünfziger Jahren zusammen mit dem C. G. Jung Institut in Zürich entstanden. Er schreibt vom Leben des Menschen im Gehäuse, dieser »läßt einfach die kritischen Gedanken nicht an sich herankommen ... läßt nie einen Funken von Selbsterkenntnis darüber aufdämmern, warum er allenfalls zu diesem Gehäuse gekommen ist ... Er weiß für alles eine Deutung. Wie sollte deshalb das Gehäuse und die Prinzipien nicht richtig sein? ... Man hat den Eindruck [von diesen Menschen, J. W.], daß sie sich nicht fassen lassen, und sie sind auch nie gepackt oder erschüttert. Die scheinbare Überlegenheit ist darum nicht die eines umfassendes Geistes ... Dieses Distanzierthalten gegenüber allen Dingen und Anschauungen läßt einen letzten Ernst und eine tiefste menschliche Verpflichtung mangeln ... Zu den Voraussetzungen des Gehäuses gehört auch, daß man darin möglichst viel denkt ... daß man aber nicht allzu viel Erfahrungen und Erkenntnisse aus dieser geistigen Arbeit sucht. Das Denken, namentlich das an das

---

[1] Klaus Prange, Erziehung zur Anthroposophie, Darstellung und Kritik der Waldorfpädagogik, Bad Heilbrunn/Obb. 1987, S.131

[2] Hans Moritz, Waldorfpädagogik und Existenzanalyse, Verträglichkeit und Ergänzung von Menschenbild und Erziehungsvorstellung, Nürnberg 1996, S.211

Gehäuse gebundene Denken ist berechenbar. Die Erfahrung erhält aber immer etwas Unberechenbares, etwas Irrationales.«[1]

Moritz kommentiert dazu selbstkritisch:

»Ich blicke als Schüler, als Elternteil, als Kollege, als anthroposophischer Vortragsredner und Erziehungswissenschaftler auf über drei Jahrzehnte des Lebens in diesem Gehäuse zurück. Jeder Satz der obigen Beschreibung unterstreicht eine eigene Erfahrung.«[2]

Weiter führt Moritz aus, wie sehr man in diesem Gehäuse gefangen ist und daß die langjährige Tätigkeit an einer Waldorfschule, die nicht durch Blicke auf den außenstehenden Umkreis ergänzt werden, die Gefahr einer Horizontverengung in sich birgt. Die Verausgabung seiner Kräfte bis zur Selbstaufgabe ist dabei nicht selten, »was auf Kosten der Flexibilität und Gesprächsfähigkeit mit anderen Systemen geht.« Er nennt das Schmoren im eigenen Saft, zu dem auch ein erheblicher Gruppendruck gehört »Corpsgeist« und schreibt dazu:

»Die Waldorfschule wird durch einen Corpsgeist und ein Ethos mit sehr hohen Anforderungen geprägt. Man verinnerlicht Normen und Verhaltensweisen so stark, daß man sich nicht mehr guten Gewissens solch einem maximalen Einsatz entziehen kann, selbst wenn man die Problematik irgendwo spürt. Die einzige Situation die an einer Waldorfschule zur Niederlegung von Arbeit oder Reduzierung von Belastungen akzeptiert wird, ist die Krankheit. Daß der Organismus in erschreckendem Maße zu diesem ›Sicherheitsventil‹ greift, zeigen die Krankheitsquoten.«[3]

Diese völlige Verausgabung der eigenen Kräfte ist in der Ursache zu suchen, daß sich die im Gehäuse sitzenden WaldorflehrerInnen wie »geistig« geführte, sprich Steiner geführte Priester und Priesterinnen fühlen, die an einer gemeinsam erlösenden Weltaufgabe arbeiten und glauben, die Menschheit zu einer höheren Bewußtseinsstufe verhelfen zu müssen.

---

[1] H. Schär, Erlösungsvorstellungen und ihre psychologischen Aspekte. Zürich 1950, S. 297 ff., zitiert in Moritz, a.a.O., S. 211
[2] Moritz, a.a.O., S. 211
[3] Ebd., S. 210

Zu der pädagogischen Priestertätigkeit der WaldorflehrerInnen sagt Steiner deshalb: »... der Erzieherberuf [muß] sich umwandeln lassen ... zum ganz wahrhaften Priesterberuf, der dasteht, wenn die göttliche Gnade die Menschen herunterschickt in das irdische Leben.«[1]

Der »sektenartige« Gehäusecharakter fällt auch Katharina Engels, einer ehemaligen Waldorfmutter und Mitarbeiterin einer anthroposophisch-heilpädagogischen Einrichtung auf. Sie wurde von Wolfgang Weirauch zum Thema Sekten befragt, da sie mit Sekten wie den Zeugen Jehovas und der Mun-Sekte in Kontakt gekommen war: »Wolfgang Weirauch: Welches sektenartige oder weltanschauliche Verhalten würden Sie denn bei manchen Anthroposophen oder anthroposophischen Einrichtungen konstatieren?

Katharina Engels: Oftmals erkennt man eine sehr klare hierarchische Struktur, zum Beispiel mit dem Gründungsmitglied an oberster Stelle, manchmal erlebt man sogar von einem Heimleiter, daß er irgendwie in der Annahme schwebt, bereits erleuchtet zu sein. Ich habe auch festgestellt, daß einige dieser Menschen, die ich vor Augen habe, ausschließlich bestrebt sind, Originalliteratur von Rudolf Steiner zu lesen, aber keine Sekundärliteratur oder gar nichtanthroposophische Bücher. Natürlich gibt es auch die weiteren Tendenzen, die ich auch erlebt habe, daß man sich gegen die Außenwelt abschirmt und eine entsprechende Binnenkultur entwickelt, daß man eine gewisse Angst vor der Außenwelt entwickelt, so daß eine Sprachlosigkeit gegenüber dieser sogenannten Außenwelt entsteht. Entsprechend entwickelt man dann nach innen eine eigene Sprache, die Menschen, die von außen hinzustoßen, kaum noch verstehen können. [...] um sich letztlich nur noch in den eigenen Kreisen zu bewegen.«[2]

Studiert man Steiners pädagogischen Anweisungen wird eine kosmisch-übersinnliche Perspektive sichtbar, die das »Wirken« der LehrerInnen bestimmen soll. So war ihm besonders wichtig: »... daß man in aller Erziehung eine Art Fortsetzung der vorgeburtlichen übersinnli-

---

[1] Steiner, Der pädagogische Wert der Menschenerkenntnis, S. 36 f. zitiert nach F. J. Wehnes, Kritische Aspekte der Waldorfpädagogik, in: F. J. Krämer, G. Scherer, F. J. Wehnes, Anthroposophie und Waldorfpädagogik, Annweiler 1987, S. 170

[2] Wolfgang Weirauch, Draußen tobt der Satan, Interview mit Katharina und Klaus Engels, in: Flensburger Hefte, Destruktive Kulte, a.a.O., S. 68

chen Tätigkeit bewirkt. Diese gibt allem Erziehen die nötige Weihe, und ohne diese Weihe kann man überhaupt nicht erziehen.«[1] Und er fährt weiter fort: »Wir wollen uns bewußt werden, daß wir durch Erziehung fortzusetzen haben dasjenige, was ohne unser Zutun besorgt worden ist von höheren Wesen ...«[2]

Neben Steiners Glaube der kosmisch durchwirkten ErzieherInnentätigkeit kommt sein Glaube an die Reinkarnation (Wiedergeburt) des Menschen, so daß die geistig moralisch gegründeten WaldorflehrerInnen hinter jeder kindlichen Seele einen reinkarnierten großen Geist wie z. B. einen Goethe oder Schiller vermuten und deshalb alles geben, diese Seelenkräfte und Fähigkeiten aus ihrem Schlummerzustand zu erwecken. Dagegen ist ja nichts zu sagen, Glaube ist Glaube. (Und der Reinkarnationsglaube hat selbst im Christentum eine lange – wenn auch verdrängte – Tradition.) An manchen Waldorfschulen wird diese Perspektive jedoch dermaßen übertrieben, daß die anthroposophische Pädagogik zur Selbstaufgabe der Lehrenden führt, die sich so sehr an ihre Kinder hingeben und ihre eigenen Grenzen überschreiten, daß es innerhalb des Kollegiums wegen Krankheit und Erschöpfung zu einer großen Fluktuation kommt.[3]

Im Hinblick auf die Waldorfpädagogik fragt F. Rest deshalb zu recht: »Wie sollte ein so intensiver Austausch zwischen den verborgenen Wesensschichten des Lehrers und Schülers anders möglich sein, als durch eine fast absolute (missionarische) Aufopferung des Erziehers für das Kind? Nicht wenige Waldorflehrer oder ihre Ehen zerbrechen an diesem Totalanspruch.«[4]

Der immanente Denkfehler liegt somit auch darin, daß bei dieser Spekulation auf frühere Erdenleben immer nur die Kinder im Blickpunkt der Betrachtungen stehen, selten bis nie die Erziehenden selbst. So könnte ja auch in der sich aufopfernden Waldorflehrerin eine Elisabeth von Thüringen, in der engagierten Deutsch- und Musiklehrerin eine

---

[1] Rudolf Steiner, Allgemeine Menschenkunde als Grundlage der Pädagogik (GA 293), Dornach 1992, S. 44
[2] Ebd., S. 21
[3] vgl. Barz, Anthroposophie, a.a.O. zur Selbstaufgabe und Selbstverleugnung des typischen Waldorfpädagogen
[4] Franco Rest, Waldorfpädagogik, Stuttgart 1992, S. 86

reinkarnierte Hildegard von Bingen stecken, in der sich vehement engagierenden und streitbaren Waldorfmutter eine Jean d'Arc schlummern, deren Aufgabe es vielleicht ganz und gar nicht wäre, sich einzig und allein für ihre Waldorfkinderchen aufzuopfern. Dem Reinkarnationsgedanken an dieser Stelle weiter folgend, wäre es vielleicht sogar verfehlt, wenn diese sich z. B. *allein* auf die Rolle der Waldorflehrerin oder Waldorfmutter reduzieren lassen. Denn eins steht fest, von einer in die Pflicht genommenen Waldorfmutter wird mehr verlangt als von anderen. Die sich »freiwillig« engagierende Waldorfmutter näht den Kleinen Kostüme für ihre im Laufe der Schulzeit unzähligen Theaterstücke, wirkt bei den Basaren mit, verschafft ihnen zusätzlichen Musikunterricht, fährt sie bei auftretenden Störungen zu dem anempfohlenen Heileurythmieunterricht, hält ihre Wohnung in Schuß für den periodisch aufkreuzenden Klassenlehrer oder die Klassenlehrerin und macht mit ihren Kleinen Haus- und Übungsaufgaben, damit sie den Lehrstoff schaffen, da die Kinder ja keine Klasse wiederholen können. Besonders zu dem zuletzt aufgeführten Punkt ist zu sagen, daß für manche Eltern, die an dieser Stelle eine aktive Mithilfe versäumen, aber einen lernunwilliges Kind haben, oftmals das plötzliche Erwachen erst kommt, wenn es zum ersten Mal Notenzeugnisse gibt, nämlich in der 12. Klasse. Doch für die meisten SchülerInnen ist es dann zu spät, sich an einen nie kennengelernten Notendruck plötzlich zu gewöhnen und überhaupt die eigenen Leistungen realistisch einzuschätzen. So schaffen viele SchülerInnen einen schlechteren Schulabschluß, weil sie bedingt durch die Pubertät, eine allgemeine Unlust zeigen und in dieser Zeit einen gewissen Druck zum Arbeiten bräuchten.

An Waldorfschulen fehlt der Leistungsdruck, denn der Intellekt soll nicht alles sein, da der ganze Mensch im Mittelpunkt des Unterrichtsgeschehens stehen soll. Das hört sich gut an, es kann jedoch nur mit bescheidenem Erfolg funktionieren, denn letztlich werden auch die Kinder einer Waldorfschule in eine leistungsorientierte Gesellschaft entlassen, in der ein gewisser Konkurrenzkampf zu bestehen ist. Diese Leistungsanforderungen, die die Jugendlichen nach der Schule zu bestehen haben, werden allein mit einem pädagogisch-künstlerischem Konzept nicht aufgefangen, in dem Steiner verspricht:

»Wir sind uns klar darüber, daß alles andere Wissen, das heute von den verschiedensten Seiten her an den Menschen herangebracht wird, zwar den Kopf belehrt, daß es aber nicht den Menschen zum pädagogisch-didaktischen Künstler macht, weil es nicht den ganzen Menschen ergreift, sondern eben nur den Kopf. Anthroposophisches ergreift den ganzen Menschen, macht ihn zu einem Handlanger derjenigen ›Kunstgriffe‹, möchte ich sagen, die in der eben gekennzeichneten Weise mit der Schülerschar vorgenommen werden müssen.«[1]

Erlösung vom Intellekt?

Bei dem vorherigen Zitat wird jedoch verschwiegen, daß die angebliche Erziehung zum ganzen Menschen leider oftmals *auf Kosten* des Kognitiven (Erkenntnisfähigkeit) geht und *nicht zusätzlich* das Musisch-Künstlerische hinzugewonnen wird. Die Kinder werden dann häufig auch in ihren Denkprozessen gehemmt, wenn sie nicht den von Steiner vorgeschriebenen Phasenmodellen entsprechen.

Diese Tatsache wird auch von dem jahrzehntelang tätigen Waldorflehrer Moritz bestätigt, der gleichzeitig von einer Infantilisierung der Kinder spricht.

»Der Lehrer läuft Gefahr, aus dem Bewußtsein heraus zu wissen, was ›eigentlich gut für den Schüler ist‹, diesen zu infantilisieren. [...] Neben das Phänomen einer Infantilisierung, durch Vermeidung von Entscheidungen, tritt jene Erscheinung, die man als eine verzögerte kognitive Kompetenz bezeichnen kann.«[2] Resignierend stellt er weiter fest: »Wo begriffliche Klarheit und bewußte Reflexion der Lage, auch durch eine schmerzvolle Konfrontation mit Wirklichkeiten und Anforderungen angesagt wären, ist oft ein träumendes Daraufzuleben bzw. eine Abwehr festzustellen.«[3]

Hochbegabte SchülerInnen haben es daher an Waldorfschulen besonders schwer. So geht aus einer Studie hervor, daß folgende grundsätzliche Probleme als Konsequenz der pädagogischen Prinzipien der Waldorfschule zu erwarten sind, wenn eine Hochbegabung vorliegt:

---

[1] Ausführungen Rudolf Steiners, Bd. II, a.a.O., S. 293
[2] Moritz, a.a.O., S. 208
[3] Ebd., S. 208

»Das starre Festhalten an den Siebenjahresrhythmen erweist sich als außerordentlich nachteilig für die intellektuell besonders begabten Kinder, die sich in der Regel ja gerade durch einen entsprechenden Entwicklungsvorsprung auszeichnen und individuell gefördert werden sollten. Anthroposophische Pädagogen leugnen die Möglichkeit eines solchen Vorsprungs durchweg oder stehen ihm ablehnend gegenüber. Auf die Problematik der Temperamentserziehung wurde bereits hingewiesen. So zeigt es sich, daß beim ›kindgemäßen Lernen‹ sich der Schüler am Steinerschen Bild des Kindes auszurichten hat, das sich in dieser rigorosen und wirklichkeitsfremden Art wohl in keiner anderen Schulart in der Bundesrepublik findet. Man könnte sagen, daß das Kind sich nach der Anthroposophie zu richten hat, nicht aber die Anthroposophie nach dem Kinde. So beklagten zum einen mehrere Eltern, daß ihre Vorschläge und Hinweise, die den Waldorflehrern nicht paßten, unter Hinweis auf das ›Karma‹ [Gepräge, J. W.] des Kindes zurückgewiesen wurden.«[1]

Die Autoren der Studie beklagen außerdem, daß neuere entwicklungs- und kognitionspsychologische Erkenntnisse keinen Eingang in die Waldorfpädagogik gefunden hätten. Statt dessen wird lediglich Piagets Phasenlehre als »Kronzeuge« für die Richtigkeit der anthroposophischen Steinervorstellungen zitiert.[2]

Abschließend resümieren sie, daß die Probleme der SchülerInnen im allgemeinen nicht akzeptiert werden, wenn sie den anthroposophischen Vorstellungen widersprechen. Dazu gehören etwa Klagen der Schüler über die Langeweile im Unterricht. Frage man eine Instanz außerhalb der Waldorfschule um Rat, würde dies von den Schulen durchweg als Affront betrachtet.

Demgegenüber verstehe sich die Waldorfpädagogik selbst nach wie vor als Hilfsangebot, das bereits in dem Kinde ruhende Potential zu wecken und zu fördern vermag.

Damit der Mensch selbständig werden und Verantwortung tragen kann, muß sein humanistisches Gewissen, sein tiefstes Sein angespro-

---

[1] Kurt A. Heller/Horst Nickel, Psychologie in Erziehung und Unterricht, Zeitschrift für Forschung und Praxis, Organ der Deutschen Gesellschaft für Psychologie, 36. Jg., München, Basel 1989, S. 225

[2] vgl. Barz, Anthroposophie, a.a.O., S. 104-130, Barz, Kindgemäßes lernen, a.a.O.

chen werden. Er muß lernen, sich innerhalb von Wertekonflikten zu entscheiden und zu diesen Entscheidungen zu stehen. Eine Grundannahme innerhalb der Anthroposophie ist jedoch die von Steiner entwickelte These von der »Ichgeburt erst nach Vollendung des dritten Jahrsiebts«. Er sagt: »So richtig reif, ein Ich zu entwickeln aus sich selbst heraus, wird der Mensch durch die Eigentümlichkeit seiner Organisation erst im zwanzigsten und einundzwanzigsten Jahre, nicht früher.«[1] Diese Behauptung erschwert jedoch eine Entwicklung zum eigenverantwortlichen Denken und Handeln. Auch Moritz bestätigt im Hinblick auf diese Äußerung Steiners:

»Solch eine Aussage, als normative Vorgabe genommen, macht den rechtzeitigen Einsatz von Selbstverantwortung als Reifungs- und Entwicklungshilfe fast unmöglich. Verzögerungen im kognitiven Bereich und in der Verantwortungsübernahme treten dadurch ein. Die Vorbereitung auf Prüfungen und Abschlüsse kann nicht mehr auf einer Diskursebene laufen als Auseinandersetzung und als ein Abwägen von Argumenten, sie besteht in einem anfüllen mit abzuprüfenden Inhalten, zu denen kaum mehr kritisch Stellung genommen werden kann.«[2]

Der anthroposophische Dozent J. Kiersch spricht ebenfalls manchen Waldorfschulen einen normativen Charakter nicht ab, wenn er bekennt: »›In jeder Schule, die mit anthroposophischer Pädagogik arbeitet, waltet bestimmend das ewige Bild des wahren Menschenwesens, als Urbild wirksam‹, dann wird ein Anspruch fühlbar, der unerträglich ist ... das Urteil, hier handelt es sich um eine totalitäre, absolute, extrem normative Pädagogik, liegt nur allzu nahe.«[3]

Die Erlösung durch Anthroposophie

Sogar der Vererbungslinie kann man laut Steiner ebenfalls nur mit »seiner« Geisteswissenschaft entgegenwirken. Denn nur mit ihrer Hilfe wird man in die Lage versetzt, Schicksal zu spielen, ja, über sein genetisches Potential stärkere Kontrolle zu erlangen. Die Menschen, die sich nicht mit Anthroposophie beschäftigen, sind somit stärker Opfer ihrer genetischen Anlagen.

---

[1] Rudolf Steiner, in: Ausführungen Rudolf Steiners, Bd. I, a.a.O., S. 42
[2] Moritz, a.a.O., S. 209
[3] Johannes Kiersch, Fragen an die Waldorfschule, Flensburg 1991, S. 60

»Der Mensch, der sich nicht kümmert um die geistige Welt, der nicht in seine Seele hineingießt, was aus der geisteswissenschaftlichen Bewegung heraus fließen kann, er ist unterworfen dem, was aus der physischen Vererbungslinie kommt. Einzig und allein dadurch, daß der Mensch sich durchsetzt mit dem, was ihm aus der geisteswissenschaftlichen Geistesströmung zukommen kann, macht er sich zum Herrn über das, was herunterfließt aus der Vererbungslinie, macht es zu einem Unbedeutenden und wird Sieger über alles, was in der Außenwelt an den Menschen durch hemmende Mächte herantritt ... Dann werden die Menschen in der physischen Welt auch immer gesünder werden durch die Geisteswissenschaft. Denn die Geisteswissenschaft wird selber das Heilmittel werden, welches die Menschen schön und gesund in der physischen Welt macht.«[1]

Der physische Leib wird laut Steiner in den ersten sieben Jahren um- bzw. aufgebaut. In dieser Zeit der Entwicklung unseres Körpers vollzieht sich auch ein Gestaltwandel, der sich u. a. in der Bildung der zweiten Zähne zeige. Darüber hinaus ist es nach Steiner irrig, »eine Wirkung von Erbfaktoren über diese Zeit hinaus anzunehmen. ›Das also, was gewöhnlich in der Vererbungstheorie vorgebracht wird, ist ein Kohl.‹ (GA 317, 15). Wer, karmabedingt, der Macht der Vererbung ausgeliefert ist, findet im Christus-Impuls und in der Anthroposophie Gegenkräfte.«[2]

Steiner behauptet unermüdlich, daß die Anthroposophie eben kein Religionsbekenntnis wie z. B. die katholische oder evangelische Kirche fordere und dem Menschen etwas überstülpe. Vielmehr gehe es hier um die wahre »Freiheit« des Menschen und der angeblich objektiven menschenkundlichen Erkenntnisse.

Daß dem nicht so ist, legt Bernhard Grom, Professor für Religionspsychologie und -pädagogik an der Hochschule für Philosophie in München 1989 in seinem Werk »Anthroposophie und Christentum« recht überzeugend dar. Er schreibt:

---

[1] Rudolf Steiner, Geisteswissenschaftliche Menschenkunde (GA 107), Dornach 1988, S. 256 f.

[2] Bernhard Grom, Anthroposophie und Christentum, München 1989, S. 121

»Sie [die Anthroposophie, J. W.] verfügt doch exklusiv über den Weg zu energisiertem, lebendigem, wahrem Denken. Und wer die Ergebnisse des geistig Schauenden als autoritär empfindet, ist eben dem Materialismus mit seiner ›ahrimanischen‹ Sinnes-Erkenntnis verfallen (GA 26, 228) [...] Die Ablehnung des nicht-esoterischen Denkens und seiner Rationalität und die Kritik am ringsum wuchernden Materialismus wurde der Anthroposophie wie ein Prinzip und eine Erblast mitgegeben. Steiner hat sich im gutgemeinten Kampf um ein spirituelles Lebensprogramm und Weltverständnis von den philosophischen Hauptströmungen seiner Zeit mehr und mehr entfernt und für einen esoterisch-okkultischen Alleingang entschieden.«[1]

Weiter zeigt Grom auf, daß Steiner auch die Aufklärung vollkommen ablehnte, wenn dieser sagt: »Sehen Sie, mit allem, was neuere Aufklärung ist, kommt man zu nichts, was im Fortgange der Menschheitsentwickelung eine durchgreifende Bedeutung haben könnte.«[2]

Und in der Tat finden wir immer wieder bei dem »Geistseher« die negative Prophezeiung:

»Wer sich nicht auf die übersinnliche Beobachtung der Anthroposophie einläßt, bleibt seiner Ansicht nach der materialistischen Sicht des ›Verstandes‹ verhaftet.«[3]

Grom kommentiert, daß die ›Vernunft‹ als Alternative von Steiner dagegen nicht erwähnt werde.

»Wer sich nicht auf die übersinnliche Beobachtung der Anthroposophie einläßt, bleibt seiner Ansicht nach der materialistischen Sicht des ›Verstandes‹ verhaftet; die ›Vernunft‹ als Alternative erwähnt er nicht.

›Es gibt natürlich viele Menschen, die nicht glauben werden, Materialisten zu sein, und die dennoch ein verstandesmäßiges Begreifen für die einzige Art des Verstehens halten. Solche Menschen bekennen sich vielleicht zu einer idealistischen, vielleicht sogar zu einer spirituellen Weltauffassung. Aber sie verhalten sich zu derselben in ihrer Seele auf

---

[1] Grom, a.a.O., S. 170f.
[2] GA 198, S. 126, zitiert nach Grom, a.a.O., S. 171
[3] Steiner, zitiert nach Grom, a.a.O., S.171

materialistische Art. Denn der Verstand ist nun einmal das Seeleninstrument für das Begreifen des Menschen.‹ (GA 34, 334).«[1]

Alle Menschen, die nicht den steinerschen Schulungsweg gehen, werden kurzerhand als Materialisten und Intellektualisten abgetan. Hierzu
noch einmal Steiner selbst: »Es gibt natürlich viele Menschen, die nicht
glauben werden, Materialisten zu sein, und die dennoch ein verstandesmäßiges Begreifen für die einzige Art des Verstehens halten. Solche
Menschen bekennen sich vielleicht zu einer idealistischen, vielleicht sogar zu einer spirituellen Weltauffassung. Aber sie verhalten sich zu derselben in ihrer Seele auf materialistische Art. Denn der Verstand ist nun
einmal das Seeleninstrument für das Begreifen des Materiellen.«[2]

Auch Albert Schweitzer hat dieses unsaubere Vorgehen Steiners und
»seiner« Bewegung erkannt. Schweitzer hatte ihn bei einem Theoso-
phentreffen kennengelernt und besuchte ihn auch 1922 in Dornach.
Zunächst teilte er mit Steiner das Anliegen, »die Kultur aus dem Ideal
christlicher Humanität zu erneuern, distanzierte sich von ihm mit dem
freundlich-bescheidenen Satz: ›Rudolf Steiners hohen Gedankenflug
der Geisteswissenschaften mitzumachen war mir nicht verliehen‹.«[3]

Das Problematische im Hinblick auf die Lehrinhalte an Waldorfschulen
ist deshalb, daß Anthroposophisches nicht immer als solches offensichtlich vermittelt wird, sondern konturlos so mit den jeweiligen Inhalten verschmilzt, daß es sich nicht mehr abhebt.

Wenn auch den Kindern in den Fächern (mit Ausnahme des Freien
christlichen und Christengemeinschaftlichen Unterrichtes) nicht immer
explizit Anthroposophisches vermittelt wird, werden sie doch ständig
unter anthroposophischem Blickwinkel gesehen und beurteilt.

Außerdem bilden »Anthroposophie und Waldorfpädagogik eine un-
trennbare Einheit, und zwar sowohl in der Theorie als auch in der
Praxis [...]«[4]

Und Schneider schreibt demzufolge in seiner Dissertation:

---

[1] Grom, a.a.O., S. 171
[2] Steiner, Lucifer – Gnosis (GA 34), a.a.O., S. 334
[3] E. Beltle/K. Vierl, Erinnerungen an Rudolf Steiner, Stuttgart 1979, S. 34, zitiert nach
Grom, a.a.O., S. 172
[4] W. Schneider, a.a.O., S. 33

»Dennoch können weder Steiner noch die ihm anhängenden Waldorf-pädagogen den Zusammenhang zwischen Anthroposophie als Weltan-schauung und dem pädagogischen Ansatz der Waldorfschulen grund-sätzlich leugnen.«[1]

Die Kinder werden bekanntlich an Waldorfschulen in verschiedene Temperamente eingeteilt, oder es heißt auch, wenn sie sich auffällig ver-halten, sie haben zuviel Blei im Blut, sind im Rubikon (9. Lebensjahr) usw.

Die anthroposophische Infiltration geht hier auf leisen Sohlen, indem z. B. die LehrerInnen während ihrer Ausbildung ausschließlich anthro-posophische Literatur (z. B. die »Geistschauungen« R. Steiners) lesen und diese widerspruchslos schlucken müssen; denn merkwürdiger-weise beschäftigt man sich nicht mit den bereits vorliegenden Kritikbü-chern.

Im schulischen Unterricht werden außerdem direkte anthroposophi-sche Inhalte vermittelt (wenn auch nicht an *allen* Waldorfschulen glei-chermaßen), z. B. wenn man den SchülerInnen von dem atlantischen Zeitalter erzählt, oder im Freien christlichen Religionsunterricht von Ahriman, Luzifer, dem Michaelifest, dem Christuswesen und seinem neuen Impuls für die Menschheit usw.

Aus diesem Grunde ist ein kritischer Zeitgenosse Steiners (Dr. phil. Karl Hövels) in seiner Dissertation »Beiträge zur Kritik der anthropo-sophischen Welt- und Lebensanschauung und kritische Beleuchtung der anthroposophischen Erziehungs- und Unterrichtslehre« bereits 1926 zu dem Ergebnis gekommen:

»Die kritische Beleuchtung der pädagogischen Seite der Anthroposo-phie hat den Beweis erbracht, daß die anthroposophische Erziehungs- und Unterrichtslehre, sowohl der Stoff als auch die Methode, im Dien-ste der Welt- und Lebensanschauung der Anthroposophen stehen. Schon die Jugend soll darin unterwiesen werden, wie sie den in ihrem innersten wohnenden Drang zum Geistigen, Überirdischen, Göttlichen zu einer realen anthroposophischen Geistesschau ausbilden soll.

Nur anthroposophisch geschulte Lehrer könnten das Wesen des Kin-des erkennen und einen eigentlichen Erfolg in der Erziehung und im

---

[1] W. Schneider, a.a.O., S. 264

Unterrichte haben. Der Unterrichtsstoff dient in der anthroposophischen Schule als Mittel zum Zweck, wird großenteils sogar seines Charakters entkleidet. Diese Schule ist – wenn auch versteckt – eine Weltanschauungsschule des reinsten Wassers. Die Lehrer arbeiten aus Überzeugung und vielleicht gerade wegen des versteckten Zieles, das sie erstreben, um so hingebender an der Verwirklichung ihres Weltanschauungsideals.«[1] Trotz dieser Gegenbeweise hielt Steiner daran fest, keine Bekenntnisschule zu sein, und es klingt fast wie Hohn wenn er beteuert:

»So daß diese Waldorfpädagogik und -didaktik ja darinnen besteht, eben gerade dem Kinde die Hüllen hinwegzuschaffen, daß es zu sich selbst kommt, daß es das in sich entdeckt, was Götterbelehrung ist. Deshalb sagen wir uns: Wir haben gar nicht nötig, irgend etwas, was wir ausgedacht haben als Theorie, was noch so schön in Büchern steht, dem Kinde einzupfropfen. Das überlassen wir denjenigen, die in alten traditionellen Religionsbekenntnissen fußen und die Kinder zu Katholiken oder Evangelischen oder zu Juden machen wollen. Aber so ist es nicht. Wir wollen auch nicht eine anthroposophische Pädagogik den Kindern einpfropfen; wir benützen das, was wir als Anthroposophie kennen, nur dazu, uns geschickt zu machen, den lebendigen Geist, der in dem Kind lebt aus der Präexistenz, zum Dasein zu rufen. Wir wollen eine Handhabung des Unterrichtes aus der Anthroposophie gewinnen, nicht eine Summe von Dogmen, die wir lehrhaft dem Kinde übermitteln. Wir wollen geschickter werden. Wie wollen eine didaktische Kunst entwickeln, um das aus dem Kinde zu machen, was es in der charakteristischen Weise werden soll.«[2]

Daß aber den angehenden WaldorfpädagogInnen ganz direkt etwas aufgedrückt werden soll, wird nicht nur durch Steiners Sprachstil ersichtlich, da es ständig heißt »die Menschen müssen, wir müssen oder sollen«, sondern auch dadurch, daß er fordert, sich mit *seinen* Büchern und seiner Philosophie zu beschäftigen. Doch das fällt natürlich nicht, wie oben von Steiner abfällig erwähnt, unter die Rubrik ›*irgendeiner*‹ *Theorie*, die sich ausgedacht wurde und in *irgendwelchen* Büchern

---

[1] Hövels, a.a.O., S. 67
[2] Ausführungen Rudolf Steiners, Bd. II, a.a.O., S. 292 f.

steht. Es ist auch kein Hinweis auf den »trockenen, intellektuellen Geist Ahrimans«, denn bei *seinen* »Ideen« und Schauungen handelt es sich ja angeblich um Tatsachen der geistigen Welten.

Deshalb fordert er nachdrücklich:

»Die Menschen wiederum müssen lernen so zu denken, daß dieses Denken durchdrungen ist von Spiritualität. Man kann den Anfang am besten dadurch machen, daß man auf das Ethische sieht und das Ethische zurückführt auf die moralische Phantasie, auf die moralischen Intentionen, wie ich es in meiner ›Philosophie der Freiheit‹ getan habe. Wenn man in dem Moralischen etwas sieht, was – wie ich in der Philosophie der Freiheit es ausgedrückt habe – seine Impulse unmittelbar aus der geistigen Welt heraus nimmt, dann ist das der Anfang dazu, den Intellekt zu spiritualisieren. Ich habe das behutsam und leise zuerst getan in meiner ›Philosophie der Freiheit‹, weil ja dem 19. Jahrhundert wahrhaftig in bezug auf die Spiritualisierung nicht viel zuzumuten war. Aber es ist dieser Weg der eingeschlagen werden muß.«[1]

Die Erlösung durch absolute Erkenntnis

Heiner Barz stellte seine Doktorarbeit 1994 unter die Überschrift: »Anthroposophie im Spiegel von Wissenschaftstheorie und Lebensweltforschung«. In ihr legt er nicht nur eine Studie zum typischen Waldorflehrer vor, sondern arbeitet auch die erkenntnistheoretischen Grundlagen Steiners heraus, darüber hinaus kritisiert er ebenfalls Steiners Tendenz, seine geschauten »Wahrheiten« zu verabsolutieren. Er schreibt:

»[...] so ist die zentrale Stellung der erkenntnistheoretischen Ansprüche Steiners doch die innerhalb der Anthroposophie allgemeinverbindliche Überzeugung. Der gleichsam göttliche, ewig-wahre, unumstößliche Charakter dieser frühen Steinerschen Werke – und natürlich aller daraus mit vermeintlich logischer Notwendigkeit folgenden späteren Erkenntnisinhalte – wurde bereits von Steiner postuliert. So dachten sich die Gedanken seiner Erkenntnistheorie – Steiners Selbstverständnis zufolge – notwendig in ihm selbst: ›Diese Bücher haben gar nichts zu tun mit dem, der sie geschrieben hat.‹« (GA 99, 187)[2]

---

[1] Ausführungen Rudolf Steiners, Bd. II, a.a.O., S. 285 f.
[2] Barz, Anthroposophie, a.a.O., S. 29 f.

Die Behauptungen Steiners, in der Akasha-Chronik die »objektiven« also einzig wahren Erkenntnisse dieser Welt zu erblicken, und daß jeder Mensch nach Beschreitung seines »anthroposophischen Schulungsweges« zu denselben Erkenntnissen gelangen müßte, hat folgende fatale Wirkung:

Wer nicht zu denselben Erkenntnissen gelangt wie Steiner, hat seinen Schulungsweg nur mangelhaft beschritten und ist somit dem Irrtum verfallen.

Barz hat Steiners erkenntnistheoretischen Aussagen einer philosophischen Überprüfung unterzogen. Denn, so bemerkt er metaphorisch treffend im Sprachstil der WaldorfpädagogInnen:

»Sieht man in den pädagogischen, medizinischen, ernährungswissenschaftlichen etc. Anregungen Steiners die Früchte seiner Anthroposophie, dann wären seine anthropologischen Aussagen der Stamm des Baumes, dessen Wurzeln in der Erkenntnistheorie zu finden sind.«[1]

Ungelöste Widersprüche in den erkenntnistheoretischen Ausführungen sind nur vereinzelte Beispiele seiner unvermittelt nebeneinander stehenden Gegensätze in seiner Philosophie. Barz benennt mehrere, z. B. Steiners »Verhältnis von Wissenschaft und Religion: Einerseits propagiert Steiner die Versöhnung von Wissenschaft und Religion als zentrale Aufgabe seiner Anthroposophie; es gehe darum, ›eine große Einheit zwischen religiösem Bedürfnis und Wissenschaft herzustellen.‹ (GA 51, 315 f., vgl. auch GA 35, 148 ff.) Und auf der anderen Seite geißelt er genau diese Intention als unzulässige Vermischung von geistigen Sphären, die grundlegend verschiedenen Prinzipien verpflichtet seien: ›Man hat ein Bedürfnis nach religiösen Wahrheiten, aber man will sie nicht glauben, sondern erfahrungsgemäß beweisen. Man will mit den Mitteln der Anschauung und des Versuches das erkennen, was die Religionen durch den Glauben zu vermitteln suchen. Auf diese Weise entsteht ein ganz unklares und ungesundes Gemisch von Religion und scheinbarem Erfahrungswissen, das nach keiner Seite hin eine Existenzberechtigung hat.‹ Dem ist kaum etwas hinzuzufügen!«[2]

---

[1] Barz, Anthroposophie, a.a.O., S. 29
[2] Ebd., S. 55

Steiner postuliert für seine hellseherischen Weisheiten einen wissenschaftlichen Objektivitätsanspruch, den angeblich jeder Mensch erreichen kann, sofern er seinen anthroposophischen Schulungsweg beschreitet. Diesen universalistischen Absolutheitsanspruch kennen wir sonst nur noch von anderen Religionsstiftern, deren Weisheiten man auch nicht überprüfen, sondern letztlich nur glauben kann. Und über Glaube läßt sich bekanntlich nicht streiten.

Dieser Argumentationsschluß wird jedoch geleugnet, indem Steiner seine ›Schauungen‹ kurzerhand als wissenschaftlich, genauer als ›geisteswissenschaftlich‹ deklariert und somit den Wissenschaftsbegriff einfach für sich vereinnahmt und inhaltlich anders besetzt. Die geistige Verwirrung, um nicht zu sagen ›Gehirnwäsche‹, ist somit komplett. Nun hat die anthroposophisch gläubige AnhängerInnenschaft nur noch die Aufgabe, ein Leben lang den Erkenntnissen Steiners nachzujagen, sich seine Weisheiten zu erarbeiten und sich somit in seine geistige Obhut zu stellen.

Die Erlösung der anderen

Diese oben aufgezeigten Widersprüche schlagen sich in der gesamten anthroposophischen Bewegung nieder, so auch in den zwischenmenschlichen Beziehungen der Mitglieder!

Wie dieser höhere, göttlich inspirierte anthroposophische Totalanspruch z. B. nach Steiners Tod bei den heutigen Nachfolgern der Anthroposophischen Gesellschaft aussieht, kritisiert ein berühmtes ehemaliges Mitglied der anthroposophischen Gesellschaft aus unseren Tagen, der ehemalige Jesuit Pietro Archiati. Er hatte ein starkes geistiges Erlebnis mit Steiner und seiner Anthroposophie, trat aus seinem Orden aus und wurde vehementer Anhänger der Anthroposophie und auch Mitglied der anthroposophischen Gesellschaft.

Hier fühlte er jedoch nach einigen Jahren zuviel geistige Enge und Intoleranz, so daß er in einer seiner letzten Veröffentlichungen[1] die katholische Kirche mit der Allgemeinen Anthroposophischen Gesellschaft verglich und nach einem scharfen Briefwechsel mit dem Leiter der Gesellschaft »Schmidt-Brabant« aus der Anthroposophischen Ge-

---

[1] Pietro Archiati, Christentum oder Christus?, Das Christentum als reines Menschentum in der Geisteswissenschaft Rudolf Steiners, Dornach 1995, S. 150 ff.

sellschaft wieder austrat. Er versteht sich jedoch weiterhin als Anthroposoph. In seinem Buch zeigt er Parallelen zwischen der Anthroposophischen Gesellschaft und der katholischen Kirche auf und nennt auch die AG (Anthroposophische Gesellschaft) eine »heilige Institution«. Hier heißt es: »Es ist ja ungeheuerlich, daß gewisse Menschen, im Freiheitsimpuls der Geisteswissenschaft Rudolf Steiners, aufgrund ihrer Ideen vielfach ausgegrenzt wurden und werden. Denn gerade dieses Phänomen ist die eindeutige Bestätigung der Tatsache, daß wir es mit einer ›heiligen‹ Institution und mit dem Sukzessionsgedanken zu tun haben. Wenn sie nicht für heilig gehalten werden möchte, wäre sie ganz einverstanden mit Menschen, die sie lediglich als Mittel zum Zweck haben wollen.«[1]

An dieser Stelle ist es vielleicht noch wichtig zu erwähnen, daß bis heute nach Steiners Tod ein »Grabenkampf« im Hinblick auf die Nachfolge »des Meisters« besteht. Ein Flügel der AnthroposophInnen ist der Meinung, der geisteswissenschaftliche Weg Steiners ist ein freilassender, freigeistiger, der den Impuls durch geistigen Austausch weiterträgt. Sie meinen diese Gedanken auf der letzten Weihnachtstagung (1923) aus Steiners Worten entnommen zu haben. Hier findet man die sympathischsten und tolerantesten VertreterInnen Steiners Geisteswissenschaften, sie haben einen ziemlich liberalen Ansatz (sofern es nicht um den Meister persönlich geht) und bemühen sich um die echte Individualitätsentwicklung des Einzelnen. Der andere Flügel sieht eine für die Welt bestimmende Aufgabe und Hinterlassenschaft Steiners in der Institution der Allgemeinen Anthroposophischen Gesellschaft und der Freien Hochschule, die hierarchisch von oben verfügt, was die Belange der Mitglieder angeht. Der jüdische Leiter Schmidt-Brabant wurde im übrigen nicht demokratisch gewählt, sondern von dem jeweils letzten Leiter der Sektion ernannt. Diese beiden anthroposophischen Flügel innerhalb und außerhalb der AAG (Allgemeinen Anthroposophischen Gesellschaft) liefern sich oftmals erbitterte Auseinandersetzungen. Die einen fühlen sich als Basis oft von den Machthabern bevormundet. Das liegt aber auch daran, daß Steiner keine direkte Nachfolge für seine Person ernannt hat. Doch Streitigkeiten zwischen den Mitgliedern gab

---

[1] Archiati, a.a.O., S. 151

es bereits zu Steiners Zeiten. Es besteht sogar der Verdacht, daß das erste Goetheanum von einem erbitterten Mitglied der Gesellschaft persönlich angezündet wurde.

Der universelle Anspruch der Anthroposophie ist somit ein Stein schwelender Auseinandersetzungen, da auch die AnthroposophInnen untereinander jeweils ihren GesinnungsgenossInnen vorwerfen, Steiner nicht richtig verstanden zu haben und wiederum ihren eigenen Absolutheitsanspruch postulieren.

Abschließend möchte ich hierzu etwas ausführlicher, aufgrund seiner geistigen Würze (nicht ironisch gemeint) aus einem offenen Brief eines ehemaligen Waldorflehrers zitieren, der mehrere Jahre Mitglied der Anthroposophischen Gesellschaft war, sich inzwischen aber *sieben* kritische Fragen stellt:

1. »Brauchen ›wir‹ eine Anthroposophische Gesellschaft?
2. Braucht die Anthroposophie eine Anthroposophische Gesellschaft?
3. Braucht die Anthroposophie eine Freie Hochschule für Geisteswissenschaft?
4. Brauchen die ›Anthroposophen‹ eine Anthroposophische Gesellschaft‹?
5. Brauchen die ›Anthroposophen‹ eine Freie Hochschule für Geisteswissenschaft?
6. Braucht die Welt ›Anthroposophen‹?
   Brauchen ›Anthroposophen‹ die Welt?«[1]

Er kommt dabei zu dem ernüchternden Ergebnis, alle gestellten Fragen implizit verneinen zu müssen, hierbei kritisiert er auch das dogmatische Element seiner LeidensgenossInnen, wenn er schreibt: »Mit dem Eigenschaftswort ›anthroposophisch‹ im Namen macht diese Ansammlung von Individuen jedoch von vornherein den Eindruck, geprägt, durchdrungen, imprägniert zu sein von Anthroposophie. Wo ist da noch Raum für das freilassende, für den Abstand, für die Würde der Persönlichkeit, die sich durch nichts anderes definieren läßt, als durch sich selbst? Wie groß und bedeutend auch immer die Anthroposophie sein möge: Ich bin ich – und niemals ein Anthroposoph!«[2]

---

[1] Gerhard Hahn, Essay, Über die sieben Fragen, in: Zeitschrift Info 3, 4/1993, S. 25
[2] Ebd.

Und zur »Geisteswissenschaft« stellt er sich sogar die Fragen: »Warum muß sie eigentlich sein? Warum darf sie nicht einfach das sein, was sie ist, nämlich eine Offenbarung? – Sehen wir von Steiners Ehrgeiz in dieser Beziehung und auch von dem der Anthroposophen ab, so bleibt doch schlicht ein außerordentlich erfolgreiches Modell! Soll doch die Welt auf dieses Modell aufmerksam werden. Was soll das bombastische Institut ›Freie Hochschule für Geisteswissenschaft‹? Es ist ein Offenbarungstempel und eine Wallfahrtsstätte, es ist noch vieles sonst, aber es ist keine ›Universität‹. [...] Es ist eine Stätte zur Würdigung der Person Rudolf Steiners, und es ist ein Ort, an dem sich viele geklammert haben, die ihr ganzes Dasein inhaltlich nicht nur der Anthroposophie verdanken, sondern die von der Anthroposophie dabei auch noch recht gut leben. Das kommt bei vielen Sekten vor, auch bei den Gewerkschaften. Hier bekommt allerdings zusätzlich das Wort ›brauchen‹ einen merkwürdig konkreten Sinn. Da das alles jedoch auf Freiwilligkeit der Mitglieder beruht, ist dagegen erst einmal nichts einzuwenden. Nur – worauf beruht die Freiwilligkeit? Sie, diese Freiwilligkeit, hat, so jedenfalls scheint es uns, aller Wahrscheinlichkeit nach etwas mit Wahrnehmung, besser gesagt der Nichtwahrnehmung, also mit einer Art Wahrnehmungsblindheit zu tun. Etwas Berechtigtes in der Institution des Goetheanums als einer Kultstätte zu sehen, fällt nicht schwer. Die Wahrnehmungsvariante ›Freie Hochschule für Geisteswissenschaft‹ bedarf einer speziellen Optik, quasi einer Fielmann-Filiale für Mitglieder: Besseres Sehen zum Nulltarif.«[1]

Auch über die Christengemeinschaft weiß der noch geistig klar denkende und spritzig formulierende Anthroposoph Hahn zu sagen: »Hand aufs Herz – ist nicht jeder Pfarrer der Christengemeinschaft, zumal ihre Lenker, Oberlenker und Erzoberlenker, und jeder ›echte Anthroposoph‹ von dem Glauben und der Gewißheit durchdrungen, sie allein nähmen Teil am wahren Christentum, hätten das wahre Bild vom Christus, wüßten um den wahren Weg zu Christus? – Ich weiß es nicht anders zu sagen, aber hier liegt etwas der übrigen Menschheit ge-

---

[1] Hahn, in Info 3, a.a.O., S. 26

genüber Uneingelöstes – dieses Wissen und diese Glaubensgewißheit auf der einen Seite, und diese mimikryhafte Toleranz andererseits.«[1]

Diese Anthroposophen mit viel Durchblick und kritischer Distanz, die höchst selten sind, wirken tatsächlich geistig freilassend und anregend auf Menschen. Deshalb will ich mit der rückhaltlosen Zustimmung zu Hahns Interpretation dieses Kapitel schließen, der seine ganz individuelle Antwort auf die Frage hat, ob die Welt AnthroposophInnen braucht.

Er schreibt:

»Zurück zu der Frage, ob die Welt Anthroposophen braucht? Sie ist eigentlich eine recht alberne Frage, aber nicht, weil sie an sich, als Frage, albern wäre, sondern weil der Begriff des Anthroposophen albern ist. Was die Welt braucht, sind Menschen, wahrhaftige, schöpferische, phantasievolle, im Miteinander künstlerisch empfindende und arbeitende Menschen. Alles Verrückte und Abnorme, alles Gezierte und Eitle, alles Absonderliche und Gespreizte, alles, was nicht durch und durch eigen erlebt und auch erliebt und erlitten ist, hat im Grunde schon lange ausgespielt. Nord, Süd, West, Ost, also überall wo Anthroposophen ihre Ohren haben, mögen es hören! [...] Der Hintergrund der festgefügten Anthroposophischen Gesellschaft wirkt störend. Ihre Aufgabe (im Sinne von Aufgeben) und die Auflösung des unseligen Anthroposophentums, die Abschaffung des Begriffs Anthroposoph gar, würde sicher hilfreiche Kräfte freisetzen. Die Phantasie würde beflügelt, der so herbeigesehnte ›Kulturimpuls‹ aus der Anthroposophie könnte sich entfalten. Die Fähigkeiten sind ja da, sie werden sich auch trotzdem durchsetzen, aber je mehr sie sich verwirklichen, desto überflüssiger wird er, dieser gewaltige Apparat, dieser Klotz am Ätherbein ... –!«[2]

Er wirkt einengend, bevormundend, lähmend und wenig geistig. Leider kommt Grom auch deshalb zu dem Schluß: »Es scheint, als wolle die Anthroposophie, die doch ›Kulturimpuls‹ sein möchte, weltanschaulich am liebsten in der Art einer Einweg-Kommunikation wirken; als öffne sie sich – etwa im Vergleich zu existenz- und befreiungstheologischen

[1] Hahn, in Info 3, a.a.O., S. 27
[2] Ebd.

Denkbemühungen in den Kirchen – nur ungern anderen Ansätzen, assimiliere wenig Anderes und Neues und sehe ihre Zukunft eher in einer Steiner-Paraphrasierung als in einer inneren Weiterentwicklung.«[1]

13   Eine kritische Betrachtung kirchlicher Kritik im Umgang mit der Anthroposophie

Steiner zu zwei katholischen Theologen:

>*Eben für diejenigen, die aus der Kirche wegbleiben und die auch den Weg zu Christus finden wollen, für die rede eben ich. Die Tatsachen sprechen dafür, daß das nicht richtig ist, wenn Sie sagen, Sie reden für alle Menschen.*«[2]

Der Esoteriker Gurdjeff über die Anthroposophie:

>*In den letzten Jahren des Weltkrieges hat man eine Hühnersuppe so bereitet, daß man heißes Wasser aufstellte und ein Huhn darüber fliegen ließ: Steiners Anthroposophie ist ebensowenig eine Geheimwissenschaft, wie dieses Gericht eine Hühnersuppe.*«[3]

So wie Gurdjeff Steiner hier indirekt abspricht, esoterische, geheimwissenschaftliche Kenntnisse zu besitzen, so sprechen kirchliche Konfessionen der Anthroposophie ab, christlich zu sein. Bei konfessionsunabhängiger (objektiver?) Prüfung muß man jedoch sagen, daß die Anthroposophie zwar christlich, jedoch nicht konfessionell ist. Die besondere Problematik tritt an dieser Stelle auf, weil auch die konfessionellen Kirchen im Hinblick auf ihren Glauben eine Definitionsmacht betreiben, da sie allein festlegen, was christlich genannt werden kann und was nicht.

Die Glaubensinhalte der Anthroposophie und Christengemeinschaft, so behaupten die konfessionellen Kirchen, stehen nicht in der Tradition der christlichen Kirchen, obgleich m. E. die Anthroposophie deshalb

---

[1] Grom, a.a.O., S. 168f.

[2] Steiner, Vorträge und Kurse II, a.a.O., S. 443

[3] Gurdjeff (Esoteriker) zitiert nach Dessoir, a.a.O., S. 496

nicht als unchristlich bezeichnet werden kann. Denn Steiner bezieht sich ja auf ein, wenn auch auf *sein christologisches* Gottesverständnis.

1. setzt Steiner seine Interpretation absolut,
2. setzt er seine Methode absolut, die allein zu Christus führen soll, zur richtigen Aufnahme des wirkenden Christus.
3. setzt er sich als Mittler zwischen den Menschen und Gott ein.
4. werden seine Erkenntnisse oder »Geistesschauungen« Bestandteil des göttlichen Heilswirkens.

Die konfessionellen Kirchen stehen Steiners Wahrheits- und Absolutheitsanspruch jedoch in nichts nach.

Kein Wunder, daß sich die Kirchen dagegen sträuben, da auch sie jahrhundertelang den Heilsanspruch für sich allein proklamierten. Steiner macht ihnen nicht nur hier Konkurrenz. Es ist letztlich eine Definitions- und Machtfrage, denn genau wie Steiner, geht es den konfessionellen Kirchen letztlich um *ihr* besonderes Glaubens-, Heils-, und Erlösungsverständnis.

Es traten bereits zu Steiners Zeiten viele Kirchenvertreter, aber auch Dozenten der verschiedensten Fakultäten auf den Plan und publizierten kritische Beiträge zu Steiners »Geisteswissenschaft«.

Manche Publikationen vermitteln einem allerdings das Gefühl, trotz aller berechtigter Kritik, daß die verirrten anthroposophischen Schäfchen wieder auf den »einzig richtigen christlichen«, eben katholischen bzw. protestantischen Weg zurückgeführt werden sollen. Das Ansinnen dieser kirchentreuen Autoren (damals katholischer Theologe Max Kully, ev. Theologe Paul Tillich, u. a.) heute ev. Pfarrer Badewien und Franco Rest) ist natürlich ebenso ein apologetisches wie das Steiners und der AnthroposophInnen und deshalb mit Vorsicht zu genießen. Beide Lager werfen sich also hier ihre jeweils eigene Religion, d. h. ihren universalen Herrschaftsanspruch und ihr eigenes Glaubensgebäude und Interpretationsverständnis vor.

Kommen wir zunächst zu einem zeitgenössischen protestantischen Theologen.

Badewiens Kritik steht exemplarisch für die Argumentation der Steinerkritik aus protestantischem Lager. Er argumentiert allein aus seinem kirchlichen Lehrgebäude heraus und wirft der Anthroposophie vor:

»Die Autorität der Bibel als Gottes Wort wird nicht als unüberholbares Zeugnis von Person und Werk Jesu Christi verstanden ...«[1]

Daneben empört er sich: »Diese Relativierung der Bibel, verbunden mit dem Anspruch, neuere, gültigere Offenbarung bzw. gültigere ›Forschungs‹-Ergebnisse zu präsentieren, durchzieht das ganze Werk Steiners.«[2]

Und das darf ja auf keinen Fall sein, entscheiden die protestantischen Dogmatiker ihrerseits.

»Die Ablehnung der Christengemeinschaft durch die EKD [Ev. Kirche Dt., J. W.] beruht neben Taufverständnis und Bibelinterpretation auf der grundlegenden Bedeutung, die der Anthroposophie Steiners eingeräumt wird. Noch einmal sei der Schlußbericht der Studienkommission aus dem Jahre 1949 zitiert: ›Wir vermögen nicht zu sehen, daß die Anthroposophie ein offenbarungsgeschichtliches Faktum ist, wie die Christengemeinschaft behauptet, und daß mit der Anthroposophie Rudolf Steiners die Notwendigkeit, aber auch die Möglichkeit eines entscheidenden Neuanfanges innerhalb der christlichen Kirche gegeben sei. Die Überzeugung der Christengemeinschaft von der übersinnlichen Herkunft ihres Kultes entzieht diesen Kultus jedem kritischen Gespräch‹. Die Christengemeinschaft gehört nicht zur ›Arbeitsgemeinschaft Christlicher Kirchen‹ (ACK), in der die evangelischen Landeskirchen, die römisch-katholische Kirche und die sogenannten ›Freikirchen‹ (Mennoniten, Baptisten, Methodisten, Altkatholiken u. a.) zusammenarbeiten. Die Christengemeinschaft ist auch nicht Mitglied im Ökumenischen Rat der Kirchen. Ihre Bindung an die Anthroposophie hat sie vollständig isoliert.«[3]

Badewien sieht auch Luthers Rechtfertigungslehre von der Anthroposophie in Frage gestellt und den Gnadenbegriff durch den Glauben an das Karma relativiert.

»Dabei gibt es für die bewußt verursachte Schuld, die im Karma weiterwirkt, keine vergebende Gnade Gottes. [...] Man »muß« lernen, muß zu einem Gedanken fähig sein, »will« vergessen, »ringt sich durch«,

---

[1] Badewien, Anthroposophie, a.a.O., S. 83
[2] Ebd.
[3] Ebd., S. 177

»strebt«, »muß fähig sein«. Forderungen – Appelle an Anstrengungen, der krasse Gegenpol zu einem Leben aus der Rechtfertigung allein aus Gnaden, allein aus Glauben. Auch hier können wir das Fazit ziehen: aufgebrochen, um die große Freiheit des Menschen zu verkünden, knechtet Steiner sich und seine Anhänger in tiefste Unfreiheit, in die angsterregenden Bindungen eines neuen Gesetzes, vor dem es kein Entrinnen gibt.«[1]

Es ist jedoch lächerlich, wenn Badewien gegen den Reinkarnations- und Erlösungsgedanken der Anthroposophie Steiners vorbringt: »die rabbinische Literatur kennt Überlegungen, daß ein Kind bereits im Mutterleib sündigen kann.«[2]

Selbst wenn er im weiteren Verlauf einräumt, daß Jesus diesem Gedanken nicht zustimmt, so will er mit dieser rabbinischen Angabe darauf hinweisen, »daß der Reinkarnationsgedanke nicht der einzige Verstehenshorizont der Jüngerfrage sein muß, wie von Vertretern der Reinkarnationslehre immer gerne behauptet wird.«[3]

Badewien proklamiert dagegen einen christlichen Glauben, der sich nicht auf wiederholte Erdenleben zur Entwicklung des Ich bezieht, »sondern auf ein von Gott geschenktes ewiges Leben. Das ewige Leben beginnt, wenn Menschen Jesus Christus vertrauen – und es wird durch den Tod nicht vernichtet [...].«[4]

Dabei ist es geschichtliche Tradition, daß der Gedanke des Karma auch in der Bibel erst im 4. Jahrhundert aus dem Kanon herausgenommen und nicht mehr überliefert wurde.

Und warum soll es unmöglich sein, daß ein anderer Mensch in Jesu Nachfolge auch Offenbarungserlebnisse hatte? So appelliert er an uns mit erhobenem Zeigefinger, ähnlich wie Steiner: »Gerade vom protestantischen Erbe her müssen wir hellhörig sein und alle Gesetzlichkeit, alle Versuche, diese unbedingte Freiheit Gottes und die daraus abgeleitete Freiheit des Menschen anzutasten, meiden! Wir brauchen klare

---

[1] Badewien, Anthroposophie, a.a.O., S. 67 f.
[2] Badewien, Die Anthroposophie Rudolf Steiners, München 1994, S. 77
[3] Ebd.
[4] Ebd.

kritische Distanz zu all den ideologischen Angeboten, die uns versprechen, die Freiheit zu bringen.«[1]

Als ob die protestantische Kirche eben mit ihrem Glauben an die Erb-
sünde, die Rechtfertigungslehre, die Sündenvergebung durch Jesu Tod,
das ewige Leben, das Paradies, das Endgericht usw. an keine ideologisch verbrämten Glaubensinhalte festhalten würde. Außerdem leuchtet hier nicht ein, wieso das Damaskus-Erlebnis von Paulus so anders
von den konfessionellen Kirchen bewertet und geglaubt wird als die
Offenbarungen Steiners durch die Akasha-Chronik.

Dieses Festhalten an eigenen dogmatischen Positionen ist einfach lächerlich, weil nur ein Glaubensinhalt gegen den anderen angeführt
wird.

Hiermit läßt sich von den Kirchen sagen, daß diese, selbst in ihrem eigenen Dogmatismus gefangen, gegen den Dogmatismus der Anthroposophie und Christengemeinschaft vorgehen. Das soll nicht heißen, daß
sie nicht auch mit mancher Kritik genau richtig liegen. Dennoch wird
häufig der fremden Ideologie die eigene entgegengehalten. Nicht anders
ist die Kritik an Steiners Gottesbild zu verstehen. Hier wirft man ihm
vor, statt des allmächtigen Schöpfers etwas unspezifisch Naturalisti-
sches anzubeten, da Steiner nicht *ausschließlich* Gott, Vater, Herr und
Schöpfer sagt, sondern auch manchmal, (m. E. viel zu selten) andere
Begriffe zuläßt, in dem er von dem Göttlichen, dem Gotteswesen, der
Mutterloge, den göttlichen Kräften usw. spricht.

Weiter wird kritisiert, daß Steiner Christus nicht als den Erlöser zeichnet, sondern als einen »Bestätiger menschlichen Tuns«.[2]

Gegen diesen Glauben und den der Christengemeinschaft allgemein
wird die eigene Dogmatik gehalten:

»Wir müssen ›feststellen, daß keine Berufung auf geistliches Leben und
geistliche Erfahrungen die Kirche von der Verpflichtung entbindet, ihr
eigenes Sein ständig an ihrem Haupt Jesus Christus zu prüfen. Diese
Prüfung bedeutet konkret die Beugung der Kirche unter die Norm der
Heiligen Schrift und das Gespräch mit den Vätern und Brüdern. Diese
Kontinuität scheint uns bei der Christengemeinschaft zugunsten eines

---

[1] Badewien, Die Anthroposophie Steiners, a.a.O., S. 69
[2] Badewien, Anthroposophie, a.a.O., S. 176 f.

bewußten Neuansatzes unterbrochen zu sein ... Durch die mangelnde Bindung des Kultus selbst an die Schrift und durch das Herausfallen aus dem Zusammenhang der Kirche wird die Gefahr exegetischer Willkür heraufgeführt, der die uns vorliegenden Schriftauslegungen vielfach auf Kosten der Substanz und Einheit des biblischen Kerygmas (= Botschaft) erlegen zu sein scheinen«[1]

In derselben Schrift der Studienkommission der EKD wird der Christengemeinschaft ebenfalls »mangelnde Demut vor dem wirklichen Text« vorgeworfen.[2]

Diese blinden Flecke auf kirchlicher Seite, die ebenso von einem bornierten Dogmatismus, verbunden mit einem Absolutheitsanspruch, zeugen, gelten offenbar bei den meisten weltanschaulich gebundenen Organisationen.

Badewien bezeichnet Steiners Anspruch, seine Erkenntnisse als Bestandteile des göttlichen Heilsplanes zu sehen, als »unakzeptable Anmaßung!«.[3]

Der Protestant bekennt: »Unaufgebbar für Christen ist die persönliche Vergebung durch die Gnade Gottes. Wo das wegfällt, wird unserem Glauben ein tragender Pfeiler weggerissen.«[4]

Auf protestantischer Seite gibt es aber auch liberalere Stimmen. Eine ökumenische Kommission (Weltmission und Ökumene) sieht 1996 »in der Christengemeinschaft ein kirchenartiges Gebilde, das neben die vorhandenen evangelischen Landeskirchen tritt.«[5]

Sie erkennt die Taufe, wie sie von der Christengemeinschaft praktiziert wird, zwar nicht an, »weil wichtige Teile der christlichen Taufliturgie fehlen und die Intention der Taufe eine andere ist als die in der Kirche.«[6]

Auch prognostiziert sie, daß eine langfristige Teilnahme an zwei Kultgemeinschaften nicht möglich sein wird. Allerdings spricht sie sich

---

[1] H. Rusche u. a., Kirche und Anthroposophie, S. 78, zitiert nach Badewien, Anthroposophie, a.a.O., S. 174 f.

[2] EKD, S. 78, zitiert nach Badewien, Anthroposophie, a.a.O., S. 175

[3] Badewien, Anthroposophie, a.a.O., S. 133

[4] Ebd.

[5] Höfener, a.a.O., S. 59

[6] Ebd.

nach der gegenwärtig geübten ökumenischen Praxis *für* die Zugehörigkeit der Christengemeinschaft zur Ökumene aus und legte ihr ausgearbeitetes Manuskript auch der EKD (Evangelische Kirchen Deutschlands) vor. Sogar eine Aufnahme in die »Arbeitsgemeinschaft Christlicher Kirchen und Gemeinschaften« wurde von der Kommission ebenfalls in Erwägung gezogen und der EKD vorgeschlagen.

Trotzdem stellt auch der um Verständnis werbende evangelische Pfarrer Höfener 1996 zurecht in seinem Manuskript fest:

»Die kultischen Handlungen der Christengemeinschaft sind eben nicht aus einer Schau Christi entsprungen, sondern aus der katholischen Tradition. [...] Er [Steiner, J. W.] hat den vorgefundenen Kult erneuert, nicht mehr und nicht weniger.«[1]

Auch die katholische Kirche hält ihre Glaubensgrundlagen der Anthroposophie wie ein eisernes Schwert entgegen, wenn sie zunächst fragt: »Worin gründet aber die Überzeugung von der Einmaligkeit der menschlichen Lebensgeschichte, wie sie dem christlichen Glauben eigen ist?«[2] Ihre Antwort gibt sie ähnlich dogmatisch wie alle Religionen, die ihre vermeintlichen einzigen Wahrheiten verkünden:

»Die Antwort muß lauten: zuerst und zuletzt in der Einmaligkeit der Person Jesu Christi. Er ist der menschgewordene Logos Gottes. Als solcher ist er schlechthin einmalig, unwiederholbar und unüberbietbar. [...] Steht es so um den Menschen, erscheint der Gedanke an Wiedergeburt als fundamentales Mißverständnis. Er kann nur aufkommen, wenn man übersieht, daß der Mensch in seiner Verwiesenheit auf Sinn die Spannung von Endlichkeit und Unendlichkeit ist. [...] Steiners Anthroposophie verfehlt diese Spannung von Endlichkeit und Unendlichkeit als Grundgeschehen menschlicher Existenz. Sie bezieht den Menschen auf andere, selber begrenzte Größen: Götter, Hierarchien, Engel, in der Entwicklung fortgeschrittene Wesen, die ›großen Meister‹ usw. Reinkarnation und Lehre von den geistigen Welten im Sinne Steiners gehören zusammen. Beide addieren Endlichkeit an Endlichkeit.«[3]

---

[1] Höfener, a.a.O., S. 62
[2] Krämer/Scherer/Wehnes, a.a.O., S. 106
[3] Ebd., S. 106-108

Schauen wir uns die Einwände der katholischen Kirche an, so wird ihr eigener Absolutheitsanspruch noch deutlicher als bei der evangelischen Kirche.

Ihr Vorwurf gegenüber der Anthroposophie ist häufig der, sie gehe in den pantheistischen Emanationslehren (das Göttliche, das aus der Natur ausstrahlt) auf. Sie warnt vor der katholisierenden Terminologie Steiners und seiner Behauptung, »es wäre für Theosophie und Anthroposophie gleichgültig, welcher Religion ein Mensch angehöre, denn sie wollten nichts anderes, als ihm diese seine eigene Religion erst so recht zum Verständnis bringen.«[1]

Dagegen ist die katholische Kirche der Auffassung, daß allein sie den wahren Glauben verkündigt. Deshalb fühlt sie sich auch aufgefordert, die Gottessucher vor den falschen Religionen zu warnen:

»Diesen Suchenden vor allem ist diese Schrift gewidmet als Leitfaden auf ihrem Weg vom Irrtum zur Wahrheit, wenn sie diese zuerst fälschlicherweise auf neu-gnostischer Spur gesucht haben. Aber auch die verlockten und im religiösen Irrtum auf irgendeine Weise mitverstrickten *Christen aller Bekenntnisse* seien mitgemeint, besonders die ahnungslose und noch zu wenig religiöse Unterscheidungskraft besitzende *Jugend*; ihr diene diese Arbeit zur vorbeugenden Aufhellung metaphysischer Hintergründe, da gerade sie dem falschen Zauber des Pantheismus und der esoterischen Gnosis am leichtesten erliegt.«[2] Obgleich diese Schrift bereits in den 50er Jahren verfaßt wurde, hat sich der allgemeine Anspruch der katholischen Kirche, trotz einiger Verständnis signalisierender katholischer Theologen (Geisen 1992 und Zander 1995) nichts geändert.

Sie macht nicht nur gegen die Waldorfschulen Front, sondern gegen alles, was nicht katholisch ist und mit Anthroposophie, Esoterik, Astrologie, Okkultismus usw. zu tun hat. So daß auch der Erziehungswissenschaftler H. Barz in jüngster Zeit (1997) in einem Vortrag verständlicherweise beklagt, daß völlig undifferenziert mit dem Sektenbegriff umgegangen und alles in einen Topf geworfen wird.

---

[1] Anna Louise Matzka, Theosophie und Anthroposophie, Ihre Darlegung und Kritik vom Gesichtspunkte des Christentums, Graz, Salzburg 1950, S. 9

[2] Ebd., S. 9 f.

»Eigentlich geradezu peinlich, wie hier in einer Studie mit wissenschaftlichem Anspruch ältere christliche Sondergruppen wie die Zeugen Jehovas, Pfingstgemeinden und die anthroposophische Christengemeinschaft mit neueren ›Erfolgsreligionen‹ wie Scientology bis hin zur bunten Vielfalt der wirklich neuen Religiösität, der New Age- und Esoterik-Szene, in einen Topf geworden werden. [...] Auf diesem schillernden Markt werden Psycho-, Entspannungs- und Selbstheilungstechniken zumeist von einzelnen an Einzelne weitergegeben. Mit dem Typus der streng hierarchisch geführten Organisation einer Scientology-Church oder der zeugen Jehovas hat das soviel zu tun wie ein Jesuiteninternat mit dem evangelischen Kirchentag.«[1] Und er bemerkt weiter, daß die neu ausgebrochene Sektenhysterie den konfessionellen Kirchen in ihr Vorgehen paßt, binden sie doch die überzogene Angst der Menschen in ihr Anti-Sekten-Konzept ein.

»Die Analyse der Sektendebatte wäre unvollständig ohne einen Blick auf ihre Hauptakteure. Angesichts der verlorenen Strahlkraft, des verlorenen Selbstbewußtseins der Amtskirchen ist es eigentlich nur folgerichtig, daß wir auf der Seite der harten Anti-Sekten-Bewegung vor allem kirchliche Amtsinhaber finden: Die ihnen davongelaufenen Schäfchen finden sich zu Tausenden wieder in den Selbstversuchslaboratorien des freien religiösen Marktes; man kann es den Kirchenleuten nachsehen, daß sie diese Entwicklung nicht ohne Bitterkeit erleben.«[2]

Natürlich wäre es redlicher und zumindest der protestantischen Kirche angemessener, sie plädierte für eine selbstkritische Analyse ihres eigenen Verhaltens. Dann würde auch die Ursache der Kirchenaustritte ein wenig transparenter. Doch selbst die modernen unter den Theologen sind bei aller vorgeschobenen Liberalität letztlich viel zu wenig bereit, ihre eigene Kirche zu hinterfragen. Das tun sie mit Vorliebe im Hinblick auf Andersgläubige.

Der katholische Theologe Geisen, der sich ansonsten sehr anthroposophiefreundlich gibt, versucht in seiner Dissertation den Gnostizismus,

---

[1] Heiner Barz, »Sekten«, »Jugendreligionen«, »Psychokulte«: Phänomene, Fiktionen, Fakten, Vortrag auf der Tagung: Säkularer Staat – Neue und alte Glaubensgemeinschaften. Religionen, Sekten und Synkretismus, Goetheinstitut, Montevideo, 22.-24. September 1997, S. 3
[2] vgl. ebd., S. 10

den er im Gegensatz zu seinen katholischen Glaubensbrüdern nicht ablehnt, als Verstehenshintergrund für die Anthroposophie zu nehmen. Er weist nach, daß die Anthroposophie überhaupt nur auf der Negativfolie der gnostischen Religionen verstanden werden kann, ja auf diesen aufbaut. Doch er argumentiert letztlich auch wieder aus der katholisch-christlichen Glaubensperspektive, wenn er kritisiert: »er [Steiner, J. W.] relativiert trotz der christologischen Zentrierung seiner ganzen Weltanschauung die einmalige Bedeutung von Kreuz und Auferstehung.«[1]

Und das darf ja auf gar keinen Fall sein!

Nicht anders Zander, der sich in seiner Dissertation mit der Tradition der Reinkarnation (Wiedergeburt) der Anthroposophie im Vergleich zum Christentum auseinandersetzt und seine Arbeit als eine fundamentaltheologische Reflexion versteht, die sich »der Auferstehung in die endgültige ›ungetrennte und unverbundene‹ Beziehung zu Gott verbunden weiß. Auch er fühlt sich der katholischen Tradition verpflichtet, lotet aber im Hinblick auf einen Dialog, ähnlich wie Geisen, sein ökumenisches Umfeld aus.[2]

In den 80er Jahren, als der ›Run‹ auf die Waldorfschulen seinen Höhepunkt erreichte, gab die katholische Kirche ein kritisches Faltblatt AKVES (Arbeitsgemeinschaft der katholischen Verbände für Erziehung und Schule) zur Waldorfpädagogik heraus, in dem sie resümierend warnt:

- »Anthroposophie ist nach Rudolf Steiner ›ein Weg, der das Geistige im Menschen zum Geistigen im Weltall führen will‹.
- Rudolf Steiner sagt, das Denken müsse von ›Vor-Urteilen‹ befreit werden. Dazu zählt auch die Lehre der Kirche. Die Anthroposophie geht von ihrer eigenen ›Offenbarung‹ aus.
- Nach der Anthroposophie Rudolf Steiners hat der Mensch je nach seiner Entwicklungsstufe einen physischen Leib, einen Ätherleib, einen Astralleib und das Ich.

---

[1] Geisen, a.a.O., S. 533
[2] Helmut Zander, Reinkarnation u. Christentum, Rudolf Steiners Theorie der Wiederverkörperung im Dialog mit der Theologie, Paderborn, München, Wien, Zürich 1995

- Die Anthroposophie bekennt sich zur Reinkarnation (Wiedergeburt). Sie widerspricht damit der gottgewollten einmaligen Personalität jedes Menschen und der Erlösung durch Jesus Christus.
- Die Anthroposophie leugnet absolute Wahrheit. Nach ihrer Auffassung ist Wahrheit für jeden verschieden und individuell.
- Die Steinersche Anthroposophie enthält auch mythische und pantheistische Vorstellungen. Sie benutzt zwar häufig ein christliches Vokabular, unterlegt jedoch den Begriffen völlig andere Inhalte. [Dieser Vorwurf ist erstaunlich, denn die biblischen Inhalte, aber auch die Heiligenlegenden wimmeln nur so von mythischen Inhalten, J. W.]
- Die Waldorfschulen geben zwar vor, daß sie einer christlichen Erziehung nicht im Wege stehen. Eine katholische oder evangelische Erziehung hat aber bei der ganzheitlich anthroposophischen Ausrichtung der Schulen und ihrer Lehrer keinen Raum.
- Katholische Kinder geraten deshalb zwischen der religiösen Erziehung im Elternhaus und der Erziehung und Ausbildung in der Waldorfschule in einen tiefgreifenden Zwiespalt.
- Auch die Religionslehrer kommen in Konflikt zwischen dem kirchlichen Lehrauftrag und den Erziehungs- und Unterrichtsvoraussetzungen an Waldorfschulen. Katholischen Religionslehrern ist die Teilnahme an wichtigen Schulkonferenzen verwehrt.
- Der Religionsunterricht wird an den Rand gedrängt. Er folgt im allgemeinen nicht den sonst für den katholischen Religionsunterricht verpflichtenden Lehrplänen und -büchern.
- Die Waldorfschule behauptet, keine Weltanschauungsschule zu sein. Sie richtet jedoch ihre gesamte Erziehungs- und Bildungsarbeit darauf aus, junge Menschen zur anthroposophischen Weltsicht Rudolf Steiners zu führen. Lehrpläne, Methodik und Didaktik einschließlich musischer Angebote dienen diesem Ziel. Die Eltern haben darauf keinen Einfluß.
- Der katholische Religionsunterricht führt gegenüber anderen Fächern ein Schattendasein. Religionslehrer haben an der Waldorfschule nicht die gleichen Rechte wie andere Lehrer.‹

Fazit: Eine Erziehung im Sinne der katholischen Kirche ist an Waldorf-schulen nicht möglich.«[1]

Gesprächsbereit, positiv und offen zeigt sich dagegen z. B. der bereits zitierte Jesuit B. Grom, der eine Annäherung an Steiners Anthroposophie unternahm. Er formuliert sein Anliegen so: »Wenn sich Anthroposophen und kirchlich engagierte Christen des Gemeinsamen wie auch des Trennenden bewußt werden, können sie in einen Dialog eintreten, der das gegenseitige Verstehen fördert und das eigene Suchen stimuliert. Beide können in Rudolf Steiner ein Vorbild und ein Anreger von Spiritualität und Humanität sehen.«[2] Dennoch läßt er keinen Zweifel daran, daß Steiners Anspruch, Weisheit und Geist-Erkenntnis aus der Akasha-Chronik lesen zu wollen, für kritische Christen nicht nach-vollziehbar ist.[3]

Wie wir bereits gesehen haben, ist in der Tat ein Großteil der Kritik durchaus berechtigt.

Der kirchlichen Apologetik ist jedoch, ebenso wie jener der Anthroposophie mit Skepsis zu begegnen, weil sich hinter beiden letztlich ein Absolutheitsanspruch und eine zu glaubende Heilsbotschaft verbirgt, die ihre eigene Dogmatik mit dem Machtanspruch verbindet, der die eigenen Pfründe sichert.

Schon Steiners Zeitgenossen haben sich intensiv mit seinen Lehren auseinandergesetzt und sie teils positiv, überwiegend jedoch negativ kritisiert. Hier einige Beispiele:

Max Apel stellte bereits 1922 sehr sachlich fest, nachdem er sich mit der Anthroposophie und Christologie Steiners eingehender beschäftigt hatte:

»Gewiß, Erlebnisse sind Tatsachen, tatsächliche seelische Vorgänge, aber damit noch keine Erkenntnisse. Das Haben eines Erlebnisses und

---

[1] AKVES, in: Kirchliche Kritik an der Waldorfpädagogik, Zum Faltblatt der AKVES: Katholische Kinder an Waldorfschulen?, Sonderdruck aus ›Erziehungskunst‹, Monatsschrift zur Pädagogik Rudolf Steiners, Heft 10/1988, S. 3, zu beziehen durch: Bund der Freien Waldorfschulen, Heidehofstr. 32, Stuttgart

[2] Grom, a.a.O., S. 177

[3] vgl. ebd

die Behauptung, etwas zu erkennen, sind ganz verschiedene Dinge.«[1] Er legt dar, daß die Trennung, die Steiner z. B. zwischen dem Seelischen und Geistigen vornimmt, nicht einleuchtet, ja, sich widerspricht und jeglicher Logik entbehrt. Er referiert und kritisiert Steiner: »Wenn die hellsichtige Erkenntnis davon spricht: ›ich sehe rot‹, so bedeutet dies: ›ich habe im Seelisch-Geistigen ein Erlebnis, welches gleichkommt dem physischen Erlebnis beim Eindruck der roten Farbe‹. Auch hier ist nicht zu verstehen, was es heißen soll, daß ein Erlebnis im Seelisch-Geistigen einem physischen gleichkommen kann. Inwiefern ist überdies der Eindruck der roten Farbe ein physisches und nicht ein seelisches Erlebnis? Ist nicht überhaupt jedes Erlebnis seelisch?«[2]

Und Tucholsky machte in seinem Essay darauf aufmerksam, daß es schlichtweg falsch sei, wenn Steiner behauptet, der echte Geistesschüler könne schon die wirklichen Tatsachen von den eingebildeten unterscheiden. Er weist darauf hin, daß es durchaus möglich ist, sich ein heißes Bügeleisen vorzustellen und dabei wirklich auch physische Verbrennungen zu erleiden.

Auch Apel schreibt dazu: »So einfach läßt sich die Sache nicht erledigen, denn schon um reale Tatsächlichkeit der geistigen Wahrnehmungsorgane geht der Streit. Diese Wahrnehmungsorgane sind ja selbst vorläufig nur Erlebnisse in bestimmten Personen, die derartiges von sich behaupten. Das gesunde Erleben ist auch kein letzter Prüfstein für die Wirklichkeit; denn was heißt hier gesund und wer bestimmt diesen Begriff? Das heiße Eisen als Erlebnis ist etwas Subjektives ebenso wie das Erlebnis des Verbrennens.«[3]

Und Schaeder stellt ebenfalls die Verzerrungen heraus, die Steiner mit seinem Geistbegriff und »seiner Geisteswissenschaft« vornimmt. So zeigt er auf, daß Steiner für das Geistige die Begriffe »unsinnlich« und »unkörperlich« nimmt. Diese Negationen, so Schaeder, wandelt Steiner zu einer falschen Gleichung um, die da lautet: unsinnlich = übersinnlich. Dadurch habe er freie Hand gewonnen, den verhüllten Materialismus der ineinandergeschachtelten sieben mehr oder weniger geisti-

---

[1] Max Apel, Geheimwissenschaft, Ein philosophischer Ausflug in die übersinnlichen Welten Dr. Rudolf Steiners, Charlottenburg 1922, S. 23

[2] Ebd., S. 17 f.

[3] Ebd., S. 23

gen Körper im physischen Körper auszubreiten. Wie Hauer, spricht er auch bei Steiner von einem Materialismus auf der geistigen Ebene. »Das ist die Grundvoraussetzung seines ganzen ›geisteswissenschaftlichen‹ Aufbaus. Der Geist ist nicht nur Realität, sondern – wir können es nicht anders ausdrücken – Materie oder genauer Substanz, die die Kriterien des Materiellen, im groben, unwissenschaftlichen Sinne verstanden, an sich trägt.«[1]

Bamler kritisierte bereits 1917 Steiners Auffassung von Wissenschaft und seine subjektiven Erkenntnisse, die er als objektiv ausgibt:

»Indem Steiner sich als Träger solcher übernormalen Fähigkeiten hinstellt, gibt er selbst zu, wie eng seine Person mit der dargestellten Sache verknüpft ist. Seine Geheimschulung steht und fällt daher mit seiner Person.«[2] Der evangelische Theologe Johannes Müller schrieb in der Zeitung »Die Christliche Welt« 1918 in einem sehr belehrenden Stil:

»Ich kann mir nicht helfen, ich empfinde unüberwindlich das Herandrängen der Steinerschen Theosophie an das Christentum als die vierte Versuchung Jesu. [...] Es handelt sich in der Theosophie um die Erlösung Gottes durch den Menschen, nicht um die Erlösung des Menschen durch Gott. Dieser Gott ist aber nicht der Vater Jesu Christi, nicht unser himmlischer Vater, sondern der Traum von Menschen, und ebensowenig ist der Jesus der Theosophie unser Jesus, sondern ein begnadeter Initiierter, in dem der Logos, ›die in den Seelen der Menschen verborgen ruhende Weisheit‹, seiner selbst bewußt wurde.«[3]

Dies sind nur einige Stimmen aus einer Vielzahl von Kritiken (theologischer und/oder wissenschaftlicher Art) an den Lehren Steiners. Für Außenstehende ist es sehr schwierig, sich ein einigermaßen gerechtes Urteil zu bilden. Daher will ich im letzten Kapitel meines Buches einige Entscheidungshilfen zusammentragen, die hoffentlich dazu dienen, Unsicherheiten abzubauen und dem Für und Wider etwas mehr Klarheit verleihen.

---

[1] Hans Heinrich Schaeder, Wider die Weltanschauung Rudolf Steiners, aus Hochland, 18. Jg., 2. Bd., 1920/1921, S. 606

[2] E. Bamler, Dr. Steiners Geheimschulung: Psychische Studien XLIV, Leipzig 1917, S. 129

[3] Johannes Müller, Die christliche Welt, Evangelisches Gemeindeblatt für Gebildete aller Stände, 32. Jg., Marburg, 17.1.1918, S. 59 f.

14   Entscheidungshilfen:
Für oder gegen eine Waldorferziehung?

> *»Auch den Jüngern Steiners müßten sich eigentlich die Haare sträuben über die ›zu früh‹ entdeckte Geometrie und die immense ›verknöchernde‹ Intellektualität Steiners. Säße er bei ihnen in der Klasse, wäre von einem sehr kranken Kind die Rede.«*[1]

Steiner hat bereits sehr früh damit begonnen, sich für Geometrie zu interessieren. Nach seinen eigenen Lehren müßte bereits dadurch seine Intelligenz verknöchert und er selbst krank sein.

Von Eltern kommt immer wieder die Frage: Wenn Sie noch ein Kind bekämen, würden Sie es nach Ihren bisherigen Erfahrungen auf eine Waldorfschule geben?

Da ich selbst jahrelang an verschiedenen Waldorfschulen unterrichtet habe, kann ich diese Frage nicht einfach mit ja oder nein beantworten, denn ich weiß, welche Vielfalt es unter den Waldorfschulen gibt. Wie bei jeder staatlichen Schule auch, kommt es ganz auf den Standort der Schule, das jeweilige Einzugsgebiet, den Ruf der Schule, besonders aber auf die Lehrkräfte und die Geschäftsführung der jeweiligen Waldorfschule an. Denn so wie für jede andere Weltanschauung gilt auch hier im Hinblick auf die dort unterrichtenden PädagogInnen: Es liegt nicht so sehr an der Weltanschauung, sondern daran, ob die jeweiligen Lehrkräfte offene und suchende Persönlichkeiten sind, die sich nicht von äußeren Formen und Dogmen einfangen lassen. Weltanschauliche Systeme sind durchaus in der Lage, einen Weg zu mehr Menschlichkeit zu bieten, wie ich sie auch unter AnthroposophInnen erleben durfte. Auch unter WaldorflehrerInnen bin ich auf bereichernde, engagierte, idealistische, kooperative, tolerante, souveräne, selbstkritische und moralisch hochstehende Persönlichkeiten gestoßen. Doch leider war auch das Gegenteil der Fall, wie überall. Deshalb gilt zunächst als Faustregel: Waldorfschule ist nicht gleich Waldorfschule. Jede Schule ist genau wie jedes System so gut oder so schlecht wie die Menschen, die in ihm arbeiten.

---

[1] Charlotte Rudolph, ehemalige Waldorfschülerin, a.a.O., S. 73 f.

Damit soll nicht bestritten werden, daß dennoch in dem von Steiner entworfenen Weltbild spezifisch waldorfpädagogische Gefahren lauern, die in der gesamten Anthroposophie und Christologie Steiners verankert sind. Menschen können von festgefahrenen Strukturen, verstaubten Ideologien und einer undurchsichtigen Pädagogik deformiert und kaputt gemacht werden, genauso wie an staatlichen Schulen von den immer neu angeregten Schulmethoden und Reformen auch.

Staatliche Schulsysteme werden ebenfalls von politischen Trends und Ideologien geleitet. Und sie unterliegen auch bestimmten Weltanschauungen, die jedoch eher politischer und nicht religiöser Art sind, doch genauso dogmatisch und starr wirken können. (z. B. die antiautoritäre Erziehung in den 70ern, die schwarze Pädagogik in den 30er Jahren)

Es ist ratsam, sich von folgenden Kriterien leiten zu lassen:

- Hat die Waldorfschule einen offenen oder streng anthroposophischen Ruf? Daß heißt z. B.: Wie starr hält sie an ihrer Vorstellung von der Klasse als Schicksalsgemeinschaft fest, so daß in den ersten Jahren kein Klassenwechsel möglich ist? So berichtete ein Vater, er habe versucht, seine »hochbegabte Tochter« eine Klasse überspringen zu lassen, weil sie offensichtlich unterfordert war. Dagegen sträubte sich jedoch die Schule total und setzte sich schließlich durch. Im Gegensatz dazu herrscht die Willkür immer da, wo LehrerInnen mit renitenten SchülerInnen nicht mehr fertig werden. In diesen Situationen geben sie dann ganz plötzlich ihre Glauben an die »göttliche« Schicksalsgemeinschaft der Klasse auf und drängen auf Schulverweise. So weiß z. B. ein anderer Vater zu berichten: »Meine älteren beiden Kinder (ein Junge und ein Mädchen) sind 13 Jahre sehr gerne auf die Waldorfschule gegangen, sie haben sich bei uns bedankt, daß wir ihnen eine Waldorfschule ermöglichten. Die beiden Jüngsten (Jungen) fühlten sich dagegen so unwohl und gelangweilt, daß sie das Klassengeschehen sehr häufig störten und schließlich von der Schule genommen werden mußten. Auch der Klassenlehrer hatte darauf gedrängt, meine beiden Jüngsten herunter zu nehmen.«

- Wie ist die tatsächliche Eltern- und SchülerInnenmitbestimmung geregelt? Beides gibt es in den meisten Waldorfschulen nur sehr begrenzt. Waldorfschulen kennen keine garantierte Eltern- und Schülermitbestimmung, wie an Staatsschulen (z. B. am Gymnasium 1/3 SchülerInnen, 1/3 Eltern und 1/3 LehrerInnen in der Schulkonferenz). Das kritisiert auch die ehemalige Waldorfschülerin Charlotte Rudolph: »Eltern haben kein Recht auf Mitbestimmung. Und vor allem haben sie bei Spannungen keinen Schutz durch staatliche Regelungen. Selbst langjährige Lehrer, Eltern und Schüler können von heute auf morgen fallengelassen werden wie eine heiße Kartoffel. Die Waldorfschule muß sich nicht legitimieren, nicht auseinandersetzen, keine Gründe angeben. Sie kann, wenn sie will.«[1]

- Besteht die Möglichkeit, den Klassenlehrer oder die Klassenlehrerin vor der Einschulung des Kindes kennenzulernen? Davon hängt sehr viel ab, weil das Kind immerhin 8 Jahre unter seine bzw. ihre Obhut gestellt wird.

»Die Dominanz des Lehrers wird mit allen erdenklichen didaktischen, pädagogischen, organisatorischen und psychologischen Maßnahmen gestützt und regelrecht inszeniert:

Die Sitzordnung bestimmt der Lehrer; der Unterricht ist überwiegend frontal, auf den Lehrer gerichtet.

- Über Lehrplan- und Unterrichtsgestaltung entscheidet der Lehrer im Rahmen eines allgemeinen Jahresplanes.

- Im Unterricht werden keine üblichen Lehrbücher verwandt, alles Wissen wird durch den Lehrer oder über Originaltexte vermittelt.

- Über die Lehrmethoden, Lehrinhalte und die Schulgestaltung und -verwaltung besteht Konsens bei den Lehrern; es gibt in der Regel keine Konkurrenzsituation unter den Lehrern, die die Autorität untergraben könnte.

- Enge Zusammenarbeit der Lehrer mit dem Elternhaus der Kinder; die Erziehung in der Schule und im Elternhaus soll sich gegenseitig unterstützen.«[2]

Es ist eine totale Überforderung von KlassenlehrerInnen, die unterschiedlichsten Fächer unterrichten zu müssen: Deutsch, Englisch, Geschichte, Mythologie, Sachkunde, Heimat-, Erd-, Menschen-, Tier-,

---

[1] Rudolph, a.a.O., S. 21
[2] Bildungsläufe, zitiert nach Rudolph, a.a.O., S. 25

Pflanzen- und Gesteinskunde, Rechnen, Geometrie, Astronomie, Physik, Chemie, Ernährungslehre. Bei einer staatlichen Lehrerausbildung sind für die Sekundarstufe I und II nur zwei Fächer für das Studium vorgesehen, mit der Möglichkeit zwei weitere in einer Erweiterungsprüfung nachzustudieren. Und wer selbst unterrichtet hat, weiß, daß es schier unmöglich ist, bei einer ordentlichen Vor- und Aufbereitung des Stoffes, in mehr als zwei, höchstens aber in vier Fächern einen guten Unterricht zu machen. Das, was aber hier von WaldorflehrerInnen verlangt wird, kann deshalb nur auf Kosten der Qualität des Lehrstoffes gehen. Und der ist ja nicht so wichtig bei Waldorfs, die dem Intellekt offenbar abgeschworen haben. Es sei denn, und das gibt es ja, die Lehrkraft fängt die fachlichen Defizite mit ihrer Persönlichkeit wieder auf, so daß sie den Kindern ein echtes, mit sich und der Welt stimmiges Vorbild sein kann. Dann werden die SchülerInnen auch in die Lage versetzt, später selbständig ihre fachlichen Defizite aufzuholen und haben doch, durch die langjährige Betreuung der Lehrerpersönlichkeit, einen enormen seelischen und qualitativ menschlichen Gewinn erzielt, der durch kognitive Leistung nicht aufzuholen ist, sondern nur noch eine Ergänzung bildet. Diese Kinder schaffen dann auch »trotz« Waldorfschule das Abitur und sind zudem noch gut versorgt mit einer stabilen Seelennahrung. Ist aber die Lehrkraft nicht in der Lage, die Kinder seelisch und sozial in dem erhofften Maße zu fördern, so ist der Preis für den weitgehenden Verzicht auf das Intellektuelle zu hoch.

- Es gehört zum pädagogisch-didaktischen Konzept der Schule, keine audiovisuellen Lehrmittel einzusetzen (keine Schulbücher, kein Video, kein TV, kein Tonband, kein Diaprojektor usw.) Die streng anthroposophischen Schulen halten sich daran. Die offeneren verfügen jedoch z. B. über ein paar Computer, Diaprojektoren, usw. Daher sollten sich Eltern über die Medienausstattung der Schule und deren tatsächliche Anwendung informieren. Hieran wird oftmals auch der anthroposophische Dogmatismus der jeweiligen Waldorfschule deutlich.

- Besteht die Möglichkeit, daß Kinder dort mit dem Abitur gleichzeitig auch eine Berufsausbildung machen können, wie z. B. u. a. auf der Waldorf-Hiberniaschule in Herne?

- Ist die Schule verkehrsgünstig gelegen oder sind Sie gezwungen, ihrem Kind einen übermäßig weiten Schulweg (auch wenn es mit dem Schulbus ist) zuzumuten?

- Können Sie Kontakt zu anderen nicht-anthroposophischen Eltern aufnehmen, die ihr Kind auch dort auf der Schule haben, wenn ja, welche Erfahrungen haben sie bislang mit dieser Waldorfschule gemacht, worüber stöhnen sie, was möchten sie nicht missen?

- Haben Sie sich mit den Lehren der Anthroposophie und den menschenkundlichen »Geisteswissenschaften« Steiners beschäftigt und stehen dieser Weltanschauung überwiegend positiv gegenüber, so daß Sie nicht nur wissen, welches Weltbild dort von den meisten PädagogInnen vertreten wird, sondern es auch mittragen können? Oder soll Ihrem Kind lediglich der Leistungsdruck erspart werden, ungeachtet der vermittelten Weltanschauung? Wollen Sie Ihrem Kind die Kindheit verlängern und dabei eine intellektuelle Verzögerung mit dem Risiko der Vernachlässigung in Kauf nehmen?

- Inwieweit werden an Ihrer ausgewählten Schule tatsächlich mehr musische und handwerkliche AG's angeboten als auf anderen Schulen?

All diese Hinweise verdienen besondere Beachtung, weil sie häufig nicht im Bewußtsein der meisten Waldorf-InteressentInnen präsent sind. Denn auf keinen Fall ist die Waldorfschule eine moderne »Reformschule«, wie viele annehmen, sondern eine religiös-christologische Weltanschauungsschule im Sinne Steiners (warum auch nicht?), die vor ca. 80 Jahren gegründet und nachweislich auch von der damaligen Schulreformbewegung angeregt wurde.[1]

Sie wurde seitdem kaum geändert und hat demzufolge weder den selbstkritischen Reflexionsprozeß der derzeitigen Alternativschulen (Montessori, P. Petersen, Jena-Plan-Schulen usw.), noch die kritische Analyse der heutigen Schulreformen mitvollzogen. Das mag manche Vorteile aber auch einige nicht zu übersehende Nachteile eingebracht haben.

---

[1] vgl. Prange, a.a.O., auch Ullrich, a.a.O., S. 41 ff.

Problematisch ist auch, daß sämtliche erziehungs- und entwicklungs-psychologischen Erkenntnisse der letzten 80 Jahre von der Waldorf-pädagogik einfach ignoriert wurden.

D. h. durch eine oftmals dogmatische Abhängigkeit der Anthroposo-phInnen von Steiner und ihre fehlende Offenheit gegenüber allem was nicht aus ihren eigenen Reihen kommt, ist eine kritische Weiterent-wicklung ihrer Lehre über Steiner hinaus bis heute nicht zustande ge-kommen. Dies wirkte sich natürlich auch auf die weiterhin transpor-tierten Rollenbilder der Geschlechter aus, die trotz des Strick- und Häkelunterrichtes für Jungen »einen sehr alten Zopf haben, den es ab-zuschneiden gilt«.

Außerdem ist darauf hinzuwirken, daß alle Lehrkräfte der Waldorf-schulen (auch die konfessionellen) mit den WaldorflehrerInnen gleich-gestellt werden, daß sie dieselben Rechte und Mitbestimmungsmög-lichkeiten erhalten wie diese.

Daneben muß natürlich gefragt werden, ob das Kind überhaupt für die Waldorfschule geeignet ist. Wenn es z. B. ein kognitiv hochbegabtes Kind ist, sollten Sie es sich gründlich überlegen, ob Sie Ihr Kind auf die Waldorfschule geben. (Wir erinnern uns, der »trockene Verstand« ist nach Steiner ahrimanisch, also vom Teufel).

»Vor emotioneller Verarmung, innerer Verödung, Entidealisierung und Animalisierung, den angeblichen Folgen verfrühter intellektueller Entwicklung, möchte der Anthroposoph seine Kinder bewahren.«[1] El-tern sollten sich darüber im klaren sein, daß die Waldorfschule einer integrierten Gesamtschule gleichkommt, was das Leistungsspektrum der SchülerInnen anbelangt. Dazu kommt, daß hier kaum Wert auf ana-lytisches, kritisches und reflektorisches Denken gelegt und dies infol-gedessen auch nicht gründlich gelernt wird (erst in der Oberstufe, 9. Kl.). Die Ablehnung alles Intellektuellen und Leistungsorientierten ist ein hervorstechendes Merkmal dieser Weltanschauungsschule. So be-stätigt auch Rudolph:

»Die Waldorfschule ist keine Leistungsschule. Sie ist eine Moralschule, in der die Seele gepflegt werden soll. Dabei hebt sie auf eine ›Erziehung zur Selbsterziehung‹ ab. In ihr geht es eher um Wesensleistungen als

---

[1] Rudolph, a.a.O., S.33

um Wissensleistungen, eher um Wesenskontrollen als um Wissenskontrollen. Der Lehrplan ist entsprechend aufgebaut.«[1]

Die Kinder werden eher dazu angehalten, den Lehrkräften im Frontalunterricht zuzuhören, statt in der Gruppe zu lernen, von der Tafel abzuschreiben und zu malen, statt Texte und Bücher zu lesen und kritisch zu beleuchten. Doch dafür lernen die Kinder, Theater zu spielen, dazu werden viele Theaterstücke aufgeführt, wenn auch mit überwiegend fragwürdigen Inhalten. Hat das Kind dagegen eine besondere musische oder künstlerische Begabung, könnte die Waldorfschule möglicherweise der richtige Ort sein, diese Begabungen auszubauen, obwohl auch viele staatliche Schulen über einen ausgezeichneten Kunst- und Musikunterricht, sowie über ein Schulorchester und einen Chor verfügen.

In Gesprächen mit Eltern kamen immer wieder folgende Kritikpunkte und Vorbehalte zum Ausdruck:

- Die Waldorfschule will frei sein, hat aber doch ganz strenge Maßstäbe, die Eltern und SchülerInnen einschränken.
- SchülerInnen werden von Außenstehenden für privilegiert, arrogant, elitär, dumm, abgehoben und »nicht ganz von dieser Welt« gehalten.
- Viele SchülerInnen absolvieren die Schule wie im Traum und wachen manchmal erst in der 12. Klasse auf, wenn sie das erste Notenzeugnis bekommen.

Zu späte bis gar keine Gruppendifferenzierung (nur in der Oberstufe) führt dazu, daß die SchülerInnen ihre tatsächlichen Leistungen nicht einschätzen lernen. Eine Mutter berichtet verzweifelt, daß ihr Sohn K. 12 Jahre vor sich hingeträumt habe und dann die Quittung bekam: Ein Bewerbungszeugnis mit fünf Fünfen und einer Sechs. Sie meinte, es sei unmenschlich, wenn Kinder, die gar nicht an ein Notensystem gewöhnt sind, dann doch in der 12 Klasse Noten bekämen. Sie hätten vorher gar keine Chance, sich auf diesen Umstand einzustellen, da die Zeugnisaussagen nicht eindeutig auf Leistungsdefizite hinweisen. WaldorflehrerInnen halten allerdings dagegen, daß die Kinder ganz im Gegenteil viel differenzierter über

---

[1] Rudolph, a.a.O., S. 32

ihren jeweiligen Leistungsstand informiert werden, die schriftlichen Beurteilungen jedoch nicht ernst nehmen würden. Tatsächlich ist es so, daß in den verschiedensten Lehrerkollegien eine Kluft besteht. Da sind die einen, die 100%igen, die völlig dagegen sind, die konkrete Leistung des Kindes im Wortlaut des Zeugnisses transparent zu machen und die anderen, die schreiben wollen, daß Schülerin x eine sehr gute oder befriedigende Leistung in der englischen Grammatik erbracht hat. Meistens setzen sich allerdings die 100%igen durch, ihnen geht es mehr um die Charakterisierung des Kindes, d. h. nach anthroposophischem Verständnis um seinen Willen, seinen Verstand und sein Gefühl. Deshalb kann man dann ein Zeugnis mit folgendem Wortlaut lesen:

»Helmut hat in diesem zweiten Schuljahr nichts eingebüßt an ursprünglicher Kraft und an pausbäckiger Gesundheit, auch nicht an seiner Neigung zu allerlei Späßen und Scherzen. Die Aufgaben des Unterrichts packt er durchweg herzhaft und geschickt an; Rechnen, Schreiben und Lesen, das sind Gebiete, die in ihrem bisherigen Umfang kaum eine Schwierigkeit für ihn enthalten. Weniger hat er bis jetzt erfaßt, worauf es beim Malen ankommt, er behandelt die Farben ganz aus dem Willensmäßigen und bevorzugt auf seinen Bildern ein leuchtendes Rot, ohne daß ihm zunächst ein feineres Abstufen der Farben möglich ist. Im Kneten bringt er oft recht Originelles zustande. Seine Schrift verspricht schön zu werden. Im ganzen liegen seine Fähigkeiten stärker auf der Seite des Verstandesmäßigen als des Künstlerischen. Für alles, was Recht und Unrecht ist, hat Helmut ein gesundes Gefühl entwickelt. Er zeigt viel praktischen Sinn, Gutwilligkeit und Hilfsbereitschaft. Über vieles macht er sich schon seine Gedanken und kommt oft mit ganz urwüchsigen Bemerkungen heraus. Lieber Helmut, für dich sei dieser Spruch gegeben: Arbeit zur rechten Zeit, zur rechten Zeit Spiel, Schaffen und Lauschen führt uns zum Ziel.«[1]

- Durch die oftmals fehlende Differenzierung auch in der Oberstufe, werden die leistungsstarken SchülerInnen nicht oder kaum geför-

---

[1] zit. nach G. Schröter, Zensuren? Zensuren! Baltmannsweiler 1981, S. 178, zitiert nach Prange, a.a.O., S. 144

dert, so daß diese dann auch in ihren Leistungen abfallen, weil sie sich langweilen, da die schwächeren das Lerntempo bestimmen.

- Folgende Vorwürfe sind häufig zu hören: »Wir mußten als Eltern in den ersten Jahren besonders viel Schreiben mit den Kindern üben, sonst könnte B. bis heute noch nicht richtig schreiben.«

- »Von uns Eltern wird zu viel Mitarbeit erwartet.«

- »Die Kinder erfahren für ihr Verhalten kaum oder gar keine Konsequenzen. Es erfolgen keine Maßnahmen, wenn keine Hausaufgaben gemacht werden.«

- »Wir ›normalen‹ Eltern haben ja doch kaum Einfluß auf die Schule. Der Einfluß der Eltern hängt von dem besonderen Draht oder dem Geldbeutel ab.« Tatsächlich berichtet Ulla von Bernus (eine ehemalige Waldorfschülerin, die lange Zeit schwarze Magie betrieb, von der Presse als Satanspriesterin bezeichnet wurde, jetzt aber nur noch weiße Magie praktiziert und der Anthroposophie zugeneigt ist[1]):

»Mir hat keine Stunde auf der Waldorfschule leid getan. Natürlich war ich von jedem Religionsunterricht befreit; es gibt ja an der Waldorfschule den evangelischen und katholischen Religionsunterricht sowie den der Christengemeinschaft, aber ich habe an keinem teilgenommen, denn das wollte ich nicht. Ich habe auch Eurythmie nicht mitgemacht. Wolfgang Weirauch: War das möglich? Ulla von Bernus: Das ging. Mein Vater hatte sehr gute Kontakte zu dieser Waldorfschule. Mir kam die Eurythmie von Anfang an sehr komisch vor, vor allem, was durch I-O-A angezogen wird; das war für mich etwas, was ich nicht unter Kontrolle hatte, und ähnelte fast der Runenmagie. Ich habe deswegen nicht mitgemacht, weil ich es nicht liebe, unkontrolliert geistige Wesenheiten anzuziehen. Deswegen habe ich meinem Vater gesagt, daß ich davon befreit werden möge.«[2]

---

[1] Interview mit Ulla von Bernus von W. Weirauch, in: Flensburger Hefte, Schwarze und weiße Magie, Von Satan zu Christus, Sonderheft 12, Winter 1993

[2] Wolfgang Weirauch, The Rites of Lucifer, Interview mit Ulla von Bernus, in: Flensburger Hefte, Destruktive Kulte, a.a.O., S. 162

- »Auch das Künstlerische kommt nicht so stark vor, wie angepriesen, es wird viel Zuhause gemacht, was im Unterricht zu wenig angeboten wird.«
- »Es dauert Jahre, bis in den Gremien (Schulkonferenzen) Entscheidungen fallen, die dann auch durchgehalten werden.«
- »An manchem ist gar nichts zu ändern, egal wieviel Eltern dafür wären.«
- »Vermehrte Hilfe von uns Zuhause ist nötig, damit die SchülerInnen mitkommen. D. h. wir [Eltern, überwiegend Mütter, J. W.] müssen uns mit den Kindern besonders in den ersten Jahren Zuhause hinsetzen und Hausaufgaben, aber auch andere Übungen machen.« Hierzu wieder Ulla von Bernus: »Ich halte die Waldorfschule für sehr gut, aber zum Besuch der Waldorfschule gehört sehr viel Eigeninitiative, wenn man das Pensum wirklich nutzen will. Auf der Waldorfschule wird man zu nichts gezwungen, alles ist mehr oder weniger freiwillig, und das ist bei Kindern manchmal nicht unbedingt angebracht. [...] zur Waldorfpädagogik gehört aber eine Portion Eigeninitiative, und daß die Eltern dahinterstehen. Wer es auf dieser sehr guten Schule weiterbringen will, muß sich persönlich einsetzen, weil nicht der Leistungsdruck wie auf anderen Schulen ausgeübt wird.«[1]
- »Sehr zeitintensiv: Viel Zeit für Basare, Elternabende, anthroposophische Elternkurse, Gespräche mit den KlassenlehrerInnen, die oftmals regelmäßig nach Hause kommen u. ä. muß erübrigt werden.«
- Bei einer Beschwerde fehlt es an erkennbaren AnsprechpartnerInnen, bringt man sein Anliegen dann schriftlich an das Lehrerkollegium vor, bekommt man entweder eine verschwommene Antwort oder die Antwort bleibt ganz aus. Diese Aussage wird sogar von AnthroposophInnen bestätigt, die in ihrem Buch »Eltern und Lehrer« schreiben: »Bei an das Lehrerkollegium gerichteten Fragen, auch bei Anliegen, die etwas von dem Moment einer Beschwerde oder dergl. an sich haben, fehlt es häufig am klar erkennbaren An-

---

[1] Wolfgang Weirauch, The Rites of Lucifer, Interview mit Ulla von Bernus, in: Flensburger Hefte, Destruktive Kulte, a.a.O.,

sprechpartner; eine Antwort bleibt oft aus und wird auch nach erneuter Anfrage nicht eindeutig und vor allem nicht durch bestimmte autorisierte Vertreter gegeben. Oder es fehlt an einer ausreichenden Begründung, gegebenenfalls auch an der Bereitschaft, ein ganz offenes und sachlich vertiefendes Gespräch darüber zu führen. Vieles ›verschwebt‹ auf diese Weise ›im Allgemeinen‹, es entsteht wohl auch der Eindruck, daß ›gemauert‹ wird. So etwas ist – hier gewiß in etwas abrupter und daher teilweise ungerechter Verkürzung gesagt – häufig die Realität des Alltags, [...] die reale Situation ist oft von beachtlicher Unklarheit gekennzeichnet.«[1]

NichtanthroposophInnen, die konfessionslos sind und ihre Kinder aus Unkenntnis in den »Freien christlichen« Religionsunterricht gaben, weil sie dachten, hier wird ein ideologiefreier Unterricht gegeben, berichteten über die Geister- und Gnomenwelt, die den Kinder dort überwiegend präsentiert wird.

»In der phantastischen Waldorfwelt leben Gespenster, die gespenstische Wirkungen erzeugen; Unwirkliches erwacht zum Leben, und Lebendiges wird auf liebevollste Weise versteinert.«[2]

Gleichfalls wunderten sich die Eltern über die typisch anthroposophischen Erklärungen, die sie nicht so recht nachvollziehen konnten, z. B. wenn AnthroposophInnen sagten, dieser oder jener Junge verhält sich so, weil er zu viel Blei im Blut habe, oder im Rubikon (9. Lebensjahr) sei, von Erdgeistern ferngehalten werden müsse etc.

All diese Erklärungen sind jedoch nur für AnthroposophInnen verständlich, die sich jahrelang mit Steiner und seinem »geisteswissenschaftlichen Erkenntnissen« beschäftigt und teilweise »seinen Schulungsweg« beschritten haben. Erst durch die Vertiefung in seine Schriften und die Bereitschaft, an ihn als den »geistigen Meister« zu glauben, ist es möglich, durch dieses Vorschußvertrauen, sein Vokabular zu antizipieren und auch seine unverständlichen Äußerungen stehen lassen zu können. Eine Anthroposophin, Freie christliche Religionslehrerin und Anhängerin der Christengemeinschaft entrüstete sich wie

---

[1] Manfred Leist, Eltern und Lehrer, Ihr Zusammenwirken in den sozialen Prozessen der Waldorfschule, 2. Aufl., Stuttgart 1988, S. 96
[2] Rudolph, a.a.O., S. 14

folgt, als sie gefragt wurde, was für sie die Worte Rudolf Steiners am Altar der Christengemeinschaft bedeuteten: »Aber ich bitte Sie, es sind nicht die Worte Rudolf Steiners, es sind die Worte Gottes, die durch ihn hindurch sprechen.«

Dieser unerschütterliche Glaube an den Propheten der Anthroposophie und Gründer der Christengemeinschaft ist an der Schwelle des 21. Jahrhunderts erschütternd. Er unterscheidet sich in nichts von fundamentalistischen Gruppierungen im Christentum, die an die Verbalinspiration glauben, d. h. davon ausgehen, daß die Bibel Wort für Wort von Gott diktiert wurde.

Der Ev. Oberkirchenrat von Stuttgart rät protestantischen Eltern, die ihre Kinder auf eine Waldorfschule schicken wollen, sich folgende Fragen zu stellen:

»1. Praktische Probleme und Fragen:

- Die Waldorfschulen unterrichten nach einem Lehrplan, der in keinem anderen Schultyp auch nur in ähnlicher Weise Anwendung findet. Möchte das Kind die Schule verlassen, lassen sich große Umstellungsschwierigkeiten kaum vermeiden.

- Die lange Führung einer Klasse durch denselben Lehrer (Klassen 1-8) kann zu Schwierigkeiten führen, etwa wenn ein Kind samt Eltern zu einem solchen Lehrer keinen vertrauensvollen Kontakt findet. Auch an Waldorfschulen gibt es mißlingende Schüler-Lehrer-Beziehungen.

- Der Verzicht auf die übliche Praxis der Notengebung ist kein Verzicht auf Beurteilung überhaupt. Haltung und Wesen des Schülers werden im Zeugnis so beurteilt, wie es sich dem jeweiligen Lehrer darstellt. Ist diese Form der Beurteilung aber für das Kind nicht viel prägender, festlegender als ein Leistungsmuster?

- Tendieren die Waldorfschulen als Privatschulen, die beträchtliche finanzielle Leistungen von den Eltern verlangen, dadurch nicht zu Eliteschulen?

2. Grundsätzliche Fragen [...]

- Wird nicht doch das anthroposophische Welt- und Menschenbild auf vielfache Weise im Schulalltag vermittelt? Aus dieser besonderen, nur im anthroposophischen Raum gültigen »Wissenschaft« leiten sich aber Methodik des Unterrichts, Aufbau des Lehrplans, Umgang mit den Schülern und Eltern u.v.a. ab.

- Sind die Lehrer, die durch ihre Autorität die Schüler erziehen sollen, nicht doch Übermittler anthroposophischer Haltung und Weltsicht? [...]
- Müßten nicht die Waldorfschulen deutlicher offenlegen, wie stark die Waldorfpädagogik in der Anthroposophie verwurzelt ist und wie die schulischen Veranstaltungen bis in Einzelheiten hinein von dieser Weltanschauung geprägt sind, deren Grundlagen letztlich nicht kritisierbar sind?«[1]

Weiter wird den Eltern nahegelegt, sich über die Waldorfschulen und ihre Besonderheiten zu informieren, was in den Einführungskursen der Schulen selbst geschehen könne. Auf diese Information soll man sich jedoch m. E. *nicht allein* verlassen, sondern auch *außerhalb* Auskünfte einholen.

An die evangelischen Kirchengemeinden wird appelliert, anfragende Eltern auch kritisch mit der Waldorfpädagogik zu konfrontieren. Für den evangelischen Religionsunterricht werden folgende Wünsche angemeldet:

- die ReligionslehrerInnen über Schulinterna ausreichend zu informieren,
- die Lehrmittelausstattung für den konfessionellen Religionsunterricht mit den Lehrern abzusprechen,
- Voraussetzungen dafür zu schaffen, daß der konfessionelle Religionsunterricht schon ab dem ersten Schuljahr als zweistündiges Lehrfach erteilt werden kann,
- die Teilnahme der FachlehrerInnen an den Konferenzen sicherzustellen, wenn es um die Belange des ev. Religionsunterrichts bzw. der FachlehrerInnen geht.[2]

Diese letzte Forderung greift m. E. zu kurz. Es muß darum gehen, allen Lehrkräften gleichermaßen die Möglichkeit der ständigen Teilnahme an den Konferenzen zu geben, auch wenn es nicht speziell um die Belange des ev. Religionsunterrichtes geht. Denn an manchen Schulen ist die

---

[1] Zum Verhältnis des christlichen Glaubens, a.a.O., S. 45 f.
[2] vgl. ebd., S. 46 f.

Teilnahme an den allgemeinen pädagogischen Konferenzen für die konfessionellen ReligionslehrerInnen erst nach Jahren gestattet, während sie von den internen Konferenzen an *allen* Waldorfschulen sowieso ausgeschlossen bleiben.

Und es ist schlichtweg falsch, was hier der Erziehungswissenschaftler und Kritiker Barz behauptet, wenn er schreibt: »Der Vorwurf von Kirchenseite, daß der konfessionelle Religionsunterricht ein Fremdkörper an Waldorfschulen sei, ist jedenfalls nur dort berechtigt, wo es die Religionslehrer nicht schaffen, eine lebendige Religiosität zu pflegen, die den breiten Schatz an religiösen Erzählungen und Ritualen aufgreift, den der Waldorfunterricht anlegt.«[1]

Es gibt jedoch etliche Probleme, die den konfessionellen Religionsunterricht als Fremdkörper erscheinen lassen, ohne daß es deshalb um ein »Scheitern der lebendigen Religiosität in der Waldorfschule« geht.

Auch wenn sich manche konfessionelle LehrerInnen an die Waldorfpraxis zunehmend anpassen, wie Barz schreibt, so daß aus ihnen halbe AnthroposophInnen werden, bekommen doch einige an manchen Waldorfschulen erhebliche Probleme, wenn sie im Rahmen der Sinn- und Lebensbewältigung z. B. Themen wie: Aids, Homosexualität, die Analyse von Werbespots, Drogen, Abtreibung oder Verhütung aufgreifen. Haarig wird es auch, wenn sie dazu von außen ExpertInnen in die Schule holen oder mit den Kindern Beratungsstellen aufsuchen, die Workshops zum Thema anbieten. Ganz zu schweigen von den Medien, die sie zu diesen Themen einzusetzen gedenken. (Videofilme, Dias, Cassettenrekorder, Videocameras, Computer usw. sind immer noch verpönt. Dennoch werden sie auch manchmal zähneknirschend geduldet)

Was Kinder positiv auf Waldorfschulen erfahren können:
- eine heimische, ästhetische, farbenfrohe und gemütliche Schulatmosphäre. Die goethische Farbenlehre, die sich in den verschiedenfarbigen Klassenräumen widerspiegelt, wirkt sich sehr positiv auf die Kinder aus, es ist tatsächlich bewiesen, daß Farben bestimmte Stimmungen hervorrufen, die auch Blinde empfinden können. Jeder

---

[1] Heiner Barz, Kindgemäßes Lernen, Was die Waldorfschule anders macht, Freiburg, Basel, Wien 1996, S. 131

Raum ist anders gestrichen, in den typischen Pastelltönen. Dennoch schreibt die ehemalige Waldorfschülerin C. Rudolph: »Da kuscheln sich die Unterrichtsräume aneinander, ist nichts grell beleuchtet und alles mit sanften Farben getönt. Heimisch und wohlig sei es hier, wird suggeriert, aber diesen Eindruck herzustellen, gelingt nicht immer: ich kenne einige, die sich beim Betreten dieser geweihten Stätte eher einverleibt fühlen.«[1] Doch die meisten Waldorfschulen verbreiten eine sehr gemütliche Atmosphäre, in der man sich einfach wohl – und nicht gleich »einverleibt« fühlt. In den Klassenräumen finden sich alle möglichen Gegenstände, die den Raum zu einem visuellen Erlebnis machen. Da stehen Krippen, selbstgemachte Wollschäfchen, neben selbstgefundenen Steinen, handgestrickte Püppchen und geflochtene Weideruten mit Moos, neben Choroi-Flöten und anderen Musikinstrumenten. An den Wänden strahlt in dem typischen Waldorfbilderrahmen aus Holz oftmals die sixtinische Madonna mit dem Jesuskind auf die SchülerInnen herab. Ringsherum sind an den Wänden 40 fast identische Bilder zu bewundern, die die Kinder in sanften Pastelltönen gemalt haben. Der Gründer hängt meistens nur in der Aula oder im LehrerInnenzimmer.

- wesentlich weniger Gewalterfahrungen als an staatlichen Schulen.
- oftmals SchulkameradInnen, die aus einem behüteten und häufig wohlhabenden Elternhaus kommen. Die Kinder machen nicht nur materiell, sondern häufig auch seelisch einen wohl genährten Eindruck.
- eine enorme Möglichkeit der Kinder, sich schauspielerisch zu erleben. Das baut das Selbstbewußtsein und die eigene, individuelle Ausdrucksfähigkeit auf, sofern es sich nicht um Stücke mit stereotypen Rollenklischees und einer schwülstigen, sehr simplen Moral handelt, die häufig genug an der Tagesordnung sind. Die Kinder kommen gerne vor die Klasse und tragen etwas vor, sie haben kaum Hemmungen. Wobei auch gesagt werden muß, daß nicht etwa die SchülerInnen selbst eine Rolle in den Theaterstück aussuchen, sondern die KlassenlehrerInnen häufig die Besetzung vornehmen, und

---

[1] Rudolph, a.a.O., S. 20

dies oftmals aufgrund sehr abstruser anthroposophischer Überlegungen.

- ein Gemeinschaftsgefühl mit den anderen KlassenkameradInnen. Freundschaften aus dieser Zeit halten oftmals ein Leben lang an, zumal auch die anthroposophischen Eltern untereinander befreundet sind. Der Klassenverband von 8 Jahren gilt als Schicksalsgemeinschaft. Das kann sich positiv als auch negativ auswirken.

- die Möglichkeit, sich in der Schule musisch und künstlerisch zu betätigen. (Jedoch wird fast ausschließlich Leier, Harfe eine von AnthroposophInnen hergestellte und vertriebene Flöte (Choroi-Flöte) und Violine angeboten. Selten (wenn überhaupt) z. B. Gitarre, höchstens noch Kontrabaß, Klavier und Altflöte.) Das künstlerische Angebot ist nicht an allen Schulen gleichermaßen vielfältig, auch hier muß darauf geachtet werden, was tatsächlich angeboten wird.

- »Freies« spielerisches Lernen, ohne Noten- und Leistungsdruck.

- Heilpädagogische Waldorfschulen haben noch einmal einen anderen Stellenwert. Hier liegt wohl die wahre Stärke der Anthroposophie, da es hier kaum um die Vermittlung intellektueller Fähigkeiten geht, das mag damit zusammenhängen, daß auch Steiner seine ersten persönlichen und erfolgreichen Erfahrungen im heilpädagogischen Bereich gemacht hat. Er brachte einen geistig zurückgebliebenen Jungen mit Wasserkopf sogar zum Abitur. Auf diesem Gebiet gibt es wirklich hervorragende heilpädagogische Waldorfschulen, in denen die Kinder sich sehr wohl fühlen und menschlich adäquat von engagierten WaldorfpädagogInnen betreut werden, ohne anthroposophischen Dogmatismus u. ä. Gleichzeitig sind hierbei auch Gegenbeispiele zu nennen.[1]

Zuguterletzt möchte ich eine ehemalige Waldorfmutter (Cornelia Himme) zu Wort kommen lassen, die im November 1996 ihre Erfahrungen in Form eines offenen Briefes in einer anthroposophischen Zeitschrift publizieren konnte. Sie schreibt:

»Ich war überglücklich, als ich einen Platz für meine Kinder an der Waldorfschule erhielt, hatte ich doch (einschließlich Kindergarten) Jahre dafür gekämpft. Gleichzeitig war ich sehr bedacht, alles ›richtig‹

---

[1] vgl. Taube, a.a.O.

zu machen, eine Haltung, die sich deutlich bei vielen Eltern in der ersten Klasse widerspiegelt, zumal diese auch Probezeit ist. Ich las viel ›Waldorf-Literatur‹ und nahm mir Kritik sehr zu Herzen. Meine Bereitschaft, ›mir den Schuh anzuziehen‹ und tatsächlich Veränderungen herbeizuführen, hatte dann den verblüffenden Effekt, daß die Forderungen immer massiver wurden, jedoch niemals Anerkennung laut wurde oder das Gefühl auftauchte, man sei gemeinsam an einer Aufgabe tätig (auch wenn ständig davon die Rede ist). Es hat sechs Jahre gedauert, bis meine Illusionen über das ›Andere‹ an der Waldorfschule endgültig geplatzt sind.

Die Waldorfschule ist ein Kastensystem. Es gibt mindestens zwei Kategorien. Es gibt die Akademiker-Kinder mit gut zahlenden Eltern. Und es gibt die Kinder, ›auf die es nicht so ankommt‹ (Zitat). Vielleicht spielt da auch auf fatale Weise der Gedanke an Karma mit hinein, wie mir manchmal vorkam. Schließlich haben die, denen es heute gut geht, es sich im vorigen Leben verdient. Und so ist es eben Schicksal, dessen Bedeutung man heute ja noch gar nicht ermessen kann, wenn ein Kind leider aus der Klasse gegangen wird. Man gibt sich nicht die Blöße, ein Kind zu feuern. Die Wege sind subtiler. Ein jeder zieht und zerrt ein bißchen, hier ein bißchen Geschrei, dort Intrigen und Verleumdungen (ich erinnere mich an eine Ausnahme). Ich bin es so elendig leid, diese pseudo-verständnisvollen Gespräche zu führen, um dann hinterher in einem ›Gedächtnisprotokoll‹ des Lehrers das wiederzufinden, worauf dieser es abgezielt hatte. Oder Gespräche zu führen, die anschließend dem Kind vorgeworfen werden. Waldorf-Lehrer haben eine besondere Scheu vor ihrem eigenen Schatten. Dabei übersehen sie, daß gerade an Orten, wo sich die ›Gut-Menschen‹ versammeln, das ›Böse‹ besonders fruchtbar ist, weil es nämlich in der Schutzzone der Verleugnung so prächtig gedeiht.

Ich will solchen Unsinn nicht mehr hören, daß Kassetten-Hören geradewegs in die Rauschgiftsucht führt. Ich ertrage es nicht mehr, daß Lehrer ihre eigenen unreflektierten Ängste auf alles projizieren, was nicht ihren Vorstellungen (nicht ›Wahrnehmungen‹) entspricht. Ja, und so grübelt man sorgenschwer, was denn da wohl in der Erziehung falsch gelaufen ist. Richtige Waldorfschüler sind eben lieb. Sie tragen keine Schuhe mit Klettverschluß, sie hören nie Kassetten und sehen nicht fern. Ihr Wille ist gebildet am Widerstand ihrer Unlust, Cello zu spielen, Jahr für Jahr, auch wenn die Mutter vom täglichen Engagement für die heile Seele ihres Kindes längst zu Kreuze kriecht. Hauptsache, das Kind wird nicht rauschgiftsüchtig. Richtige Waldorfschüler spielen kein Fußball, machen kein Karate, besitzen keinen Computer, sie gehen um 19 Uhr schlafen, ohne Comics gelesen zu haben. Sie gehorchen aufs Wort aus Ehrfurcht und Liebe. Sie fuchteln nicht mit Stöcken und erproben ihre Kraft nicht durch Zertrümmern von Ziegelsteinen. Sie durchschauen ihre Lehrer nie, denn sie sollen nicht von den Kindern lernen, sondern umgekehrt. (Richtige Waldorfschüler sind Mädchen.)

Nach vielen Tränen, fruchtlosen Gesprächen, Mißverständnissen und Geschrei habe ich vor der Übermacht der vermeintlichen Gut-Menschen kapituliert. Ohnmächtig und fassungslos und zunehmend sprachlos mußte ich mich einem Mechanismus beugen, der sich unaufhaltsam verselbständigte. Vielleicht wird eines Tages in der Rückschau sich mir der Sinn dieser Vorgänge enthüllen. Vorläufig spüre ich Erleichterung, diesem harmoniesüchtigen Milieu entronnen zu sein. Andere Eltern mögen wähnen, sie seien verschont geblieben. Doch das Gesetz ist hart, Sündenböcke sind leider unentbehrlich.

Die Erfahrung der Ohnmacht und der Sprachlosigkeit möchte ich als zentral im Zusammenhang mit der Waldorfschule bezeichnen. Und ich weiß, daß sehr viele schweigende Eltern meine Kritik an der Schule teilen, aber ausharren, wegen der Kinder, die dort ihre Wurzeln haben und eben über den Unterrichtsstoff wertvolle Grundlagen für ihr Leben vermittelt bekommen. Mir ist es ein Anliegen, die Mauer des Schweigens zu durchbrechen, damit mit dem Begriff Waldorfpädagogik nicht so viel Mißbrauch getrieben werden kann.«[1]

Abschließend kann nur dazu ermutigt werden, sich gründlich mit dem Thema Waldorfpädagogik und Anthroposophie auseinanderzusetzen, interne, anthroposophische, als auch externe, kritische Stimmen zu hören, *bevor* eine Entscheidung getroffen und der oftmals endgültige Schritt in diese Weltanschauungsschule der AnthroposophInnen gewagt wird.

---

[1] Cornelia Himme, in Zeitschrift Info 3, Nr. 11, 1996, S. 4

Es kann nur auf eine hoffentlich bald einsetzende Reformbewegung auch innerhalb der Waldorfbewegung gehofft werden, die eine Revision der antiquierten Rollenbilder in Heldensagen und Theaterstücken einleitet, auf zeitgemäßere Identifikationsfiguren für Mädchen abhebt, einen medienkritischen Umgang mit moderner Kommunikationstechnologie ermöglicht und die Tabuisierung der Sexualerziehung an Waldorfschulen durchbricht.

In der Gemeinschaft offener Waldorfpersönlichkeiten kann der Schulungsweg für Kinder tatsächlich ein freimachender und kreativer, allerdings bei ver-»steiner«-ten dogmatischen PädagogInnen auch ein steiniger und falscher Weg sein.

Das wird sich letztlich immer erst dann zeigen, wenn die Kinder einen großen Teil ihres Lebensweges zurückgelegt haben.

Literatur

AKVES (Arbeitsgemeinschaft der katholischen Verbände für Erziehung und Schule), in: Kirchliche Kritik an der Waldorfpädagogik, Zum Faltblatt der AKVES: Katholische Kinder an Waldorfschulen?, Sonderdruck aus »Erziehungskunst«, Monatsschrift zur Pädagogik Rudolf Steiners, Heft 10/1988

Anderson, Harriet, Hrsg., Rosa Mayreder, Tagebücher 1873-1937, Frankfurt am Main 1988

Apel, Max, Geheimwissenschaft, Ein philosophischer Ausflug in die übersinnlichen Welten Dr. Rudolf Steiners, Charlottenburg 1922

Archiati, Pietro, Christentum oder Christus?, Das Christentum als reines Menschentum in der Geisteswissenschaft Rudolf Steiners, Dornach 1995

Ausführungen Rudolf Steiners zum Verständnis des dritten Jahrsiebts in seinem allgemeinen Vortragswerk, Bd. I, zusammengestellt durch Elisabeth Huber-Reebstein/Hellmut Huber, Als Manuskript gedruckt durch die Pädagogische Forschungsstelle beim Bund der Freien Waldorfschulen zum internen Gebrauch, Stuttgart 1982

Ausführungen Rudolf Steiners zum Verständnis des dritten Jahrsiebts in seinem allgemeinen Vortragswerk, Bd. II, zusammengestellt durch Elisabeth Huber-Reebstein/Hellmut Huber, Als Manuskript gedruckt durch die Pädagogische Forschungsstelle beim Bund der Freien Waldorfschulen zum internen Gebrauch, Stuttgart 1982

Bachofen, J. J., Das Mutterrecht, 3. Aufl., Frankfurt am Main 1980

Badewien, Jan, Anthroposophie, Eine kritische Darstellung, 4. Aufl., Konstanz 1990

Ders., Die Anthroposophie Rudolf Steiners, München 1994

Bamler, E., Dr. Steiners Geheimschulung, Psychische Studien XLIV, Leipzig 1917

Barz, Heiner, Anthroposophie im Spiegel von Wissenschaftstheorie und Lebensforschung, Zwischen lebendigem Goetheanismus und latenter Militanz, Weinheim 1994

Barz, Heiner, Kindgemäßes Lernen, Was die Waldorfschule anders macht, Freiburg, Basel, Wien 1996

Ders., »Sekten«, »Jugendreligionen«, »Psychokulte«: Phänomene, Fiktionen, Fakten, Vortrag auf der Tagung: Säkularer Staat - Neue und alte Glaubensgemeinschaften. Religionen, Sekten und Synkretismus, Goetheinstitut, Montevideo, 22.-24. September 1997

Beckmannshagen, Fritz, Rudolf Steiner und die Waldorfschulen, Eine psychologisch-kritische Studie, 5. Aufl., Wuppertal 1987

Bennholdt-Thomsen, Veronika, Juchitán – Stadt der Frauen, Hamburg 1994

Biedermann, Hans, Das verlorene Meisterwort, Bausteine zu einer Kultur- und Geistesgeschichte des Freimaurertums, München 1988

Böttcher, Helmut M., Gott hat viele Namen, München 1964

Briffault, R., The Mothers, London 1928

Brügge, Peter, Die Anthroposophen, Waldorfschulen, Biodynamischer Landbau, Ganzheitsmedizin, Kosmische Heilslehre, Hamburg 1984

Christ, Felix, Jesus Sophia, Zürich 1970

Bußmann, Jochen und Hildegard, Unser Kind geht auf die Waldorfschule, Erfahrungen und Ansichten, Hamburg 1990

Carmin, E. R., Das schwarze Reich, Geheimgesellschaften und Politik im 20. Jahrhundert, München 1998

Cranston, Sylvia, Leben und Werk der Helena P. Blavatsky, Satteldorf 1995

Cross, Donna, Die Päpstin, München 1997

Daly, Mary, Gynökologie, Eine Meta-Ethik des radikalen Feminismus, München 1981

Dies., Jenseits von Gottvater Sohn und Co, Aufbruch zu einer Philosophie der Frauenbefreiung, München 1980

Das Dritte Jahrsiebt, Ausführungen Rudolf Steiners in seinen pädagogischen Vorträgen, zusammengestellt durch Dr. Hans Rebmann, Stuttgart 1977

Dessoir, Max, Vom Jenseits der Seele, Die Geheimwissenschaften in kritischer Betrachtung, Stuttgart 1931

Eberz, Otfried, Sophia und Logos oder die Philosophie der Wiederherstellung, Freiburg 1976

Engelhardt, Emil, Jugendbewegung gegen Anthroposophie, Eine Absage an Dr. Steiner, Rudolfstadt 1922

Erziehungskunst, Monatsschrift zur Pädagogik Rudolf Steiners, 11/November 1993

Erziehungskunst, Monatsschrift zur Pädagogik Rudolf Steiners, 3/März 1997

Fester, Richard, Sprache der Eiszeit, München 1980

Ders., Weib und Macht, Frankfurt am Main 1980,

Flensburger Hefte, Erneuerung der Religion, Die Christengemeinschaft, Sakramente, Kirche und Kultus, Heft 14, 3. Aufl., 1988

Flensburger Hefte, Destruktive Kulte, Schwarze Magie, Sexualmagie, Heft 33, 6/1991

Flensburger Hefte, Die Christengemeinschaft heute, Anspruch und Wirklichkeit, Heft 35, 12/1991,

Flensburger Hefte, Schwangerschaftsabbruch, Heft 36, 3/1992

Flensburger Hefte, Anthroposophie und Rassismus, Heft 41, 6/1993

Flensburger Hefte, Schwarze und weiße Magie, Von Satan zu Christus, Sonderheft 12, 1993

Geisen, Richard, Anthroposophie und Gnostizismus, Darstellung, Vergleich und theologische Kritik, Paderborn, München, Wien, Zürich 1992

Geraths, Franz, Ein Spiel von Ritter Georg, In Anlehnung (erneuert von W. Dörfler) für Kinderaufführungen, Stuttgart o. J.

Gerber, Uwe, Die Feministische Eroberung der Theologie, München 1987

Goebel Wolfgang/Glöckler, Michaela, Kindersprechstunde, Ein medizinisch-pädagogischer Ratgeber, Stuttgart 1991

Göttner-Abendroth, Heide, Die Göttin und ihr Heros, Die matriarchalen Religionen in Mythos, Märchen und Dichtung, München 1980

Dies., Das Matriarchat I, Geschichte seiner Erforschung, Stuttgart 1988

Dies., Das Matriarchat II, 1, Stammesgesellschaften in Ostasien, Ozeanien, Amerika, Stuttgart, Berlin, Köln 1991

Gotthelf, Jeremias, Die schwarze Spinne, erg. Ausgabe, Stuttgart 1994

Gould Davis, Elizabeth, Am Anfang war die Frau, München 1980

Grandt, Guido und Michael, Schwarzbuch Anthroposophie, Rudolf Steiners okkult-rassistische Weltanschauung, Wien 1997

Grom, Bernhard, Anthroposophie und Christentum, München 1989

Gynz-Rekowski, Georg v., Symbole des Weiblichen in Gottesbild und Kult des Alten Testamentes, Zürich u. Stuttgart 1963

Haenchen, Ernst, Johannes-Evangelium, Ein Kommentar, Tübingen 1980

Halkes, Catharina J. M., Gott hat nicht nur starke Söhne, Gütersloh 1980

Harding, Esther, Frauen-Mysterien einst und jetzt, Zürich 1949

Hauer, J. W., Werden und Wesen der Anthroposophie, Eine Wertung und eine Kritik, Stuttgart 1922

Heinemann, Evelyn, Die Frauen von Palau, Zur Ethnoanalyse einer mutterrechtlichen Kultur, Frankfurt am Main 1995

Heller, Kurt A./Nickel, Horst, Psychologie in Erziehung und Unterricht, in: Zeitschrift für Forschung und Praxis, Organ der Deutschen Gesellschaft für Psychologie, 36. Jg., München, Basel 1989

Heydebrand, C. v., Vom Seelenleben des Kindes, 11. Aufl., Stuttgart 1991

Höfener, Hartmut, Die Christengemeinschaft und die Evangelische Kirche in Deutschland gegeneinander, nebeneinander oder miteinander, Dortmund u. Lünen 1996

Hövels, K., Beiträge zur Kritik der anthroposophischen Welt- und Lebensanschauung und kritische Beleuchtung der anthroposophischen Unterrichtslehre, Kaldenkirchen 1926

Hoffmann, Walter, Die Garfield-Jugend oder Erziehung am Ende, Von der Erziehung zur Beziehung, Recklinghausen 1992

Info 3, Nr. 2, 1993

Info 3, Nr. 4, 1993

Info 3, Nr. 11, 1996

Info 3, Nr. 3, 1998

Ipares, G., Geheime Weltmächte, Eine Abhandlung über die ›Innere Regierung‹ der Welt, München 1936

Irigaray, Luce, Der Atem von Frauen, Rüsselsheim 1997

Johanson, Irene, Das Alte Testament, Stuttgart 1992

Kassel, Maria, Feministische Theologie, Perspektiven zur Orientierung, Stuttgart 1988

Kathol. Sozialethische Arbeitsstelle e.V., Hrsg., Jugend und Gesellschaft, Der kleine große Unterschied, Konzepte für geschlechtsspezifische Pädagogik, Thesen zur »reformierten Koedukation« vom Januar 1997

Kayser, Martina/Wagemann, Paul-Albert, Wie frei ist die Waldorfschule?, Geschichte und Praxis einer pädagogischen Utopie, Berlin 1993

Kiersch, Johannes, Die Waldorfpädagogik, Stuttgart 1979

Ders., Fragen an die Waldorfschule, Flensburg 1991

Koepke, Hermann, Das siebte Lebensjahr, Die Schulreife, Herausgegeben von der Pädagogischen Sektion der Freien Hochschule für Geisteswissenschaft Goetheanum, o. J. (ca. 1996 erschienen)

Kratiger, Ursa, Die perlmutterne Mönchin, Zürich 1983

Krämer, F. J./Scherer, G./Wehnes, F. J., Anthroposophie und Waldorfpädagogik, Information, Kritik, Annweiler 1987

Kügelgen, Helmut von, Der Ritter Wahn, Eine italische Sage in einundzwanzig Abenteuern, Dem Heldenlied von Julius Mosen nacherzählt, Stuttgart 1955

Kully, Max, Die Wahrheit über die Theo-Anthroposophie als eine Kulturverfallserscheinung, Ein Beitrag zur Geschichte des Okkultismus der Gegenwart, speziell des Steinerismus, Basel 1926 u. Leipzig 1926

Leber, Stefan, Weltanschauung, Ideologie und Schulwesen, Ist die Waldorfschule eine Weltanschauungsschule?, Stuttgart 1989

Leisegang, Hans, Die Grundlagen der Anthroposophie, Hamburg 1922

Leist, Manfred, Eltern und Lehrer, Ihr Zusammenwirken in den sozialen Prozessen der Waldorfschule, 2. Aufl., Stuttgart 1988

Linden, Wilhelm zur, Geburt und Kindheit, 11 Aufl., Freiburg 1982

Lindenberg, Christoph, Waldorfschulen, Angstfrei lernen, selbstbewußt handeln, Reinbek 1975

Ders., Die Lebensbedingungen des Erziehens, Von Waldorfschulen lernen, Freiheit als Prinzip der Schule, Hamburg 1982

Ders., Rudolf Steiner, 1861-1914, Eine Biographie, Stuttgart 1997

Markale, Jean, Die Keltische Frau, Mythos, Geschichte, soziale Stellung München 1984

Matzka, Anna Louise, Theosophie und Anthroposophie, Ihre Darlegung und Kritik vom Gesichtspunkte des Christentums, Graz, Salzburg 1950

Mayreder, Rosa, Zur Kritik der Weiblichkeit, München 1982

Meier-Seethaler, Carola, Ursprünge und Befreiungen, Eine dissidente Kulturtheorie, Zürich 1988

Zum Verhältnis des christlichen Glaubens zu Anthroposophie und Waldorfpädagogik, Eine Arbeitshilfe des Evangelischen Oberkirchenrats Stuttgart, Neufassung 1992

Zur religiösen Erziehung, Wortlaute Rudolf Steiners als Arbeitsmaterial für Waldorfpädagogen, Als Manuskript gedruckt durch die pädagogische Forschungsstelle beim Bund der Freien Waldorfschulen zum internen Gebrauch, Stuttgart 1985

Zur Unterrichtsgestaltung im 1-8. Schuljahr an Waldorf-/Rudolf Steiner Schulen, Gemeinsames Projekt der Pädagogischen Sektion am Goetheanum und der Pädagogischen Forschungsstelle beim Bund der Freien Waldorfschule, Arbeitshilfen für den Hauptunterricht, Überblick über den Fachunterricht, Anregungen zur Klassenführung und zur Elternarbeit, Dornach o. J. (ca. 1995 erschienen)